È NATA PRIMA LA GALLINA
...forse

Oscar Farinetti

È NATA PRIMA LA GALLINA ...*forse*

52 storie sull'ottimismo e il suo contrario, sulla gente, il cibo, il vino, la vita e l'amore

Slow Food Editore

È nata prima la gallina... forse
di Oscar Farinetti

Progetto grafico e impaginazione
Roberto Fidale

In copertina fotografia di Sebastiano Grandi

Finito di stampare nel mese di settembre 2022
da Grafica Veneta S.p.a., Trebaseleghe (Pd)

FSC www.fsc.org MISTO Carta da fonti gestite in maniera responsabile FSC® C021883

Questo libro è stampato col sole
Azienda carbon-free

Slow Food Editore srl – Via Audisio, 5 – 12042 Bra (Cn)
Tel. 0172 419611 – Fax 0172 411218
editorinfo@slowfood.it – www.slowfoodeditore.it

Direttore editoriale
Chiara Cauda

Amministratore delegato
Carlo Bogliotti

ISBN 978-88-8499-778-4

Questo libro lo dedico a mio figlio Andrea,
il più piccolo. Forse il più ottimista dei tre.

Sommario

È nata prima la gallina... forse 9

1. I tajarìn ricucinati 11
2. La terza perla di Piero 14
3. Alba a Manhattan 17
4. A forza di mangiare metalli 20
5. Alle Tre Rane 23
6. Il maiale e la mela 26
7. Murene, coccodrilli e asparagi 29
8. Dalla cicuta alla granita 33
9. Qui ad Atene facciamo così 40
10. Un film di ombre 44
11. È nata prima la gallina 47
12. Il pollo a colazione 50
13. In bocca alla balena 54
14. Il miracolo del fuoco 57
15. Che cosa rispose la sventurata 61
16. Un'avventura in più 65
17. Pappagalli e chiodi di garofano 70
18. Quattro storie polacche 74
19. Ma Kylian non aver paura 79
20. Delle cicale 83
21. Adamo è nato a digiuno 88
22. Qualcuno doveva aver calunniato Enzo T. 93
23. La sesta cornice 98
24. La trentanovesima mossa 104
25. Voglio una scala 108
26. Alla radice 113
27. Il vino delle tenebre 117
28. Come una biglia 122

29. Questo bacio vada al mondo intero 128

30. Un'ottima annata 135

31. Parlandone da vivi 141

32. Osti a tutto campo 149

33. Amami Ugo 156

34. Favole di marmo 160

35. Il filetto dei miei stivali 166

36. In un futuro distopico 170

37. Il generale e la dea 177

38. Forse Leopardi 181

39. Mowgli e i tortellini 185

40. Un bel bicchiere di vino resinato 190

41. Ventiquattro parole 194

42. Va bene così 200

43. Bmx 207

44. La bolla 214

45. Un sogno di speranze 219

46. L'unico comunista in tutta Cuba 224

47. Una lombata sul fuoco 228

48. Un pazzo in meno sulla Terra 237

49. Fatti mandare dalla nonna 241

50. L'unico con gli stivali 244

51. Acciughe 252

52. La gallina Bianca 260

Chiusura svelta svelta 273

Le persone e i libri che mi hanno aiutato 277

È nata prima la gallina... forse

Eccoli qui, sono 52 racconti brevi e meno brevi, forse qualcuno più lunghetto.

Magari vi starete chiedendo perché proprio 52 e non, per esempio, 50. Ebbene, intanto per via di Hemingway che, per inciso, morirà a pagina 144 di questo libro. Come sapete, lui di racconti ne ha scritti 49 e io, in uno slancio di ottimismo (presuntuoso), volevo farne uno in più del maestro. Solo che le cifre tonde non mi sono mai piaciute – mi sembrano troppo chiuse, troppo perfette –, sicché ne ho scritto un altro. E poi, già che c'ero, dovevo pur chiudere con una gallina... no? Per cui ne ho aggiunto un altro ancora. E alla fine sono 52.

Ne avrete per un anno intero, leggendone uno alla settimana, qualora vogliate prendervela con molta calma. Oppure uno al giorno per un paio di mesi, saltando sabati e domeniche. Anche in meno di un mese potrete terminare questo libro, leggendovi in media due racconti ogni giorno. Si tratta semplicemente di una questione di tempo, e la sua gestione è una faccenda personale. Va bene tutto, purché siamo noi a decidere, anziché farci travolgere da quelle lancette che ruotano spudorate e inesorabili. Ritengo che saperle governare costituisca un lusso, il vero lusso che ciascuno di noi può permettersi, volendolo.

Ed ecco forse una prima caratteristica dei veri ottimisti: hanno un buon rapporto con il tempo. E siccome sono ottimista, prevedo che ci sarà addirittura qualcuno che, oltre a saperlo gestire, ne avrà in quantità a disposizione, e dunque completerà la lettura in una settimana. Chissà, forse perché gli stanno piacendo parecchio le mie storie. Ve l'ho detto, sono ottimista e... anche quell'altra cosa che state pensando di me. Non posso certo biasimarvi.

È il lavoro di un anno, mi sono impegnato nel gestire le mie ore, imponendomi di scrivere una storia alla settimana. È stato un anno strano, ma quale non lo è?
Desideravo condividere il mio punto di vista sull'importanza dell'ottimismo. Ho pensato che fosse meglio farlo attraverso delle storie, perché le storie, ancor più di un saggio, ci portano a scoprire che esistono svariate forme di ottimismo. Inoltre possono aiutarci, attraverso il confronto, a ragionare sul nostro modo di affrontare la vita.
Inutile che vi anticipi se sono storie vere oppure inventate, viste, risapute, studiate o sognate. C'è di tutto, ma non vi sarà difficile capirlo.
Dentro ci troverete Napoleone e mia nonna Teresa, Socrate e il mio nipotino Paolo, Leonardo da Vinci e un postino delle Langhe. A un certo punto prenderà la parola una carota di Polignano a Mare. E, proprio alla fine, nell'ultimo racconto, sentirete cos'ha da dire una gallina del Chianti. A proposito, il vino scorrerà generoso in queste pagine e, naturalmente, non mancherà il buon cibo.
Spero vi piacciano questi racconti, mi auguro vi aiutino a scoprire se siete capaci di provare dubbi, com'è successo a me mentre li scrivevo e perfino ora che sto buttando giù queste poche righe.
Nel titolo c'è tutto il mio modo di pensare. Di fronte a una crisi, che poi vuol dire semplicemente scelta, occorre decidere e prendere con risolutezza una strada, sempre conservando, tuttavia, spazio al dubbio perché, se si dovesse sbagliare, meglio accorgersene il prima possibile e tornare indietro di gran lena per intraprendere quell'altra via.
Buona lettura.

1

I tajarìn ricucinati

La Morra, 13 novembre 1989

«N'*uma ancora 'd coj tajarìn 'd dumìnica?*». Letteralmente: «Ne abbiamo ancora di quei taglierini di domenica?». Essendo lunedì avrebbe anche potuto dire «di ieri», ma la parola «domenica» è sempre speciale in bocca a un contadino. Dunque andava detta.

Giacu (Giacomo), classe 1914, stava uscendo per un giro nell'orto, un passaggio tra le galline e i conigli, e infine un salto in cantina, per dare un'occhiata al suo vino nuovo. I figli ormai se n'erano andati da un pezzo, vivevano ad Alba con le loro famiglie e lo avevano convinto a vendere tutta la terra. Ma lui se n'era tenuto un pezzettino davanti a casa, per fare il contadino "uso famiglia". Fino a quando se la sarebbe sentita.

Aperto l'uscio, aveva pensato alla cena e si era rivolto così a Catlina (Caterina), sua moglie, classe 1918: «*N'uma ancora 'd coj tajarìn 'd dumìnica?*». Domanda retorica, in realtà. Li aveva visti quei *tajarìn* del dì di festa, già belli cotti e conditi, nel frigorifero, dentro una padella sotto un vecchio coperchio in alluminio. Non aveva avuto nemmeno bisogno di alzarlo.

«Forse» aveva risposto Catlina. E aveva uno sguardo furbo, mentre lo diceva. Sapeva bene che Giacu era sicuro ci fossero. Lui voleva semplicemente comunicarle il menù desiderato per la cena. Invecchiando era diventato goloso e lei lo assecondava. Non le pesava farlo, anzi se ne compiaceva. In quel modo assolutamente *langhetto*, cioè senza darlo a intendere in pubblico e, soprattutto, senza mai esserselo detto neppure una volta, quei due si amavano da cinquant'anni.

Li aveva fatti la domenica mattina presto, i *tajarìn*. Per i suoi figli, le nuore e i nipotini che erano venuti a pranzo. I mitici *tajarìn* di nonna Catlina. Negli ultimi quindici anni, di anno in anno, aveva gradualmente aumentato il numero delle uova nell'impasto e diminuito i tempi di cottura. Così accontentava i figli, che li volevano più ricchi e al dente, ma anche Giacu, che li preferiva ben cotti, riscaldati il giorno dopo sul *putagé*, la cucina economica che funziona a legna. Ricucinati, e proprio per questo belli croccanti. Giacu ne assaporava la consistenza mentre recriminava su quell'esagerazione di uova sottratte al suo pollaio. Ma mai davanti ai figli, perché si trattava di una loro confidenza, di un gioco tra marito e moglie.

Quando lui era rientrato faceva già buio, il tavolo era pronto con la tovaglia del giorno prima. Neanche troppe macchie, dai. Giacu vi aveva appoggiato il *pintun* (doppio litro) di Dolcetto prelevato in cantina bello fresco, e aveva acceso il televisore. Catlina aveva messo la padella sul *putagé* e due bei pezzi di legna nel fuoco.

Il telegiornale parlava del muro di Berlino, ormai erano quattro giorni che non si occupava d'altro. Si vedevano tanti giovani con il piccone in mano che lo stavano abbattendo. Sembravano impazziti per la gioia, ma si capiva quanto avessero sofferto. Mentre Catlina metteva i *tajarìn* nel piatto, profumati e fumanti, Giacu riempì due bei bicchieri di Dolcetto. Intanto pensava a quando era giovane ed era partito per la guerra, la stessa guerra che poi avrebbe portato a quel muro.

Mise in bocca la prima forchettata, risucchiando rumorosamente il boccone, come gli piaceva fare quando erano soli, loro due. Poi guardò Catlina con finto imbarazzo e sincera tenerezza. Lei aveva gli stessi occhi di quando era giovane e bella. Occhi che lo guardavano ancora nello stesso modo. Asciutti e brillanti, riuscivano a esprimere amore, rispetto, complicità e rimprovero insieme. Roba di Langa.

«Ma chi sta meglio di noi?», pensò Giacu. Normalmente non lo avrebbe detto, ma sentiva dentro di sé che quello era un momento speciale, e allora lo disse: «*Ma chi elu cu stai mej che noj?*».
Catlina lo guardò, con un sorriso di doveroso stupore. Stava per rispondere, ma le venne il sospetto che non si trattasse di una vera domanda, che fosse come quando Giacu le aveva chiesto dei *tajarìn*. Ora che ci pensava, erano quasi tutte così le domande di suo marito.
« *N'uma ancora 'd coj tajarìn 'd dumìnica?*».
«*Ma chi elu cu sta mej che noj?*».
«*Gnun*» pensò Catlina. Nessuno.
Ma non lo disse. Continuando a sorridere afferrò il bicchiere di Dolcetto e ne bevve un sorso. Era buono.

2

La terza perla di Piero

Novello, 15 aprile 2020

Piero Valletti è stato il postino di Novello per quarant'anni, tra la fine degli anni Sessanta del Novecento e il primo decennio del Duemila. Con lo scorrere di quegli otto lustri ebbe sempre meno buste da recapitare, perché il nostro paesello è passato da quasi 2000 abitanti a poco più di 800. C'era stata poi quell'invenzione diabolica della posta elettronica che, negli ultimi tempi, aveva fortemente ridotto il suo lavoro di consegna a domicilio di buone e cattive notizie. Un vero peccato, perché a lui piaceva incontrare le persone, scambiare un sorriso, accennare una piccola chiacchiera in attesa della firma per una raccomandata.

Si consolava facendo il contadino, come d'altra parte molti lavoratori delle Langhe per tutta la seconda parte del secolo scorso. Gente che, senza nulla togliere all'impegno nel mestiere principale, alla Ferrero per esempio, dedicava il tempo libero a lavorare la terra. Così faceva Piero. Incominciava a consegnare buste la mattina alle sette. Poi, a fine turno, alle quattro del pomeriggio, andava direttamente nella piccola vigna di famiglia, coltivava l'orto, accudiva conigli e galline.

Ma anche il suo secondo e amato mestiere aveva, negli anni, subìto un contraccolpo naturale. Suo figlio, diventato grande, aveva deciso di farlo lui il contadino, e a tempo pieno. Non ci pensava proprio ad andare a lavorare sotto padrone. La terra era quella che era, e non c'era mica lavoro per due. Nel frattempo, era giunta per

Piero l'età di andare in pensione. Lui forse avrebbe anche continuato per un po', ma non c'era stato modo di mettere alla prova la sua eventuale aspirazione, lo Stato fu inflessibile.

Intanto, a Novello eravamo venuti ad abitare noi Farinetti, nella proprietà confinante con la sua. Un caseggiato antico, con giardino e orto da accudire. Fu naturale accordarsi. Nacque pure una sincera amicizia.

Quella mattina di aprile del 2020 c'era un bel sole, dopo giorni di maltempo. Stavo uscendo per andare al lavoro. Vidi Piero che strappava con le mani delle erbacce cresciute, grazie alla pioggia dei giorni precedenti, nel piccolo giardinetto di fronte a casa mia, dove si ergono due bei cipressi.

Le erbacce che estirpava, Piero le raccoglieva in un secchio di plastica.

«I conigli sono golosi di quest'erba» disse.

Tradotto dal pensiero *langhetto*: «La porterò ai conigli di mio figlio».

Qui dalle nostre parti esiste una certa severità sul senso del possesso, perfino riguardo a piccole cose prive di valore, come le erbacce. Sono sempre frutti che arrivano dalla terra e la terra è per forza di qualcuno.

«Ma non bisogna mai dargliela bagnata, perché fermenta in pancia. La lascerò asciugare al sole, fino a sera».

Sapeva che avrei apprezzato. Quello era in fondo il suo modo di sdebitarsi: le sue perle di saggezza contadina in cambio delle mie erbacce.

Eccone un'altra in arrivo: «Invece alle galline solo *meira* e *gran*, nient'altro».

Chicchi di granturco e di grano tenero. Ma vedete bene che *meira* e *gran* fanno tutto un altro effetto, a pronunciarli sembrano più veri, più nutrienti. Secondo me, anche le galline apprezzano di più.

A un certo punto Piero notò la mascherina che tenevo in mano. Lui non l'aveva con sé, erano passati una quarantina di giorni dall'inizio dell'incubo, e ancora speravamo di uscirne a breve. I contadini portano in sé un senso di rassegnazione nei confronti delle disgrazie ambientali, un atteggiamento che forse li mette in condizione di vivere con maggiore armonia il rapporto con la natura.

Ed ecco, dunque, la terza perla di Piero.

«Una volta anche noi portavamo gli animali vivi al mercato».

Negli occhi di Piero mi sembrava di leggere quella specie di arrendevolezza che hanno i lavoratori della terra il giorno dopo la grandine. La natura dà, la natura toglie, fa parte del gioco. Nei campi crescono le erbacce, e anche questo fa parte del gioco. Per quanto uno si impegni a estirparle, quelle spunteranno di nuovo. È la natura.

3

Alba a Manhattan

Alba, 19 aprile 2021

Stamattina hanno seppellito Pio Boffa, morto a causa del Covid-19. Sessantasette anni, due mesi più giovane del sottoscritto. Siamo cresciuti insieme, l'ho frequentato parecchio fino ai vent'anni. Poi ci siamo persi per tre decenni, lui a far diventare grande il Barolo e il Barbaresco nel mondo, io a vendere lavatrici in giro per l'Italia. Entrambi abbiamo combinato qualcosa di buono. Non ci eravamo mai veramente dimenticati, infatti quando abbiamo ripreso a incontrarci, una quindicina di anni or sono, era come se ci fossimo lasciati da poco. Lui era come lo ricordavo, credo lo stesso abbia pensato di me.

Nell'ultimo mese ci siamo visti più volte. Abbiamo avuto modo di parlare con calma, a casa sua, nella mitica cantina Pio Cesare di Alba. Mascherina portata come si conviene e distanza doppia rispetto a quella raccomandata. D'altra parte, mi avrebbe sbattuto fuori se non avessi rispettato, moltiplicate, le norme di sicurezza: aveva una paura fottuta. L'ultima volta, una settimana prima che lo ricoverassero, mi ha fatto accomodare addirittura dalla parte opposta del lungo tavolo riservato ai clienti importanti, quelli che dovevano meritarsi di degustare un Pio Cesare con lui, a suon di ordini e migliaia di chilometri di volo.

Il fatto era che talvolta ci trovavamo costretti ad abbassarla quella mascherina, per degustare il suo Piodilei, un vino strepitoso, 100% da uve chardonnay che lui aveva piantato una ventina di anni fa su un bricco di Treiso. Mi aveva stappato un 2015, l'annata

che si era meritata un bel 96 su 100 da James Suckling, uno dei più influenti critici internazionali. Sono bottiglie che si tirano fuori quando c'è da raccontare qualcosa di importante.
E infatti.
«Avevo 19 anni quando mio padre mi mandò a vendere vino in America. Era il 1973 e non era ancora andato nessuno delle nostre parti».
È vero, dobbiamo a lui e a pochi altri esploratori coraggiosi, che poco meno di cinquant'anni fa attraversarono l'oceano con le bottiglie in valigia, se oggi in Usa vendiamo più dei francesi. E Pio fu uno dei primi, e pure il più giovane.
«Forse voleva mettermi alla prova, non era sicuro che me la sarei cavata. Ma poi, quando tornai con le ordinazioni, mi guardò tutto orgoglioso e mi nominò responsabile della Pio Cesare».

Mentre stavo in piazza del Duomo, di fronte alla cattedrale in cui i suoi cari gli porgevano l'ultimo saluto, me lo sono immaginato, Pio. Ho visto un ragazzino di diciannove anni che camminava con meraviglia nel Theatre District di New York. Cercava Barbetta, il più antico ristorante italiano di Manhattan, fondato nel 1906. Con una ventina di telefonate era riuscito, per sfinimento, a ottenere un appuntamento con Laura Maioglio, la figlia del fondatore, il mitico Sebastiano. L'ho visto entrare timido, l'ho sentito spiegare alla regina dei ristoratori italiani della Grande Mela la differenza tra Barolo e Barbaresco. L'ho visto illuminarsi mentre la signora Laura lo informava che il grande magazzino Bloomingdale's aveva chiesto a Barbetta di organizzare un servizio con 500 porzioni di fonduta e tartufo bianco d'Alba. L'evento sarebbe avvenuto da lì a qualche mese, e se quel ragazzino, il quale evidentemente aveva colpito la regina per coraggio e buona educazione, avesse proposto un buon prezzo... forse c'era qualche possibilità che, insieme alla fonduta, venisse servito il vino di Pio Cesare.

Nei *langhetti* del vino, quelli che fanno grandi etichette, esiste una strana forma di timidezza spavalda. Caratteristiche che in certi popoli potrebbero apparire negative (parsimonia, testardaggine, introversione, attaccamento alle abitudini), nei vignaioli delle Langhe assumono aspetti eccentrici che, combinandosi con l'ardimento e l'indomita voglia di migliorare, li hanno portati a distinguersi nel mondo.
E dunque: c'era una volta un ragazzo di neppure vent'anni ricevuto dalla regina della Grande Mela. Ci sarà una grande festa, gli disse la regina, e tu mi farai trovare sulla tavola il miglior vino del mondo.
Ho visto il giovane Pio Boffa prenderla, quell'ordinazione.
La festa fu un grande successo e vissero tutti felici e contenti, ho pensato davanti alla cattedrale.
È una favola, d'accordo.
Ma con ragazzi come te, le favole diventano possibili.
Ciao, Pio.

4

A forza di mangiare metalli

Marina di Bibbona, aprile 2021

Arrestate me! Mio figlio è innocente, non potete processarlo per stupro. La ragazza era consenziente, si capisce dal film. Sono dei diciannovenni con il pisello in mano. E poi lei li ha denunciati ben otto giorni dopo. Non lo trovate strano?

Un tempo era un attore comico. Tra i più bravi d'Italia, sicuramente il più dissacrante. Negli anni divenne sempre più pungente. Incominciò a dileggiare i vip del mondo dello spettacolo, poi i politici di fama. In seguito, prese ad alternare le sue battute al fulmicotone con vere e proprie denunce scagliate contro le ingiustizie sociali e le ingerenze delle multinazionali. Era ospitato dalle trasmissioni televisive più seguite. Quando entrava in scena lui, l'audience schizzava alle stelle. Gradualmente le sue accuse sulla disonestà dei governanti e sulla spregiudicata ricerca del profitto da parte delle grandi imprese ebbero il sopravvento sulla comicità. Le risate del pubblico diventavano sempre più amare. Privo di scrupoli, incominciò pubblicamente a lanciare i suoi "vaffa" a chi, secondo lui, operava per il male del mondo.
La televisione pubblica lo espulse. Ma continuava a godere, tra la gente comune, di un seguito imponente. Ritenne fosse giunto il momento di traslocare dai palcoscenici dei teatri al mondo della politica reale. Chiese di iscriversi al Partito Democratico nell'ottica di candidarsi alle primarie per la leadership. Gli risposero: «Fattelo da solo un partito, se ci riesci». E lui lo fece. Per la verità lo

chiamò movimento, ma nella sostanza si trattava di un partito destinato a entrare nell'agone elettorale. *Vision* e *mission* risultavano piuttosto chiare: «Siete un branco di disonesti, vi manderemo tutti a casa» e «Non faremo sconti a nessuno». Rivoluzione e giustizialismo. Dei quattro grandi poteri che ufficialmente o ufficiosamente guidano il Paese, cioè politica, magistratura, informazione e grandi imprese, l'unico che lui salvava, anzi teneva in gran conto per accelerare il repulisti, era il secondo: giudici e pubblici ministeri.
Alle elezioni politiche del 2018 vinse, e pure alla grande: un terzo dei voti e il 40% dei posti in Parlamento. Lui non c'era, non ci voleva andare personalmente a sedersi sullo scranno. Tuttavia, restava il capo assoluto del movimento, riconosciuto come tale non soltanto dai suoi, ma anche dagli avversari. Il giustizialismo non lo abbandonò mai, neppure quando ormai controllava i principali ministeri, governando di fatto il Paese.
Fino allo sfogo sul figlio, esternato pubblicamente attraverso un drammatico video: un autentico manifesto anti-giustizialista, che nemmeno Berlusconi ai tempi d'oro sarebbe stato capace di fare. C'era una volta un comico che voleva sbattere in galera tutti i cattivi.

Ma perché, mi sono domandato dopo aver visto quel video, ci deve capitare un fatto personale per mettere in discussione le nostre orribili certezze? Non potremmo pensarci prima? Ragionare con il cappello della comunità, anziché solo con il nostro limitatissimo berretto con visiera e paraocchi?
A me non sono mai piaciuti i ragionamenti di Beppe Grillo, così come quel tono da inquisitore. Non ho mai sopportato il suo linguaggio scurrile, quel modo sprezzante di giudicare tutto e tutti. Un giorno ho visto un video del 2007 nel quale accusava alcune tra le più famose aziende produttrici di biscotti, mozzarella e hamburger di distribuire cibi contenenti nano-particelle di metalli che dai termovalorizzatori si sarebbero trasferite nei campi agricoli.

L'ho ascoltato lamentarsi, sbraitando, di aver consumato per anni quei prodotti (come tantissimi altri italiani), ignaro dei drammatici rischi che stava correndo.
«Dio mio, Dio mio... questi biscotti qua. Li ho mangiati per quindici anni, questi biscotti col titanio».
Ho perfino tirato un sospiro di sollievo scorrendo l'elenco dei prodotti incriminati e scoprendo che probabilmente io non ne avevo mai mangiati.
«Non sono particelle biodegradabili, capite? Le ingerisci e ti si fermano lì, per sempre».
Quindici anni di biscotti al titanio, dice Grillo nel 2007. Poi di anni ne passano quasi altrettanti e...
«Si vede che c'è la consensualità, si vede che c'è il gruppo che ride, che sono ragazzi di diciannove anni che si stanno divertendo, [...] che sono in mutande e saltellano con il pisello così, perché sono quattro coglioni e non quattro stupratori».
Ho pensato a Brillat-Savarin, il gastronomo francese: «*Dis-moi ce que tu manges...*». Infine ho pensato al detto popolare: in fondo, uno parla come mangia. Che sia questa la spiegazione di tutto?

5

Alle Tre Rane

Firenze, autunno 1474

Leonardo: «Però l'insegna la disegno io».
Sandro: «Non se ne parla nemmeno. E poi l'ha detto anche messer Verrocchio...».
Leonardo: «Che cosa?».
Sandro: «Che non ti applichi, che disperdi energie, che ti concentri su troppi progetti tutti insieme».
Leonardo: «Comunque l'ho già in mente. Anzi, ho già buttato giù un bozzetto, guarda qua».
Sandro: «...».
Leonardo: «Beh, non ti piace?».
Sandro: «Non so, non si capisce bene, è tutto tratteggiato, tutto sfumato. Non riesco nemmeno a leggere la scritta... E adesso dove vai?».
Leonardo: «A prenderti uno specchio».
Sandro: «Senti, l'insegna la faccio io, d'accordo? Di un bel verde...».
Leonardo: «E ti pareva».
Sandro: «M'immagino questo tappeto di fiori e...».
Leonardo: «... e qualche ragazza mezza nuda in primo piano».

Niente: erano cocciuti, quei due. Alla fine, si accordarono perché ciascuno realizzasse il proprio vessillo. Fu così che nacque il primo ristorante al mondo con doppia insegna.
Leonardo da Vinci disegnò, con finissimi tratti di sanguigna su fondo crema, tre rane in diverse pose. Una piccola scritta in basso

a destra indicava il nome del locale: Alle Tre Rane. Invece Sandro privilegiò proprio il nome, che occupava completamente l'insegna, ma con le tre rane dipinte a colori che sembravano vere: ciascuna inserita al posto delle E di Alle Tre Rane; il tutto di un bel verde luminoso su fondo giallo.

E meno male che c'era l'insegna di Sandro, perché quella di Leonardo era scritta da destra verso sinistra, cioè al contrario, come usava fin da bambino e come continuò per tutta la vita. C'era il menù (novità assoluta per i ristoranti dei tempi), ma pure quello scritto al contrario. Fortunatamente l'artista fiorentino ventinovenne Alessandro Filipepi, soprannominato Botticelli per via delle sue forme generose, ottenne di dipingere i piatti nella pagina accanto. Così nacque anche il primo ristorante al mondo con il menù, per giunta figurativo. Ma si trattava anche del primo al mondo con i tovaglioli e con le forchette a tre punte, perché Leonardo era un fanatico dell'igiene. Il ventitreenne giunto dalla campagna aveva inventato personalmente gli uni e le altre.

Sui ruoli invece non vi fu alcuna discordia tra i due soci, poiché apparve naturale che Leonardo lavorasse ai fornelli e Sandro in sala. Piatti innovativi e porzioni ridotte, questo aveva in mente lo chef. Si era messo in testa di rivoluzionare la cucina della Firenze di allora, che lui giudicava un orrendo intruglio di carne e ossa. Accanto a qualche piatto classico ma rivisitato, come il capretto bollito con carciofi, il rognone di agnello e le rane fritte (specialità della casa, ovviamente), Leonardo si inventò le pastiglie di mucca, il ghiro farcito e la spalla di serpente.

Il ristorante partì alla grande, è vero, all'inaugurazione si presentò pure Lorenzo il Magnifico. Ma dopo sei mesi dovette chiudere. Ai fiorentini non piacevano quei piatti strani, trovavano insufficienti le porzioni e poi non gliene fregava nulla dell'igiene: un fallimento, in pratica. I due artisti tornarono in bottega a occuparsi di pittura. Ma mentre il Botticelli era triste e avvilito (ironia della sorte, il suo locale aveva chiuso i battenti in un bel giorno di primavera), Leonardo aveva uno strano sorriso. Sembrava quasi contento di com'era andata. Una meravigliosa osteria, aperta e subito chiusa. L'impresa, ai suoi occhi, aveva la bellezza delle cose incompiute. E così continuò a regolarsi per il resto della vita. Quasi imparò a volare. Quasi terminò l'enorme cavallo di bronzo con Francesco Sforza, che non riuscì a fondere. Quasi finì l'affresco della battaglia di Anghiari nel Salone dei Cinquecento, perché i colori incominciarono fin da subito a colare.

Perfino per l'opera più importante della sua vita ebbe un sacco di problemi. Rompendo la tradizione, con una scelta del tutto irrituale, aveva deciso di immortalare Cristo nel momento in cui diceva agli apostoli «Uno di voi mi tradirà» e non «Prendete, e mangiatene tutti». L'accusa anziché la comunione. La suspense invece del pane e del vino.

«Ma come gli è saltato in mente?» si domandò qualcuno. Qualcun altro, che evidentemente aveva fatto in tempo a cenare all'osteria Alle Tre Rane, pensò: «Che roba strana questo affresco, mi ricorda tanto il ghiro farcito».

In ogni caso non durerà, pronosticavano gli esperti, notando che Leonardo aveva dipinto a olio direttamente sul muro intonacato. Tempo qualche anno e colerà per terra anche questo dipinto, dicevano.

E lui: «E non è meraviglioso? Diventerà un altro incompiuto».

Non immaginava, Leonardo, che le generazioni successive non l'avrebbero permesso, che si sarebbero impegnate a tener viva quell'opera, restauro dopo restauro, e che *L'ultima cena*, a differenza della sua osteria, sarebbe durata nei secoli giungendo fino a noi.

D'altronde era fatto così, Leonardo. Per lui provarci era più importante che farcela. C'era più gusto, più energia e più vita nel lanciarsi in un'impresa mai tentata prima che nel portarla a compimento.

E comunque io ci sarei andato.

Alle Tre Rane, intendo.

6

Il maiale e la mela

Teano, ottobre 1860

«Come sta, mio caro?».
«Bene Maestà, e Lei?».
«Non mi lamento. Invece, se devo essere sincero, trovo che lei abbia l'aria stanca».
«Con tutto il rispetto, Maestà, ma io mi sento in gran...».
«Si prenda un periodo di riposo, mi dia ascolto. Se l'è meritato, ha fatto cose straordinarie. Ora, però, lasci a noi il compito di portarle a termine. Le piace Napoli, vero?».
«Napoli? Sì, Maestà, certo».
«Ecco, ci torni. Anzi, sa cosa le dico? La accompagno, desidero starle accanto per celebrare la gloria che merita. Il golfo, il vulcano sullo sfondo, la folla che scandisce il suo nome. Non sarebbe fantastico, Generale?».

A quel punto Garibaldi digrignò i denti. Napoli? Un periodo di riposo? Lui aveva decisamente altri programmi. Tuttavia, aveva di fronte il Re nel cui nome aveva combattuto fino a quel giorno. E non c'era solo il Re: alle sue spalle, decine di migliaia di soldati piemontesi, freschi come rose e ben equipaggiati. I suoi erano invece esausti, dopo tanto cammino. Il rosso delle camicie sbiadito e infangato. E, notoriamente, quelle camicie non erano decine di migliaia. Insomma, alla fine, obbedì.
Ma, con buona pace di alcuni storici, non si sognò neppure di dirlo. Lo fece e basta.

In ogni caso bel tipo, quel Re. Si chiamava Vittorio Emanuele II, e ora, dopo 150 anni, viene ricordato quasi più per le sue passioni (le donne, la caccia, il cibo) che per le sue qualità politiche. È un peccato perché a quei tempi – la metà del XIX secolo – più che ottimistica l'idea di unificare l'Italia sembrava una cosa da pazzi. Quindi come ci riuscì?

Beh, intanto sapeva scegliersi i collaboratori, Cavour *in primis*, anche se i due, senza darlo troppo a vedere, si detestavano. Paradossalmente il futuro Re d'Italia risultava più simpatico a certi nemici interni, come Giuseppe Mazzini. Per lui, repubblicano di ferro, la prima mossa era fare l'Italia: se vi fossero arrivati prima i Savoia, sarebbe comunque andato bene. Tanto, prima o poi, saremmo diventati una repubblica. A pensarci anche questa sembrava una cosa da pazzi, invece...

Se c'era qualcuno che il Re amasse davvero frequentare non era certo Mazzini e, come si è accennato, neppure Cavour. Appena ne aveva la possibilità, Vittorio Emanuele II si rifugiava tra le braccia della Bela Rosin, al secolo Rosa Vercellana, sua amante e madre di due dei suoi dieci figli. Lei sapeva cucinare come nessuno il suo piatto preferito, meglio perfino del più abile tra i numerosi cuochi di corte: il pollo all'aglio. Una volta, a Fontanafredda, il Re ne mangiò così tanto – accompagnato da quel vino superbo che è il Nebbiolo di Serralunga d'Alba – che dovettero chiamare il medico: Vittorio Emanuele aveva girato gli occhi all'indietro, pareva morto. Ma si riprese, e da lì a tre anni avrebbe fatto l'Italia.

In quanto ad abitudini alimentari, Garibaldi era assai diverso: amava la verdura e soprattutto la frutta. Era partito con mille uomini appena, in camicia rossa, per conquistare il Regno delle Due Sicilie. Il progetto consisteva nello sbarcare a Marsala, prendere l'isola e poi risalire tutto il Sud Italia fino a Napoli, cacciando Francesco II di Borbone.

Cavour aveva detto al Re: «Non ce la farà mai». Vittorio aveva replicato: «Stiamo a vedere». Mentre i due discutevano, Garibaldi aveva già completato l'impresa. Re Vittorio Emanuele II dovette sbrigarsi a partire da Torino con l'esercito sabaudo al completo, conquistare le Marche e l'Umbria, sottraendole allo Stato Pontificio, e raggiungere Garibaldi che già era entrato vittorioso a Napoli mentre, sull'onda del successo, minacciava di procedere verso Roma. Era determinato a occuparla per donare pure quella al Regno d'Italia, in modo che ne diventasse la capitale. Il fatto era che il Papa Pio IX stava facendo fuochi e fulmini, richiedendo a mezza Europa di inviare eserciti per salvarlo. Se fosse successo sarebbe stato un bel pasticcio. C'era tempo per prendere Roma, anche perché per la futura capitale serviva ancora un po' di politica cavouriana.

L'incontro per la verità non avvenne propriamente a Teano, come si racconta, ma molto vicino. Il Re incontrò il Generale in piena campagna, di fronte alla Taverna della Catena, oggi nella frazione di Vairano Scalo. Gli avevano detto che in quella osteria cucinavano il miglior maiale nero casertano del territorio. Garibaldi sulle prime rifiutò di entrarci, a lui non piaceva il maiale, e poi era troppo avvilito a causa dell'ordine di interrompere la sua impresa. Ma dovette obbedire, per la seconda volta.

Me li immagino, quei due, di fronte al grande camino con lo spiedo. Vittorio Emanuele II, raggiante, che addentava un bel pezzo di coscia del maiale arrosto – diciamo che l'etichetta non era mai stata il suo forte –, mentre Garibaldi, che non aveva tanto appetito, si era fatto portare solo una mela. Però, che mela: niente meno che sua maestà l'annurca, originaria di Salerno, succosa e aromatica, rossa come le camicie dei Mille. Proprio me lo vedo il generale intento a sbucciarla con il suo glorioso coltello da battaglia, mentre il Re continua a darci dentro con un cosciotto.

Di sicuro, i due non erano dello stesso umore. Non avevano la stessa strategia politica e neppure gli stessi gusti alimentari. Però su una cosa erano d'accordo, anzi su due.

La prima: fare l'Italia.

La seconda: a tavola, scegliere le specialità del territorio.

7

Murene, coccodrilli e asparagi

Roma, Gallia ed Egitto, 101-44 a.C.

«Ehi, uomini, chiudete in casa le vostre mogli, è tornato Zuccapelata!».

Questo pare si dicesse di Caio Giulio Cesare, grande amatore, ogni volta che rientrava a Roma da una delle sue campagne di Gallia. In tutto ne fece otto, le scuse erano sempre le stesse: le tribù galliche che insorgevano, oppure quelle germaniche che, magari aiutate dai Bretoni, passavano il Reno per appropriarsi dei territori annessi a Roma nelle precedenti incursioni.

Ma la verità era che a lui piaceva da matti la Francia. Come ancora oggi piace agli italiani godereccі. Si mangia bene, la gente in vacanza è disinibita... e poi quel mare della Costa Azzurra, che allora non si chiamava precisamente così ma era già di quel colore intrigante. La Provenza, ce l'avete presente la Provenza? Quell'arietta fresca che giunge dal Mediterraneo e s'incontra con i venti delle ultime propaggini delle Alpi. Una brezza che non solo piace a noi umani, ma fa anche tanto bene alla frutta, alla verdura, alle piante, ai fiori. E poi quella luce incredibile, parola di Renoir, Matisse, Picasso.

Nella sua prima campagna in Francia, Giulio Cesare, già quarantenne, dopo aver oltrepassato senza difficoltà ma neppure particolari emozioni la Gallia Cisalpina, entrò nella Narbonensis - così chiamavano allora il vasto territorio che da Nizza arriva alla Spagna –, e per lui fu come giungere in paradiso. Tutto gli piaceva, dai meravigliosi campi di lavanda in fiore alle murene, il pesce che in assoluto preferiva. Sosteneva che le murene di Canua (l'attuale Cannes) fossero le più buone del mondo. E, poiché i Galli non conoscevano l'arte dell'allevamento dei pesci, durante la seconda campagna portò con sé Romani esperti in acquacoltura, i quali individuarono un tratto di mare tra Cannes e Saint-Tropez (allora si chiamava Heraclea), in cui le rocce formavano una specie di laghetto naturale d'acqua di mare. Completarono il primo *vivier gallo-romain* con muretti e chiuse, incominciando ad allevare le murene. Cesare si fece pure costruire una bella villa fronte mare, proprio al di sopra del vivaio, e pare che, a ogni campagna, vi si fermasse per varie settimane, banchettando e trastullandosi con un numero spropositato di giovani donne del luogo.

Il vino invece lo portava da casa, perché quello a disposizione dalle parti di Marsiglia, diffusosi grazie alle viti portate secoli prima dai Greci, non gli piaceva tanto. Ma, a partire dalla terza campagna, visto che i carichi di anfore erano ingombranti, costosi e fragili, ordinò che arrivassero da Aquileia i migliori vitigni e che fossero coltivati nelle zone vocate della Francia. Diciamo che, con l'arrivo di Giulio Cesare e della cultura enogastronomica romana, il territorio della Gallia Narbonense, già ben dotato di suo in fatto di prelibatezze, divenne un vero e proprio paradiso per i buongustai. E Cesare, ogni volta che poteva, ci tornava.

Giunto a quasi cinquant'anni si organizzò per il suo ottavo viaggio laggiù. Avrebbe potuto essere l'ultimo (come fu), dunque mise a punto un bel programma a base di tappe enogastronomiche e amatorie. La scusa era sempre la solita: stavolta c'era un certo Vercingetorige, capo degli Arverni, che si era ribellato a Roma e intendeva ristabilire l'indipendenza. Cesare conosceva bene quel valoroso ventottenne, perché era il figlio di Celtillo, il re dell'Alvernia, che in una delle precedenti campagne, dopo qualche tiepido scontro, aveva accettato di sottomettersi ai Romani. D'altra parte, era questa la tecnica di Cesare: conquistare, sottomettere

e poi nominare capo lo stesso leader indigeno che aveva battuto. Un'arte sopraffina che spesso aveva dato ottimi risultati... E poi gli concedeva un contesto pacifico per darsi ai propri hobby goderecci. Ma Celtillo era morto e il figlio, succedutogli, non intendeva seguire le orme del padre.
Cesare era, come sempre, ottimista. Vercingetorige se lo era praticamente allevato lui, gli aveva insegnato l'arte romana della bella vita, ci aveva perfino mangiato murene insieme. Dunque, immaginava di convincerlo facilmente a tornare nei ranghi. Invece non fu così. Quel giovane cocciuto si era convinto di riuscire a battere le legioni di Cesare e per poco non ci riuscì. Altro che baccanali, triclini e belle donne. Ci vollero sei mesi di duri combattimenti (pure qualche sconfitta), un estenuante inseguimento e infine quaranta giorni di assedio alla città di Alesia per domarlo. Cesare era talmente arrabbiato che alla fine trascinò in catene Vercingetorige fino a Roma. Ma non volle ucciderlo, in fondo quel ragazzo gli era pure simpatico (forse gli ricordava lui da giovane), così si limitò a farlo rinchiudere in carcere. Magari, se si fosse ravveduto, lo avrebbe liberato da lì a qualche tempo. Nonostante l'intento iniziale, cinque anni dopo Vercingetorige venne condannato a morte per strangolamento. Evidentemente non si era ravveduto.

Ma Cesare non era a Roma in quel momento storico. Domata una volta per tutte la Gallia, in quei pochi anni aveva nell'ordine: scritto un best seller (il *De bello gallico*), varcato il Rubicone, sconfitto Pompeo, scritto un altro best seller (*De bello civili*) e incontrato una bellissima regina egiziana.
Pare che, dopo aver fatto l'amore, Cleopatra e Cesare mangiassero in gran segreto bistecche di coccodrillo alla brace, piatto raffinato e assolutamente proibito, perché gli Egizi il coccodrillo lo veneravano con il nome di Sobek, divinità con il corpo di un uomo e con la testa, appunto, di coccodrillo. Vino buono da quelle parti

non ce n'era, ma in compenso la birra scorreva a fiumi. Stando agli studiosi, nell'antico Egitto con la birra ci svezzavano i bambini. Dopo cena, Cesare e Cleopatra facevano di nuovo l'amore alla faccia di Sobek. O almeno così mi piace pensare.

D'altronde inventarsi storie su Cesare viene piuttosto naturale. C'è perfino chi gli attribuisce il copyright di un'espressione che ha riscosso nei secoli un certo successo. A Milano, quand'era governatore della Gallia Cisalpina, gli avevano servito un piatto di asparagi al burro, condimento per lui del tutto inedito, visto che il burro a Roma era utilizzato come cosmetico. Gli altri invitati alla cena, romani come lui, non fecero niente per nascondere il disgusto. I padroni di casa milanesi però ci restarono male. Cesare placò gli animi di tutti e disse (forse): «*De gustibus non est disputandum*». Poi assaggiò gli asparagi. Non li trovò affatto malvagi.

8

Dalla cicuta alla granita

Atene, 470-399 a.C.

«Dobbiamo un gallo ad Asclepio, non ve ne dimenticate». Furono queste le ultime parole pronunciate da Socrate prima di bere la cicuta e di spirare tra le braccia dei suoi tre figli, qualche amico e alcuni allievi. Non aveva paura di morire. Anzi, pareva non vedesse l'ora di scoprire che cosa ci fosse dopo. Per la verità, qualche idea in testa l'aveva, tuttavia la sua ferrea convinzione di sapere di non sapere lo portava sempre ad aspettarsi di tutto. Ma prima bisognava saldare quel vecchio debito, ad Asclepio spettava un gallo.

Lo avevano condannato a morte via suicidio. Era stato accusato di corrompere i giovani insegnando dottrine strane che avrebbero potuto favorire disordini sociali. Invece, anni prima, ai tempi di Pericle, Socrate non aveva incontrato problemi nel diffondere le sue originali idee basate sul valore della continua ricerca e sul dubbio come motore dell'armonia e, anzi, veniva ammirato per quei pensieri. Purtroppo i bei tempi erano passati e, in questa nuova Atene dominata da sovranisti biechi e neofobi (che paradossalmente si chiamavano democratici), pareva perfino logico che dovesse essere perseguitato ed eliminato.

Socrate si difese da solo, rinunciò all'esilio come alternativa alla condanna a morte e affrontò il processo con grande serenità. Spiegò con calma le ragioni che lo portavano a pensare che la filosofia dovesse essere imperniata sulla bellezza del domandarsi il perché delle cose. Sapeva che sarebbe andato a morire, ma questo non

lo preoccupava. D'altra parte, aveva già superato i settant'anni, un'età ragguardevole per l'epoca.
Ci era comodamente arrivato anche grazie alla sua dieta. Socrate mangiava poco e in modo accurato: olive, formaggio di capra, focacce di frumento e orzo, cipolle, legumi, pasticcini di fichi, bacche di mirto e ghiande arrosto. Molto raramente la carne: semplicemente non la rifiutava quando era invitato, per non apparire maleducato. Anche se i più lo sapevano e non gliela facevano trovare.
All'amico Glaucone, che gli chiedeva conto delle sue abitudini alimentari, Socrate spiegò: «Per la carne avremo bisogno di molti maiali e di guardiani e poi saremo costretti a ricorrere più spesso ai medici. Anche gli allevamenti richiederanno spazi nuovi, sottraendo terreno all'agricoltura. E così la città sarà costretta a invadere i paesi vicini e a fare la guerra».
Con poche, e in fondo trascurabili, differenze sono i discorsi che facciamo oggi dopo circa 2500 anni.
Invece, riguardo al vino non mostrava altrettanta moderazione. Le sue bevute erano leggendarie, così come la sua capacità di reggere l'alcol. Sicché nei simposi tutti si ubriacavano, tranne lui.
Il simposio consisteva, più o meno, in quello che oggi si chiama convegno o *talk*. Con la differenza che si svolgeva nella casa dell'organizzatore, il quale sceglieva attentamente gli invitati (salvo arrivi improvvisi e inaspettati), indicava il tema da discutere, lo introduceva con un proprio intervento e poi chiedeva ai partecipanti il loro parere. In genere si trattava di temi alti come la bellezza, il teatro, la fede, la democrazia... Intanto si beveva vino, un vino dolce, arricchito con miele, che veniva allungato con acqua fresca e che evidentemente andava giù che un piacere. Era anche un modo per sciogliere le lingue, già di per sé spigliate, per staccarsi dal terreno e raggiungere le vette celesti. In pratica ci si ubriacava per dire cose sempre più trascendentali, suggestive e sincere. Infatti, fu il filosofo greco Zenobio a coniare per primo

il proverbio che, qualche secolo dopo, Plinio tradusse con *In vino veritas*, cioè grazie al vino dirai quello che realmente pensi.
Socrate era l'invitato più ambito nei simposi di Atene. E meno male che molto spesso portava con sé il suo allievo più sveglio, Platone. È grazie a lui che conosciamo il suo straordinario modo di pensare. Socrate non ha mai scritto nulla, anzi considerava la scrittura un fenomeno negativo, una forma di rallentamento del pensiero e della memoria. In genere il simposiarca gli dava la parola per ultimo e Socrate partiva sempre elogiando gli interventi di chi lo aveva preceduto, sostenendo che esistevano mille ragioni per essere d'accordo con ciò che aveva sentito. E allora tu, se avevi parlato prima di lui, iniziavi a preoccuparti. Perché, conoscendolo, sapevi che a quel punto ti avrebbe sottoposto a una sfilza di domande sempre più precise, sempre più incalzanti, generate da una logica sempre più implacabile. Risultato: le tue certezze granitiche erano destinate a scricchiolare senza pietà. Infine, con grande educazione e con parole dolci, Socrate demoliva in modo clamoroso la tesi che fino ad allora ti era parsa inconfutabile, concludendo magari con una opposta alla tua. E tu, ipnotizzato e un po' rimbambito, facevi di sì con la testa.
Però, a volte, accadevano incidenti.

Platone ci racconta di un simposio a casa di Agatone, un giovane poeta tragico, al quale Socrate partecipò insieme ad alcuni amici: il medico Erissimaco, il commediografo Aristofane, l'esperto di retorica Fedro, solo per citare i più famosi. Il tema era Eros, il dio dell'amore. Niente di meno, e fu uno spasso.
Dunque eccone un breve resoconto.
Dopo l'introduzione del padrone di casa ciascuno dei convitati aveva espresso le proprie convinzioni sulla natura e sugli scopi di Eros. Fedro l'aveva esaltato come il più antico degli dei. Pausania, un aristocratico filospartano, l'aveva lodato come mito morale e l'aveva distinto nettamente dall'amore come istinto animalesco.

Erissimaco aveva individuato nell'amore quell'energia profonda della natura che mantiene l'equilibrio tra le diverse forze interne dell'essere umano. Il commediografo Aristofane aveva esaltato l'amore tra appartenenti allo stesso sesso. Agatone, prima di dare la parola a Socrate, aveva dichiarato di vedere nell'amore la forza ispiratrice delle scienze e delle arti. Fu il turno del maestro, e intanto erano già tutti alticci. Al solito, Socrate si disse ammirato dai ragionamenti ascoltati, poi attaccò con le domande che suonavano più o meno così: «Siete proprio sicuri che Eros abbia tutte queste qualità? Uno che detiene tutte queste qualità, perché dovrebbe cercarle? Chi è forte non vuole diventare forte, chi è ricco non vuole diventare ricco. Se, come sostenete, Eros è in continua ricerca di amore, bellezza e bontà... significa che non possiede queste doti, semplicemente le cerca. Amore dunque è qualcosa di intermedio tra il mortale e il divino, una sorta di demone figlio dell'ingegno e della povertà, che tende perennemente a conquistarsi ciò di cui avverte la mancanza. Amore in questo senso è ansia di possesso e di acquisto, e come c'è l'Amore tra i corpi, che ha per scopo la procreazione, così c'è l'Amore delle anime che cercano il bello, per esempio i poeti e gli artisti».

In realtà disse molto di più – e fece anche molte più domande –, ma grosso modo il senso era questo. Insomma, tirò giù tutti dalla nuvoletta su cui si erano accomodati nell'intento di elogiare il dio dell'amore e li riportò sulla terra, tra i mille dubbi che segnano continuamente la nostra esistenza. In vita mia non ho mai letto una definizione dell'amore così sublime.

Ma torniamo al simposio: a quel punto erano tutti ubriachi fradici, non solo di vino, ma anche dei ragionamenti del sommo filosofo che, invece, continuava a bere e predicare senza scomporsi. Proprio nel momento in cui Socrate stava terminando il suo discorso irruppe nella casa Alcibiade, ancora più sbronzo. Non era stato invitato e giungeva da un altro simposio. Il giovane e bellissimo Alcibiade si lanciò in una esilarante scenata di

gelosia nei confronti di Socrate, accusandolo di avere maggiori attenzioni per Agatone, il quale, per tutta risposta, andò a sedersi ancora più vicino al maestro. Il fatto è che entrambi ne erano perdutamente innamorati.
Finì che tutti si addormentarono, tramortiti dal vino, tranne naturalmente Socrate che cercava di tenere svegli Aristofane e Agatone per persuaderli ad ammettere che uno può comporre ugualmente sia commedie sia tragedie, e che chi per vocazione è poeta tragico sarà anche poeta comico.
Il livello del dibattito era più o meno questo. Il tasso alcolico, come detto, era altrettanto ragguardevole. Io, essendo nato e vivendo nelle Langhe, ho una certa resistenza al vino e forse mi sarei trovato bene nei simposi di allora. Come mi sarebbe piaciuto partecipare! Quanto avrei goduto nell'esporre le mie idee e ancora di più nel vedermele subito dopo demolire da Socrate a colpi di domande.

Invece son qui davanti alla televisione ad assistere a un "simposio" del terzo millennio: un penoso dibattito, che poi è praticamente un monologo. C'è un politico in voga che, in merito al Meridione d'Italia, all'Europa, al rapporto con Usa e Russia, sostiene tesi opposte rispetto a quelle che lui stesso predicava pochi anni or sono. Ma il punto non è nemmeno questo, perché ovviamente uno può cambiare idea, sempre che non lo abbia fatto per puro opportunismo. Il punto è la tombale e inscalfibile certezza con cui un giorno affermi una cosa e il giorno dopo il suo contrario. Non mi viene neanche voglia di bere.
Sempre più avvilito, continuo ad ascoltare questo monologo che minaccia di andare per le lunghe. In tv non c'è Socrate ma un giornalista che alla fine temo non farà domande, o comunque non vere domande. E se anche le facesse, so già che il politico eviterebbe di rispondere e si lancerebbe in un altro terrificante monologo. Alcibiade, penso. Sarebbe bello vederlo irrompere nello studio te-

levisivo, ubriaco perso, e fare un bel po' di casino. E Agatone che si avvicina a Socrate, gli si siede sulle gambe. Il maestro allora ha come un'intuizione, sta per dire qualcosa di memorabile e tutti fanno silenzio, Platone apre il taccuino.
«Il gallo» dice con aria ispirata. «Dobbiamo un gallo ad Asclepio».

◆ ◆ ◆

Piccolo intermezzo: tipo granita al limone (inventata in Sicilia… forse da un greco)

Bene, a questo punto, dopo avervi raccontato di Socrate, non mi sentirei a posto con la coscienza se non vi parlassi degli altri tre fenomeni che, insieme a lui, concorsero alla più grande rivoluzione di pensiero della storia dell'umanità. Vi beccherete quindi altre tre storielle su Pericle, Platone e Aristotele.
I quattro vissero ad Atene tra il V e il IV secolo a.C. e in quei formidabili 173 anni (tanto intercorre tra la nascita del primo e la morte dell'ultimo) reinventarono il mondo. Si conobbero e si frequentarono a due a due, ma esiste un filo logico che collega il quartetto al completo. Il primo, Pericle, fu il capo politico più illuminato di quella Grecia dal pensiero alto: possiamo forse considerarlo l'inventore della democrazia. Il secondo, Socrate, trovò così il terreno fertile per coltivare il proprio pensiero e fondare una filosofia moderna, animata da curiosità e ansia costante di ricerca. Non lasciò nulla di scritto, come abbiamo visto, ma a mettere tutto nero su bianco ci pensò il terzo, Platone, suo allievo e biografo, che alzò lo sguardo lassù, nella sfera dove riposano le idee perfette e incorruttibili. Il suo allievo Aristotele, il quarto, invece riportò tutto sulla terra, dove vige la legge del divenire, dove le cose mutano senza posa e dove il dubbio è il fondamento della conoscenza.
«La granita», avrebbe detto Pericle se fosse stato siciliano, «è un alimento buono, democratico, accessibile a tutti. Secondo la

ricetta originale, il ghiaccio dev'essere prelevato dall'Etna. Noi a Messina la facciamo così».

«Ne sei proprio sicuro?», gli avrebbe domandato Socrate. «Sarebbe diversa se il ghiaccio provenisse da un'altra montagna? Non sono forse le mandorle o i gelsi, o i limoni, a rendere le granite speciali?».

Platone avrebbe osservato a quel punto che la vera granita, quella autentica, perfetta e inarrivabile sta soltanto lassù, ben più in alto dell'Etna, ossia nella sfera delle idee.

E Aristotele: «L'acqua diventa ghiaccio e il ghiaccio, in potenza, è già una granita. Che va gustata in compagnia, perché l'uomo è un animale politico. O no?».

9

Qui ad Atene facciamo così

Atene, 495-429 a.C.

L'amore per una donna. Anche questo avevano in comune Pericle e Socrate. Si chiamava Aspasia e veniva da Mileto (nell'attuale Turchia). Naturalmente Pericle adorava Atene, tanto da svilupparla in modo superbo. Fu lui a volere il Partenone, affidandone la costruzione a un nugolo di architetti coordinati dall'amico Fidia, al quale diede pure il compito di realizzare la più grande scultura preziosa che la storia abbia mai visto: la statua di Atena, ricoperta da 1137 chilogrammi di oro puro. Una bellezza da far mancare il fiato. Tuttavia, l'Atene di allora abbondava di gente maliziosa: accusarono lo scultore che un bel po' di quell'oro gli fosse rimasto attaccato alle mani. Fidia andò a processo, ma Pericle lo salvò con uno dei suoi discorsi rimasti nella storia. In pratica spiegò che l'unico modo per la giuria di dimostrare che Fidia avesse rubato era quello di pesare il metallo prezioso che ricopriva la statua. Ciò era impossibile senza distruggerla e Atena era troppo bella per essere scorticata, dunque l'artista/architetto fu assolto per mancanza di prove. Non c'era solo furbizia in quella tattica difensiva. Lui era veramente convinto che il suo amico fosse un uomo onesto e non avrebbe temuto la pesa. Non c'era invece Pericle al secondo processo contro Fidia, accusato qualche tempo dopo di empietà per aver raffigurato se stesso sullo scudo della dea. Il capo di Atene era assente per malattia: i primi sintomi della peste. Gettato in carcere, Fidia morì un anno più tardi a causa delle condizioni disumane della prigionia.

Benché concentrato sulla sua città, Pericle (eterosessuale in quella Atene dalla sessualità fluida) amava le belle donne che venivano dall'Anatolia e il cibo che arrivava dalla Beozia. I Beoti erano contadini e allevatori. Potevano contare su una terra molto fertile ma erano considerati grezzi e ignoranti dagli ateniesi, tanto che ancora oggi il termine beota sta per citrullo. Tuttavia, erano gli unici Greci che avessero a disposizione cibi prelibati. Allo stratega ateniese piacevano il maiale, il capretto, il montone, i volatili e, naturalmente, la selvaggina che si faceva portare da quelle fortunate terre del Nord, insieme a verdura e frutta selezionate e di grande qualità. Il suo piatto preferito arrivava proprio dai laghi della Beozia centrale: la celebre anguilla del Lago Copaide.

Quanto ad Aspasia, la donna che Pericle amò più di ogni altra, aveva fatto perdere la testa anche a Socrate (il quale invece, in fatto di eros, non si faceva problemi di genere). Il filosofo non mancava mai ai simposi indetti da lei nella casa di Pericle. Era una donna pazzesca, non solo bellissima. Rivendicava il diritto di filosofeggiare, partecipare ai simposi, danzare, bere vino in maniera smodata: esattamente come gli uomini più in vista di allora. Socrate la considerava una maestra e forse fu l'unica persona che non si permise mai di contraddire. Da giovane, oltre a studiare retorica e filosofia sotto la guida di Aspasia, Socrate imparò da lei tutto quello che riguarda l'amore. Secondo Aspasia, la forma suprema di amore si raggiunge quando l'eros è unito alle virtù. Socrate accolse in pieno questa teoria. Di più: proprio grazie a questi insegnamenti, Socrate predicava che non c'è nessuna differenza tra la virtù di un uomo e la virtù di una donna. Ragionamento piuttosto eccentrico all'epoca.

È probabile che sia stata sempre la straniera Aspasia a far cambiare idea a Pericle riguardo alla posizione di Atene nei confronti dei non nativi. Infatti, lo stratega non aveva potuto sposarla a causa di un'assurda legge da lui stesso promulgata nei primi anni di potere. La norma sanciva che potessero essere considerati cittadini ateniesi solo quelli nati da entrambi i genitori ateniesi e che i matrimoni fossero celebrati solo tra cittadini. Poi Pericle la conobbe, se ne innamorò, andò a convivere con lei e cambiò idea.

«Insomma, io proclamo Atene scuola dell'Ellade e che ogni ateniese cresce sviluppando in sé una felice versatilità, la fiducia in sé stesso e la prontezza a fronteggiare qualsiasi situazione. Ed è per questo che la nostra città è aperta al mondo e noi non cacciamo mai uno straniero. Qui ad Atene noi facciamo così». Un discorso celebre, scandito da una ancor più celebre formula «Qui ad Atene noi facciamo così», che Pericle ripeteva a ogni snodo del suo ragionamento. Una frase miliare, la quintessenza della Grecia di quegli anni. Peccato, però, che Pericle non l'abbia mai pronunciata (d'altronde, come abbiamo visto, Garibaldi non disse mai «Obbedisco» e Cesare non disse mai «*De gustibus...*»).
In Tucidide, lo storico ateniese che riporta il discorso di Pericle, non c'è infatti traccia della famosa formula. Se l'è inventata molti secoli dopo un attore comico, Paolo Rossi. Il suo intento non era certo quello di stravolgere il pensiero di Pericle, tutt'altro. Paolo Rossi lo ha semplicemente reinterpretato, lasciandone intatti i fondamentali ma arricchendone lo slancio attraverso la tecnica retorica della ripetizione: «Qui ad Atene noi facciamo così». In ogni caso è tutto molto divertente: oggi, senza saperlo, un sacco di gente declama con aria ispirata non il discorso di Pericle, neppure quello di Tucidide, ma quello di Paolo Rossi.

Non divaghiamo e torniamo ad Aspasia. Era fatale che, in quella Atene così libera e democratica, ma anche così ostinatamente misogina, una donna come lei attirasse molti nemici. Così tanti che, come Fidia, fu mandata a processo. Venne accusata di corrompere le donne di Atene al fine di soddisfare le perversioni di Pericle. Oltre all'empietà si beccò pure una querela per lenocinio (sfruttamento della prostituzione). Che Pericle nella sua vita privata non fosse uno stinco di santo, beh, questo era noto, tuttavia è probabile che i suoi avversari avessero un po' esagerato. Intendiamoci: la storia, anche quella più recente, anche dalle nostre parti, insegna che non vi è limite all'originalità delle abitudini sessuali di certe persone di potere. Diciamo allora che la differenza sta nella grandezza, nella statura del personaggio, nelle sue capacità politiche, nonché nel coraggio. Pericle difese personalmente Aspasia, come aveva fatto con Fidia e come avrebbe fatto ogniqualvolta lui stesso o suoi protetti venissero trascinati in tribunale. Come sempre, alla fine la spuntò.

Attraverso la sua formidabile arte oratoria convinse i giudici ad assolvere Aspasia. Non solo li convinse, li commosse. Descrisse con parole dolcissime il sincero amore che provava per quella donna straordinaria. Toccò con ragionamenti alti il valore della parità tra i generi e seppe lodare le sue qualità fino a farla emergere come un'eroina ingiustamente perseguitata.

Ben nove volte nel corso della sua trentennale attività politica, direttamente o indirettamente, Pericle fu messo in stato di accusa. Ogni volta andava a processo determinato a smontare le calunnie. E forse non confidava esclusivamente sulle sue incommensurabili doti di oratore, forse si sentiva forte di una profonda onestà morale e intellettuale, di una operosità volta al bene del popolo ateniese, di una formidabile capacità di innovazione. Forse fu proprio questa sua abilità che permise alla Grecia di giungere al massimo splendore; non solo in campo militare, ma soprattutto nell'arte, nell'architettura, nelle lettere, nella filosofia, nello spettacolo. Insomma, nella bellezza. Finché, proprio all'apice di questo splendore...

«Contro ogni nostra aspettativa» disse Pericle in uno dei suoi ultimi discorsi, «è sopraggiunta questa peste, unico flagello che si è rivelato superiore a ogni previsione».

Solo in questo modo poteva essere fermato uno così.

10

Un film di ombre

Atene, 428-348 a.C.

Gli siamo debitori per aver messo su carta i ragionamenti di Socrate. Platone fingeva di odiare la scrittura, ma intanto scriveva, scriveva... Sono giunte a noi ben 36 sue opere, nelle quali attribuisce a Socrate molte intuizioni che, magari, erano farina del suo sacco. Un tipo generoso, Platone. Riteneva che le cose che si pensano siano infinitamente più importanti delle cose che esistono. I pensieri, credeva, sono il nostro modo di tendere verso il mondo delle idee.

A questo punto urge una precisazione. Come avrete notato, oggi in giro ci sono parecchie persone graniticamente sicure che la propria opinione sia quella giusta. Ebbene, questo non è platonismo: è ignoranza, superficialità, presunzione. Pensatela come volete ma non prendetevela con Platone.

Perché al contrario Platone era animato dalla speranza che i pensieri potessero cambiare, evolvere, migliorare e, in definitiva, elevarsi verso la verità. Tuttavia, la verità non esiste in senso assoluto per gli umani, è roba "celeste", appannaggio esclusivo degli dei. Lui infatti chiamava il luogo della verità assoluta Iperuranio, un suo modo per dire irraggiungibile, tanto per capirci.

Consapevole che il ragionamento era molto tosto, Platone si inventò una storiella che sembra fatta apposta per noi (le "storielle" dei filosofi a quei tempi si chiamavano "miti"). Prima di raccontarla però permettetemi di ricordare che le fondamenta del pensiero di Platone si sono formate sulla terribile esperienza della condanna a morte del suo maestro, Socrate. Lui, da giovane allievo, lo aveva seguito passo dopo passo, e aveva vissuto questa vicenda come la più grave delle ingiustizie. Lo dico ora perché ci ritorneremo.

Immaginatevi una caverna, dice Platone. Immaginate che, al fondo di questa caverna, allineati di fronte all'ultima parete rocciosa, vivano da sempre alcuni uomini. Sono incatenati alle loro sedie, non possono muoversi, perfino la testa è bloccata in modo tale che non riescono neanche a voltarsi. L'unico paesaggio di cui possono godere da sempre è quella parete terminale della grotta. Alle loro spalle vivono altre persone che invece possono tranquillamente muoversi, lavorare, discutere. Sono illuminate da un fuoco che tengono perennemente vivo. Le fiamme si riflettono sulla parete rocciosa di fronte alla quale si trovano le persone incatenate, trasmettendo le ombre della gente che regge brocche, trasporta bigonce, si incontra, chiacchiera, insomma vive. Ecco ciò che vedono i poveretti in catene: ombre. Ma non hanno mai visto altro in vita loro e, nel tempo, se ne sono fatti una ragione. Pensano che l'esistenza sia quella roba lì. Per loro la vita consiste in quel film di ombre proiettate sulla parete di roccia che sono obbligati a guardare.

Poi succede che un uomo "libero", evidentemente dotato di buon cuore, si impietosisca per quei poveri in catene. Ne sceglie uno e decide di liberarlo. Per la verità l'operazione non è semplice, dovrà insistere parecchio per convincere il derelitto ad aver fiducia in lui. Ma ci riesce e lo accompagna nel mondo "mobile". Lo porta perfino al di fuori della caverna per metterlo in condizione di scoprire che esiste il cielo, il sole e la meraviglia della natura. Ora non aspettatevi che l'uomo liberato esulti e impazzisca di gioia. I suoi occhi bruciano a causa della luminosità a cui non era abituato. La sua mente è disorientata davanti a quello sproposito. Si domanda perfino se quella nuova condizione non sia la morte. Ma poi, gradatamente, si rende conto di quanta fortuna gli sia piombata addosso, capisce che esiste un'altra forma di vita, molto più inte-

ressante. Scopre il cibo che nasce dalla terra e ne gode a dismisura, altro che nutrirsi di ombre. Comprende, ora che sta in mezzo a persone e oggetti reali, che le cose con cui aveva a che fare prima erano solo parvenze.
A quel punto torna da dove era venuto, di fronte a quella parete di roccia. Spiega ai suoi ex compagni di sventura ciò che gli è accaduto, racconta le meraviglie che possono trovare alle loro spalle e si offre di liberarli. Ma non ci riesce, eppure ce la mette tutta per convincerli; niente, non c'è verso. A loro piace così, quella delle ombre sul muro è l'unica idea di vita che possiedono e non hanno alcuna intenzione di esplorare altre vie. Anzi, lo prendono per matto. Fine.
Per la verità Platone la fece più lunga, ci infilò altri particolari per rendere più verosimile e nello stesso tempo più mitica la storia, ma preferisco risparmiarveli per non ingarbugliare il racconto. Tanto la sostanza è quella che ho scritto. E non credo ci sia neanche bisogno di spiegare il significato.

Preferisco farmi delle domande, in onore di Socrate. Mi chiedo chi fossero i giudici che lo hanno condannato, e mi rispondo – come credo farebbe anche Platone – che si trattava di gente incatenata mani e piedi al fondo della caverna. Mi domando se ancora esistano persone che vedono ombre credendo sia la realtà, e mi rispondo che forse sì, forse ve ne sono. Allora mi chiedo se il sottoscritto possa essere annoverato tra queste, e francamente non mi sento di escluderlo. Non mi resta che riflettere su come fare per rendermene conto ed eventualmente cambiare. Abbozzo una risposta.
Primo: forse devo avere più fiducia nel prossimo, forse un giorno verrà qualcuno a raccontarmi cosa c'è là fuori e forse sarà meglio che gli creda.
Secondo: non devo adagiarmi sulle abitudini, sui pensieri consolidati, sulle forme che ho sempre considerato come le uniche possibili.
Terzo: mi conviene essere curioso e pronto a esplorare vie nuove.
Caro Platone, giuro che ci provo.

11

È nata prima la gallina

Atene, 384-322 a.C.

Tutti sono potenzialmente dei filosofi.
La filosofia è la scienza più alta. Infatti c'è chi la trova inutile.

Come vedete, Aristotele è il più figo dei quattro. Ma gli sarà venuto facile dopo quei tre fenomeni, più anziani di lui, di cui ha, alla fine, fatto sintesi. In particolare, ha imparato molto da Platone, il quale aveva studiato al seguito di Socrate, il quale, a sua volta, aveva beneficiato della sapienza di Pericle e di quella di Aspasia.
Aristotele ha plasmato il futuro mondo occidentale (ma anche quello orientale) più di ogni altro filosofo. «Essere o non essere, questo è il problema». Shakespeare non avrebbe potuto scriverlo senza Aristotele. Già, perché l'essere, nel senso di esistere, è al centro di tutti i suoi ragionamenti.
Guardatelo nel capolavoro di Raffaello Sanzio, *La scuola di Atene*. Il genio di Urbino lo ha messo insieme a Platone. Ed è riuscito, con sole due mosse, a spiegare tutto. Intanto li ha piazzati al centro, tanto per essere chiari. Poi, mentre Platone indica il cielo, Aristotele indica ciò che ha di fronte. Raffaello aveva capito tutto, come sempre. Più facile occuparsi del cielo, è pieno di misteri e a un certo punto puoi – in un certo senso devi – fermarti. Ben più impegnativo scegliere di studiare ciò che avviene in Terra. Perdinci, ti tocca spiegare tutto… e non basta una vita.
Dopo vent'anni di Accademia tra i discepoli di Platone, Aristotele se ne andò per fondare un'altra scuola. E pensare che era stato il

più fedele e attento (e di gran lunga il più bravo) tra tutti gli allievi. Ora, non sappiamo se se ne andò perché Platone, prima di morire, aveva indicato come futuro capo dell'Accademia il nipote Speusippo anziché lui (come sarebbe convenuto), oppure perché aveva già maturato una certa insofferenza nei confronti del famoso mondo delle idee che stanno nell'Iperuranio, tanto caro al maestro. Forse entrambe le cose. Fatto sta che Aristotele partì in tutt'altra direzione, a lui interessava il mondo reale, quello degli uomini.
Approfondì tutti gli aspetti dell'umano esistere, ma quelli su cui ha lasciato più tracce per il mondo a venire sono la logica e la politica. È sostanzialmente Aristotele l'inventore della logica, che lui chiamava analitica. Ora non sto ad annoiarvi con i concetti di premessa, nesso, causa, deduzione, eccetera. Mi limito a riassumere Aristotele sottolineando che la logica è la base essenziale di una vita sana, perché ci insegna a fare ragionamenti sensati da cui derivano a loro volta comportamenti sensati. Tuttavia, per essere sensati, gli uni e gli altri debbono obbligatoriamente basarsi sulla verità.

E a questo punto è il momento di una storiella.
Aristotele ce la racconta nel suo libro *La politica* e riguarda un certo Talete. Talete di Mileto fu un grande astronomo, vissuto qualche secolo prima dei nostri magnifici quattro. Un tipo in gamba. Per dire, fu il primo al mondo a prevedere un'eclisse. Aristotele non fu certo il solo a ricordare Talete. Già Platone lo aveva reso protagonista di una delle sue favole. Ma, mentre il maestro lo prende in giro, l'allievo lo esalta. Nella storia di Platone Talete cammina guardando perennemente il cielo, di cui vuole prevedere i movimenti. È talmente preso dalla volta celeste che, camminando con la testa all'insù, cade in un pozzo e viene ridicolizzato da una servetta.
Ben altro trattamento gli riserva Aristotele, anche se le premesse sembrano le stesse. Tutti prendono in giro Talete perché è povero.

Non capisce niente di economia, dicono di lui, non ha la minima idea di che cosa sia il mercato, troppo preso com'è a occuparsi di stelle e pianeti. Arriva una gelata fuori stagione che compromette il raccolto delle olive (la coltura più importante della Grecia antica), impoverendo sia i contadini sia i proprietari di frantoi. E Talete che fa? Tra una stagione e l'altra si compra tutti i frantoi della regione, indebitandosi fino al collo. È pazzo?
No, è astronomo.
Proprio perché abituato a osservare il cielo, ha previsto che la stagione successiva avrebbe favorito un raccolto straordinario per quantità e per qualità. Effettivamente gli agricoltori si presenteranno ai suoi frantoi con enormi carichi di olive e, a quel punto, scopriranno che i prezzi per la trasformazione sono triplicati. E non servirà cambiare frantoio perché, come detto, appartengono tutti a Talete. Il quale, grazie a questo monopolio diventerà improvvisamente ricco.
Ma ancor più delle dracme, alla fine per lui conterà la soddisfazione. «Dicevate che osservare il cielo non serve a niente? Beh, vi sbagliavate. Alla faccia vostra e di Platone».

Aristotele non si arrendeva di fronte a nessun perché. Seppe rispondere perfino alla domanda delle domande: è nato prima l'uovo o la gallina? Ognuno di noi normalmente si trova spiazzato di fronte a questo quesito apicale. Invece il nostro specialista del divenire prese una via ben precisa per dimostrare che è nata prima la gallina. Nasce sempre prima il soggetto che crea rispetto all'oggetto creato, sebbene l'oggetto venga creato per ricreare a sua volta. L'atto sta sempre prima della potenza perché ogni cosa per passare da potenza ad atto ha bisogno di qualcosa o qualcuno che sia già in atto. Ora: per Aristotele la gallina è l'atto mentre l'uovo è la potenza, cioè una gallina in potenza.

12

Il pollo a colazione

Waterloo, giugno 1815

«Wellington è un pessimo generale. Prevedo la vittoria entro l'ora di pranzo».

A queste parole Dunand, il cuoco personale di Napoleone, corse a preparare il pollo, naturalmente con la stessa ricetta di Marengo, quella che portava fortuna. Ma poi Napoleone non lo mangiò, quel pollo a Waterloo, perché la battaglia si protrasse ben oltre. Era la seconda volta che il suo ottimismo s'infrangeva contro una catastrofe. La prima, come saprete, era stata la Russia. Niente pollo pure lì. Tuttavia, questo non cancella un dato di fatto: il suo pensare positivo lo aveva aiutato in decine e decine di battaglie, sempre vinte. E mancò poco che vincesse pure quella volta. C'è chi sostiene che fu la pioggia, inaspettata, a impedire i corretti spostamenti dell'artiglieria, la sua grande specialità. Ma fu lo stesso Bonaparte a rivelarci il vero imperdonabile errore dei francesi a Waterloo.

Al termine della battaglia venne portato via e imprigionato. Il giorno dopo un gruppo di giornalisti ottenne il permesso di andare a trovarlo. Il generale pareva un leone in gabbia, camminava nervosamente, le mani dietro alla schiena, lungo il perimetro della stanza.

«*Mon General*, perché gli inglesi hanno vinto? Avevano un esercito superiore?».

«No» rispose Bonaparte.

«Forse avevano armi migliori?».

«*Mais non!*» disse continuando a camminare a testa bassa.
«Allora perché hanno vinto?».
Napoleone si fermò, guardò dritto negli occhi il giornalista che gli aveva rivolto quest'ultima domanda e sussurrò: «Gli inglesi hanno combattuto cinque minuti più a lungo di noi».
«*Never, never, never give up*», ripeteva sempre Churchill, un altro che sarebbe entrato nel mito. Mai gettare la spugna, sempre lottare cinque minuti in più dell'avversario. Non per niente lo statista inglese studiò a fondo Napoleone e scrisse parecchio su di lui.

Ottimismo più tenacia, ecco la formula del generale francese. Se l'ottimismo può essere considerato come la scatola dell'iniezione in un motore, cioè la scintilla che lo fa entrare in azione, poi servono solidità e affidabilità perché il motore continui a funzionare a oltranza. Infine, sull'acceleratore, ci vuole un piede pesante, come si dice.
Ma dentro la risposta di Napoleone c'era qualcosa di più. C'era anche la presa di coscienza di non aver fatto abbastanza per motivare le sue truppe, il dubbio di non possedere più l'energia di un tempo. C'era la prostrazione del vinto, la terribile constatazione che stavolta per davvero tutto era finito. Tanto più terribile, questa ammissione, se a farla era uno dei più grandi innovatori della storia d'Europa.
Napoleone inventò, tanto per dirne una, il cibo in scatola, mettendo al lavoro il formidabile pasticciere Nicolas Appert, il quale risolse il problema della conservazione del cibo infilandolo in vasi di vetro ermetici, ben prima che lo facesse Pasteur. Creò la Banca di Francia, per controllare il credito e regolare la finanza: una sorta di Banca Centrale Europea. Per facilitare gli scambi economici istituì il franco germinale e in seguito lo impose in Europa: in pratica un antenato dell'euro. Sulle orme di Aristotele, che aveva studiato a fondo, fondò i licei. Anche in Italia portò un vento nuovo che spazzò via la leggendaria (al tempo) flemma del nostro

popolo: per esempio convinse i milanesi a terminare la facciata del duomo che languiva da almeno un secolo. «L'opinione pubblica è tutto» diceva il generale, introducendo di fatto la comunicazione al servizio del marketing.
Napoleone era un uomo molto colto e un lettore formidabile. Possedeva oltre 60 000 volumi ed era decisamente attratto dall'arte. In camera da letto di Giuseppina appese un piccolo dipinto che all'epoca non godeva di grande considerazione: la Gioconda. In Egitto fu il primo a rendersi conto che la più grande conquista della spedizione non sarebbe stata militare o politica, ma scientifica. Un ufficiale, che ben conosceva la sua mania per la storia e per l'arte, lo accompagnò di fronte alla stele di Rosetta, appena rinvenuta da uno scavo. Il generale scrutò quella tavola di granito e vide, sotto i geroglifici, il testo tradotto in greco. Una scoperta di eccezionale importanza, la chiave per decifrare finalmente la lingua degli antichi Egizi. Ma la più succulenta innovazione (almeno per me che sono goloso) la dobbiamo a Dunand, il suo chef di guerra.

Marengo, 1800 (quindici anni prima di Waterloo).
Napoleone, come abitudine, durante la battaglia non aveva toccato cibo. E stava pure per perderla quella battaglia, anzi l'aveva praticamente perduta quando giunse in suo soccorso il generale Desaix con la sua armata e ne ribaltò l'esito. Una volta ottenuta la vittoria, il primo console di Francia e futuro imperatore ordinò la cena. Dunand si ritrovò quali uniche provviste tre uova e una gallina starnazzante che aveva sottratto come bottino di guerra a un povero contadino. Aveva anche pescato sei gamberi di fiume nel Bormida. Poiché mancava il burro, fece ricorso ad altri due ingredienti tipici della cucina italiana: olio di oliva e pomodori. L'aglio, quello non mancava, se lo era portato da casa. Nacque così il pollo alla Marengo: gallina cotta in padella, con uova fritte e gamberi di fiume. Durante la cottura, Dunand ci spruzzò

sopra un po' di Cognac prelevato direttamente dalla fiaschetta del generale.
Si racconta che Napoleone rimase molto soddisfatto, tant'è che bevve ben due bicchieri del suo Pinot Nero preferito, quello di Gevrey-Chambertin, e senza aggiungere acqua nel vino, cosa che abitualmente faceva.
In seguito, ordinò allo chef di cucinargli sempre questo piatto dopo ogni battaglia. Peccato che a Waterloo Dunand non abbia potuto accontentarlo. Forse avrebbe dovuto cucinarlo all'alba quel pollo, e portarglielo per colazione.
Pare certo che, di fronte a una ricetta a base di uova e di gallina, Napoleone non si pose mai la domanda su chi per primo fosse nato. Lui, solido aristotelico, non ha mai nutrito dubbi sulla risposta al dilemma.

13

In bocca alla balena

Cape Cod, giugno 2021

Una penisola a forma di uncino nel Massachusetts, di fronte all'Oceano Atlantico: ecco Cape Cod. Nel suo mare si pescano le aragoste, se ne trovano in grande quantità e sono molto buone. Certo non quanto quelle del Maine, qualche centinaio di miglia più a nord, secondo me le migliori al mondo. Ma non scherzano nemmeno quelle di Cape Cod.

Siamo nel giugno del 2021 e Michael Packard, che a Cape Cod ci vive, sta rientrando in acqua per la seconda immersione a caccia di aragoste. Tutto pare normale come al solito, ma all'improvviso si sente una specie di boato sordo, poi un risucchio tremendo, e infine il buio: Packard è stato inghiottito da una balena.

Incredibile, no? Pensavamo che certe cose avvenissero solo nella fantasia di Collodi. Packard rimane una quarantina di secondi dentro quell'enorme bocca. Il tempo di rendersi conto della cosa pazzesca che gli è successa. Lì per lì, pensa di essere stato inghiottito da uno squalo bianco, da quelle parti ce ne sono di enormi. Ma poi si mette a tastare alla cieca e non sente i denti, dunque deve trattarsi di qualcos'altro, una balena. Una prima buona notizia, poteva andargli anche peggio. È terrorizzato, e ci credo: la prospettiva è quella di finire nello stomaco del cetaceo e di essere digerito. Ma Packard non ci sta. Lui è un pescatore di aragoste, un sub, un essere umano, mica plancton. Si agita, si dimena, si sbraccia, fa il diavolo a quattro. La bestia, infastidita da tutto quel trambusto, prende a tossire e lo risputa in mare.

Michael se la cava con qualche giorno di prognosi per una piccola ferita a una gamba.

Mi immagino il dialogo in ospedale: «Signor Packard, come se l'è fatta quella ferita?».

«Una balena ha cercato di mangiarmi».

«Bene, la trasferiamo in reparto».

«Chirurgia?».

«Neuro».

Immagino... Ma è tutto vero. Con lui, in mare, c'era un testimone che conferma l'accaduto, un suo compagno di pesca che ha pure scattato qualche foto.

Sono andato a risentirmi la canzoncina che canta Kirk Douglas nel film *Ventimila leghe sotto i mari*. Siamo nel 1954 e Richard Fleischer, il regista, fa cantare al mitico attore il brano *A Whale of Tale*, dove dice testualmente che una balena lo ha scambiato per una trota. Sono andato a rileggermi Collodi e pure Melville. Il mito della balena è ricorrente tra gli scrittori di una certa rilevanza. Perfino nel libro più letto al mondo, *La Bibbia*, il profeta Giona viene inghiottito da una balena e poi, dopo tre giorni, vomitato su una spiaggia.

Ma perché la balena? Che cosa rappresenta?

Quell'animale marino, riconosciuto come l'essere vivente più grande al mondo, entra nel nostro immaginario in modo così potente, io credo, proprio per il suo aspetto mastodontico, che ci impressiona. Melville ci parla di una balena ferocissima. Nel delirio di Achab, lo spietato comandante, quel mostruoso cetaceo è un'ossessione. Alla fine, muore, trascinato in fondo dalla balena bianca. L'unica cosa che hanno in comune Moby Dick e il mammifero che ha inghiottito Packard penso sia il Massachusetts, perché è proprio nello stesso mare che Herman Melville ambienta il suo straordinario romanzo.

Escludo però che il nostro pescatore di aragoste a Cape Cod si sia mai sentito come Achab. Trovo invece che assomigli parecchio

a Geppetto. D'accordo, non c'è rimasto per due anni in quella pancia, per altro è rimasto soltanto in bocca per un pochino. Però immagino che quaranta secondi lì dentro possano essere lunghi. Per cui credo che Packard abbia avuto modo di riflettere su molte cose.
Geppetto nel ventre di balena ci stava bene, in definitiva. A un certo punto arriva Pinocchio e i due finalmente si parlano, addirittura si capiscono. È lì dentro che Geppetto diventa davvero padre e che Pinocchio smette di essere un burattino. La bocca della balena è una porta: entri in un modo e ne esci diverso, forse migliore, di sicuro più umano. Forse a ciascuno di noi conviene talvolta oltrepassare quel varco per poi ritrovarsi arricchito.

Ora, non pretendo che Michael Packard abbia compiuto riflessioni così profonde in quei quaranta secondi. Ma è lui stesso che, intervistato sulla sua incredibile esperienza, ha riferito di aver pensato ai suoi due figli di dodici e quindici anni, chiedendosi se fosse stato un buon padre. Non conosco la qualità del rapporto che intercorreva tra Michael e la sua prole, probabilmente non così problematico come quello tra Geppetto e Pinocchio. Però sono convinto che, dopo quell'esperienza, sia diventato migliore: «Papà, ma di preciso com'è andata?».
«Dunque, ero lì che inseguivo un'aragosta, no? E poi, all'improvviso, il buio più totale. Eravamo terrorizzati».
«Eravamo? C'era anche l'aragosta lì con te?».
«Beh, suppongo di sì. Ma non posso esserne sicuro. Come ho detto, era buio».
«E poi?».
«E poi ho pensato a voi due, a quando vi mettevo a letto e vi facevo addormentare con una storia. Questa devo proprio raccontargliela, ho pensato. Ai ragazzi piacerà da matti».

14

Il miracolo del fuoco

Bassano del Grappa, 25 maggio-2 giugno 1946

Nico Tolìo quel sabato mattina era euforico. Stava aprendo il grosso cartone che la Ignis gli aveva spedito da Varese. Dentro c'erano i fornelli a tre fuochi che il commendator Borghi gli aveva tanto decantato. Estrasse il primo e alzò il coperchio. Non che non conoscesse i fornelli a gas. Ma quello era il primo costruito in lamiera smaltata a ceramica, splendido nel suo bianco avorio. E poi disponeva addirittura di tre fuochi di diverse dimensioni. La cosa più eclatante stava nel fatto che le fiamme, almeno così glielo aveva spiegato il "Cumenda", erano regolabili, cioè potevi potenziarle o ridurle a seconda delle esigenze di cottura, semplicemente ruotando delle manopole.

Il rapporto tra l'uomo e il fuoco, da un milione di anni, cioè da quando un branco di uomini scimmia riuscì a prelevarlo dalla lava del vulcano oppure da un albero incendiato da un fulmine (questo non possiamo saperlo con precisione) e a portarselo nella caverna, ruota intorno al tema del controllo di questo dono della natura. All'inizio, i nostri progenitori si bruciavano le mani e i piedi, incendiavano involontariamente i paglioricci, il fuoco si spegneva oppure prendeva inaspettatamente forza. C'era perciò, tra quelle scimmie quasi umane, chi proponeva di abbandonare certi pericolosi esperimenti. Per fortuna gli innovatori non si persero d'animo, ed è per merito loro se il fuoco è arrivato sino a noi. Nei secoli l'uomo si sarebbe dimostrato sempre più bravo a controllarlo, prima nei focolari domestici, poi nei camini, infine nelle cucine a legna. Le operazioni, grazie all'esperienza che progrediva, erano sempre meno complesse. Ma mai semplici.

Per questo a Nico Tolìo, venditore di bombole a gas, stufe e fornelli in quel di Bassano del Grappa, pareva un miracolo poter regolare le fiamme attraverso un semplice movimento della mano. Era molto curioso di capire che cosa ci fosse dietro a quella magia.
Nico si era beccato la guerra, l'orribile guerra voluta da quei due sovranisti megalomani di Hitler e Mussolini. Aveva salvato la pelle per pura fortuna in Albania e in Grecia, ma diversi suoi amici ci erano rimasti. Ancora si chiedeva il perché di quell'assurda e inutile carneficina. Lui era un tipo pratico, essenziale, ma votato all'innovazione per il bene comune. Per questo, appena tornato a casa, aveva deciso di dedicarsi a quegli oggetti che sembravano avere del miracoloso. Che profumavano di futuro. Nico leggeva riviste americane, era al corrente che stavano per arrivare frigoriferi e lavatrici. Ma prima bisognava occuparsi di quei fuochi regolabili, vedere come funzionavano, capire dove stava il trucco.
Era il 25 maggio 1946.
Corse a prendere una bombola a gas e la collegò al fornello. Quando accese il primo bruciatore, il più piccolino, quasi si mise a saltare per la gioia. Poi il secondo, il terzo. Continuava a girare i pomelli di regolazione, era tutto così facile: le fiamme si alzavano e si abbassavano con un semplice movimento delle mani. Eccolo il fuoco del futuro, finalmente e completamente domato. Dopo un quarto d'ora di divertimento assoluto spense e scollegò il gas, estrasse i pomelli e rivoltò il fornello. Una valvola, raffinatissima per quei tempi, regolava il flusso del gas ed era comandata da quelle manopole nere. Il trucco era svelato. Un'idea semplice, alla fine, come tutte quelle veramente geniali.
Dopo la meraviglia e l'ispezione, Nico fu immediatamente raggiunto da un pensiero fisso, il pensiero tipico del mercante di razza. Ora quella magia andava fatta vedere alla gente, andava rac-

contata e soprattutto venduta. Dove avrebbe potuto incontrare in un sol colpo le famiglie giuste di Bassano e come avrebbe potuto farle godere di tanta meraviglia? Dove e come sarebbe stato capace di dimostrare quel miracolo? Si rispose: «I miracoli sono roba di fede, roba di Chiesa». Bene, allora andiamo in chiesa (un'altra idea semplice, se ci pensate). Si rendeva ben conto che all'interno il parroco non lo avrebbe fatto entrare con i fornelli, ma di fronte, all'uscita della cattedrale, beh, lì nessuno poteva impedirgli di appostarsi.

Il giorno dopo era domenica, ci sarebbe stata la Messa grande, quella delle dieci, quella frequentata dalle famiglie giuste. E poi, pensò, quella domenica ci sarebbe stata ancora più gente. Mancava una settimana al referendum, si respirava un'aria elettrica nella cittadina veneta. C'era tanta voglia di incontrarsi, parlare, discutere, anche bisticciare. Il parroco del duomo non nascondeva la sua fede monarchica, in linea con le più agiate famiglie di Bassano, assidue frequentatrici della sua parrocchia. Nico le avrebbe beccate tutte all'uscita della Messa. Il target perfetto per i suoi fornelli che, va detto, in quanto novità assoluta costavano uno sproposito. E non c'era affatto bisogno che si sapesse in giro che Nico avrebbe votato per la repubblica: lui si considerava un reduce da quella guerra assurda di cui il piccolo Re d'Italia era stato complice. Neanche per mille fornelli avrebbe scelto la monarchia. Ma, insomma, questi erano fatti suoi.

La sera, alla moglie che sul nuovo fornello a tre fuochi stava cucinando gli asparagi (quelli bianchi di Bassano sono strepitosi), raccontò la sua idea stramba, aggiungendo sornione: «La gente che vota per il Re ama i misteri, non dovrò neanche spiegarlo troppo il miracolo del fuoco».

L'indomani montò un banchetto a trenta metri dall'uscita della cattedrale, praticamente nel centro della piazza. Alle 10,45 in punto, quando vide i primi uscire, diede fuoco alle polveri. Tre bianchissimi fornelli spiccavano su una maestosa tovaglia color

rosso fuoco, li aveva collegati ad altrettante bombole nascoste al di sotto del pianale. I fedeli si avvicinavano circospetti. Nico cominciò a far guizzare le fiamme, che si alzavano e riducevano, scomparivano e riapparivano a un suo tocco. Dopo un po' la calca divenne impressionante. Gli ordini lo furono ancora di più. Agli ultimi, Nico cucinò pure generose porzioni di *risi e bisi*, visto che nell'orto aveva appena raccolto dei bellissimi piselli e il vialone nano non mancava mai nella sua dispensa. Dimostrò che su di un unico fornello potevano trovare posto la pentola e la padella, indispensabili entrambe per realizzare quel piatto. E restava a disposizione pure il fuoco più piccolo per fare il caffè.
Nella settimana successiva arrivò da Varese un altro camion stracolmo di fornelli per soddisfare tutti gli ordini. Ma avvenne anche un altro fatto, che forse seppe dargli ancora più gioia: domenica 2 giugno trionfò la repubblica.

15

Che cosa rispose la sventurata

Milano, 1825-1827, 1840-1842

«La sventurata rispose». Potrebbe essere il commento più azzeccato ai risultati delle elezioni politiche del 2018. La sventurata è l'Italia, mentre ovviamente il destinatario della risposta è un ex comico che...

Ma no, lasciamo perdere, dai, parliamo di Alessandro Manzoni e di questa famosissima frase.

La storia è nota. Gertrude, una ragazza di buona famiglia, viene costretta dal padre a prendere i voti. In assenza di vocazione, la giovane suora si fa irretire da un disgraziato, un seduttore di professione, tale Egidio.

Nel dare conto di questa vicenda, Manzoni mette in pausa per quasi due capitoli il filone principale della trama, Renzo e Lucia, per intenderci. Ma poi, proprio al momento buono, quando si arriva al punto in cui la monaca di Monza sta per capitolare di fronte alle insistenti richieste di Egidio, ecco che l'autore liquida la faccenda con una sola frase: «La sventurata rispose».

Un colpo di genio? Una illuminazione improvvisa?

Vedremo.

Intanto, va detto che nella prima versione del romanzo, intitolata *Fermo e Lucia*, Manzoni non si fermava a quella frase, anzi. I capitoli dedicati alla suora di clausura erano ben sei e non risparmiavano al lettore i particolari scabrosi della sua relazione con Egidio, dalla prima violenza sessuale fino alla passione condivisa.

Dunque la vera questione è: perché, tra la prima e la seconda versione, Manzoni ha fatto piazza pulita? Come mai da sei capitoli si passa a due? Perché pagine e pagine sono state spazzate via da quelle tre parole?

D'accordo, sono soltanto tre. Però, che parole. Proprio perché così lapidarie e così secche, ti spalancano davanti agli occhi una prateria di possibilità. Sono un romanzo, quelle tre parole. Va a finire che ti immagini cose ancora più spinte di quelle che venivano raccontate nella versione precedente, quella non censurata.

Le ipotesi su questa operazione di autocensura sono almeno tre. La prima è piuttosto semplice: il Manzoni, riletto il suo romanzo storico, si rende conto di avere un tantino esagerato. La lettura degli atti del tribunale relativi a quei fatti gravi, realmente accaduti (sesso, omicidi, una suora che rimane ripetutamente incinta, perfino orge di gruppo), lo aveva coinvolto a tal punto che nel romanzo ci erano finiti tutti dentro così com'erano. L'unica cosa che Manzoni aveva modificato erano i nomi dei due protagonisti. Scrivendo non si era accorto che certe rivelazioni trascritte nel verbale del processo, una volta messe in un romanzo, potevano urtare la suscettibilità puritana dell'epoca. E lui, fervente cattolico, avrebbe corso il rischio di essere considerato sacrilego per il solo fatto di averle raccontate.

La seconda ipotesi chiama in causa due amici dello scrittore: Ermes Visconti e Claude Fauriel. Potrebbero essere stati loro a far notare al Manzoni che aveva ecceduto, in ampiezza e in scabrosità.

Ma esiste una terza versione, quella che il sottoscritto predilige. Alessandro Manzoni non si fece mai problemi di morale religiosa. Aveva messo in conto che sarebbe stato comunque attaccato dall'ala cattolica intransigente per aver rappresentato una suora lussuriosa, nonché un parroco vile e un frate eccentrico. Dobbiamo dunque concludere che Manzoni scelse deliberatamente di sfrondare la narrazione e di usare l'arte del sottinteso, del non detto.

Si tratta di una tecnica molto raffinata, tipica degli scrittori di grande levatura, che, se messa in pratica con talento, porta a straordinari risultati. D'altra parte, i libri hanno anche questa funzione, quella di liberare il lettore, di proiettarlo verso scenari immaginati che lo fanno sentire parte dell'opera. E tanto più il lettore "entra" dentro il libro, mettendoci del suo in termini di fantasia, tanto più la composizione diventa per lui memorabile e coinvolgente.

Esistono altri campioni in questo campo, sia prima sia dopo il grande scrittore milanese. Forse il migliore è stato Hemingway. Sentite come lavorava: «Io cerco sempre di scrivere secondo il principio dell'iceberg. I sette ottavi di ogni parte visibile sono sempre sommersi. Tutto quel che conosco è materiale che posso eliminare, lasciare sott'acqua, così il mio iceberg sarà sempre più solido. L'importante è quel che non si vede. Ma se uno scrittore omette qualcosa perché ne è all'oscuro, allora le lacune si noteranno. Prima di tutto eliminare tutte le parti superflue e trasmettere al lettore un'esperienza che possa entrare a far parte della sua, come quelle reali. È un'impresa difficilissima, e ho dovuto lavorare sodo».

Ecco, «la sventurata rispose» è la parte visibile di un colossale iceberg che per sette ottavi è sommerso. Anzi, a occhio e croce, molto più di sette ottavi.

Ma qualunque sia la vera motivazione di questa autocensura – il timore di uno scandalo, il consiglio di due amici, una scelta squisitamente letteraria –, possiamo essere certi di una cosa: tra la prima e la seconda stesura Manzoni entrò in crisi. Avere coscienza di essere in crisi è una caratteristica delle persone ottimiste. Dicono che in quel periodo lo scrittore divorasse quantità esagerate di cioccolato e panettone, preso com'era dal dubbio. Me lo immagino il sommo che, a un certo punto, cancella quattro capitoli per sostituirli con appena tre parole. Dopodiché, una bella scorpacciata di panettone alla faccia della crisi, anzi, in onore della crisi.

La parola deriva dal greco *krisis* che vuol dire "scelta". *Krisis* ha la stessa radice del verbo *krino*, il cui significato principale è "distinguere". L'etimologia ci racconta che la crisi altro non è che un momento di scelta, di decisione forte. Dobbiamo ripulire questa parola dal connotato pessimista che ha assunto nel corso dei secoli: crisi non significa per forza dolore, sofferenza, preludio a un esito inevitabilmente funesto. Le crisi esistono, forse sono i momenti fondamentali della vita. Gli ottimisti risolvono (scegliendo), i pessimisti si lamentano e stanno fermi.
Manzoni, come abbiamo visto, ha scelto, e bene. Ora sarebbe bello che lo facessimo pure noi. Gli italiani, intendo.

16

Un'avventura in più

Italia, giugno-luglio 2021

«Forse non sarà una canzone/a cambiare le regole del gioco...». Forse no, infatti le regole del gioco nel frattempo non sono cambiate, ma sta di fatto che dopo trentun anni questa canzone è stata nuovamente sulla bocca di tutti. La cantavano i giocatori della nazionale che ha vinto gli europei di calcio, la cantavano gli italiani nelle case, nelle piazze e nello stadio di Wembley, da cui uscivano avviliti i tifosi inglesi.

Quando Gianna Nannini ed Edoardo Bennato la eseguirono a Milano, nel 1990, alla serata inaugurale dei mondiali di calcio, non c'erano i social network, neppure iTunes. Allora il brano balzò al primo posto nella classifica delle vendite dei dischi. Nel 2021 è tornata in vetta agli ascolti, stavolta a suon di clic.

Quella sera a San Siro io c'ero e me li ricordo bene i due fenomeni: «E il mondo in una giostra di colori/e il vento accarezza le bandiere/arriva un brivido e ti trascina via/e scioglie in un abbraccio la follia». Ad ascoltarli c'erano 70 000 tifosi, accorsi allo stadio per vedere Maradona (in realtà molti per fischiarlo).

A comporre la musica era stato nientemeno che Giorgio Moroder, l'ex dj altoatesino già considerato una leggenda internazionale grazie alle colonne sonore di *Flashdance*, *La storia infinita*, *Top Gun* (solo per citarne alcune) e alle hit prodotte per Donna Summer, Blondie, Irene Cara. La versione originale si intitolava *To be number one*, con un testo di Tom Whitlock. Moroder si mostrò ben contento che a riscriverlo in italiano fossero Edoardo e Gianna.

L'idea di metterli insieme venne a un'altra nientemeno, Caterina Caselli, la Milady della musica italiana. Non fu semplice convincere quei due. Venivano da repertori piuttosto trasgressivi. L'una sul terreno dei sentimenti, delle relazioni, di quegli amori che sanno di gelato al veleno. L'altro sul fronte dei diritti civili, dell'ambiente, delle ingiustizie... di quei giorni in cui credi.
In particolare, Bennato era considerato un contestatore. Gli stadi lui li riempiva cantando di isole che non ci sono: posti senza guerre né eserciti, senza santi né eroi. Altro che «negli occhi tuoi la voglia di vincere». Il cantautore napoletano temeva di deludere i fan e prevedeva attacchi da parte dei media. I giornalisti radical-chic proliferavano negli anni Novanta, non che oggi siano spariti. Edoardo, che contro i poteri forti aveva sempre usato parole altrettanto forti, avrebbe ora dovuto scrivere e poi interpretare una canzone per un evento organizzato da Luca Cordero di Montezemolo. Però ci si misero di mezzo i manager, e poi non si poteva dire di no a Milady. Insomma, lo convinsero.
Insieme a Gianna scrisse quel testo cercando di stare sul neutro. Tuttavia, la loro capacità poetica era tale che ne venne fuori un inno – bellissimo, secondo me – alla voglia di vincere. Un successo strepitoso, oltre tutto. Ma i timori di Bennato si rivelarono fondati. Lui, che si era sempre atteggiato a rivoluzionario, scrissero i giornali, ora si arrendeva al sistema. Molti suoi fan gli mandarono lettere di fuoco e lo abbandonarono. Bennato ne soffrì molto e cercò di dimenticare quella canzone. La considerava ormai un errore grave, una specie di spartiacque nella sua carriera. Quando il pubblico ai concerti gliela chiedeva, lui faceva finta di niente e tirava dritto con la sua scaletta.
La Nannini la fece molto meno tragica, però non l'ho mai più ascoltata cantare *Un'estate italiana.* E dire che ne ho visti di suoi concerti. Probabilmente neanche lei l'ha mai sentita davvero sua.
Nel 1990 la canzone portò abbastanza bene alla nostra nazionale, nel senso che la accompagnò fino alla semifinale, purtrop-

po persa ai rigori contro l'Argentina a Napoli (e lì naturalmente Maradona non venne fischiato).

«Il calcio» ha detto Gary Lineker, ex campione inglese e ora star dei social, «è un gioco semplice: 22 uomini rincorrono un pallone per 90 minuti, e alla fine la Germania vince». In effetti, a quei mondiali andò così, ma Lineker non ha sempre ragione. Per esempio, nel luglio del 2021, gli Europei li abbiamo vinti noi. E lungo il percorso della nazionale, dall'esordio contro la Turchia fino all'epilogo con la coppa sollevata al cielo, è stato come se da Italia 90 non fossero passati trentun anni, ma pochi giorni. Quella vecchia canzone è tornata a scandire le notti magiche degli italiani, partita dopo partita, vittoria dopo vittoria, fino alla finale di Wembley. Per darvi un'idea: è come se ai mondiali del 1990 la gente si fosse messa a cantare per strada *Ciao ciao bambina* di Modugno, che aveva trionfato a Sanremo nel 1959.
Ed ecco che i due cantautori vengono presi d'assalto dai media fin dalle prime partite dell'Europeo. In quel periodo la Nannini è rintanata negli Abbey Road Studios a Londra, dove sta registrando un nuovo disco, e non ci pensa proprio a farsi distrarre dai giornalisti: riserbo assoluto. Invece Bennato è in giro per l'Italia a fare concerti e non può sottrarsi. All'indomani della semifinale, vinta con la Spagna, si trova al Castello Sforzesco. C'è il suo pubblico delle grandi occasioni, migliaia di fan accorsi per *Un giorno credi*, *Il gatto e la volpe*, *Meno male che non c'è Nerone*, *Capitan Uncino*. Prima del concerto arrivano decine di giornalisti armati di registratore per chiedergli di *Un'estate italiana*. Dai Edoardo, raccontaci com'è nata. Ma l'hai scritta tu o Gianna? Sei contento che sia tornata alla ribalta?
Mannaggia, gli ritocca parlare di quella dannata canzone.
Ma i tempi sono cambiati, son passati trent'anni e poi, rileggendole, non sono così male quelle parole che, all'epoca, aveva dovuto buttare giù controvoglia, aiutato dal suo amico Gino Magurno.

Quasi quasi gli viene voglia di cantarla. Sì, potrebbe inserirla nella scaletta di stasera, magari verso la metà, quando ormai non se lo aspetta più nessuno. O forse sarebbe meglio di no, stai a vedere che insieme alla canzone tornano di moda le vecchie accuse...
Chiuso in camerino Edoardo ripassa la scaletta, una cavalcata tra i suoi più grandi successi.
«Sei testardo, questo è sicuro. Quindi ti puoi salvare ancora. Metti tutta la forza che hai/nei tuoi fragili nervi. Quando ti alzi e ti senti distrutto/fatti forza e va' incontro al tuo giorno» (*Un giorno credi*).
«Non farti cadere le braccia/corri forte, va' più forte che puoi. Non devi voltare la faccia/non arrenderti né ora né mai» (*Non farti cadere le braccia*).
«E allora quando è festa sventoliamo le bandiere/o tutte rosse o tutte verdi, oppure altri colori. Noi maledettamente piemontesi e napoletani/ma semplicemente, italiani» (*Italiani*).
Eh già, italiani. «Là fuori, al Castello Sforzesco e in tutta la penisola, effettivamente sventolano le bandiere. Sventolavano anche nel 1990, tranne quella volta in semifinale, quando le abbiamo buscate» pensa Edoardo nel camerino, «e per colpa di quest'accidenti di canzone le ho buscate anch'io». E che cosa fai dopo una batosta del genere? Quando hai i nervi fragili, quando ti senti distrutto. Il rischio è di lasciarti andare, di farti cadere le braccia. Beh, è proprio allora che devi tener duro, metterci tutta la forza, non arrenderti. Correre forte, più forte che puoi, andando incontro al tuo giorno. Per essere testardo, lui è testardo. Senza contare che trentun anni dopo la semifinale l'abbiamo vinta. Ora in finale ci aspettano gli inglesi, che sono forti e giocano pure in casa. Ma, a proposito di finale: com'è che si chiudeva la canzone? «E negli occhi tuoi voglia di vincere», ok. Ma dopo, nell'ultimo verso?
Dopo, pensa Edoardo, non si parlava né di vittoria né di sconfitta. Perché mica è garantito che, quando ti risollevi, poi le cose vadano per il verso giusto. In questo senso la canzone non prometteva niente. Ciò che conta davvero è provarci, vivere fino in fondo

un'altra estate, senza frontiere e con il cuore in gola. Una nuova sfida, «un'avventura in più». Ecco cosa diceva l'ultimo verso.
Va a finire che Bennato sale sul palco del Castello Sforzesco e a metà concerto ha il coraggio di cantarla, quella benedetta canzone. Si becca pure una *standing ovation*, e qualche giorno dopo l'Italia vincerà gli europei. Ma in fondo, questi sono dettagli.

17

Pappagalli e chiodi di garofano

Spagna, America e Indie, 1492-1522

Un navigatore tra il XV e il XVI secolo doveva essere ottimista per forza. Ottimista o incosciente. Magari entrambe le cose. A quel tempo non si sapeva dove finisse il grande mare. Per scoprirlo ci voleva, appunto, un certo ottimismo. E una buona dose di coraggio, se non proprio di incoscienza. Aggiungiamoci una considerazione di sé piuttosto elevata. Nonché, diciamolo pure, uno spiccato senso per gli affari.

Ebbene, tre navigatori di quell'epoca, nel giro di una trentina d'anni, tra la prima transoceanica di Cristoforo Colombo e l'ultima di Magellano, passando attraverso quelle intermedie di Amerigo Vespucci, partirono convinti che ce l'avrebbero fatta… e ce la fecero. Il primo cercava le Indie passando da ovest e le trovò. Oddio, non erano proprio le Indie, infatti fu il secondo a dimostrare che si trattava di un nuovo continente, e già che c'era lo battezzò con il proprio nome. Il terzo completò l'opera del primo, nel senso che lui sì che raggiunse le Indie (quelle vere), navigando verso est e passando attraverso uno stretto al quale, già che c'era, anche lui diede il suo nome. Tre fenomeni.

I primi due si conobbero pure, ed ebbero modo di stimarsi a vicenda. Allora Cristoforo Colombo era già considerato il grande navigatore che aveva trovato la via per le Indie attraverso l'Atlantico, mentre Amerigo Vespucci faceva il banchiere in Spagna per i Medici di Firenze. Fu Vespucci ad aiutare Colombo nell'intraprendere il suo terzo viaggio verso Hispaniola, nelle Antille.

Erano molto diversi: l'uno figlio di un genovese che gestiva un'osteria a Savona, l'altro di famiglia nobile fiorentina, il padre era un ricco notaio. Colombo aveva passato la gioventù a navigare in tutti i mari allora conosciuti, incominciando da semplice mozzo; Vespucci compì studi importanti tra le agiatezze della Firenze medicea, dopodiché incominciò a girare il mondo pure lui, puntando prima a est, verso le Indie (quelle vere), dove si occupava di finanziare i trasporti delle spezie in Europa, poi a ovest, verso la ricca Spagna, dove faceva soldi per conto dei Medici.
Il portoghese Magellano, invece, era una specie di via di mezzo. Nobile ma orfano (perse entrambi i genitori a dieci anni), si ritrovò a fare il paggio a corte in quel di Lisbona.
Molto differenti anche i tre caratteri. In comune (come detto) l'ottimismo, il coraggio misto a incoscienza e la fiducia nelle proprie capacità. Aggiungerei la bravura nel convincere il prossimo a fidarsi di loro. Infatti, i tre grandi navigatori furono capaci, in tempi diversi e con motivazioni diverse, di persuadere i reali delle due ricche nazioni che affacciavano sul mare ignoto a finanziare le loro costosissime nove spedizioni (complessivamente). E, durante le navigazioni, riuscirono pure a spegnere diversi tentativi di ammutinamento. Ma per tutto il resto si dimostrarono veramente dissimili, addirittura opposti.

Colombo era parecchio concentrato su se stesso. Anche la fede, che non perdeva occasione di professare, la coltivò sempre *pro domo sua*. Il suo obiettivo principale era il potere, si immaginava uno sfolgorante futuro da viceré e governatore delle Indie. Non si fece scrupoli a intraprendere azioni violente e, a volte, perfino crudeli contro coloro che avrebbero potuto ostacolarlo, indigeni o spagnoli che fossero. Da certe esagerazioni gli derivarono gravi conseguenze. Per esempio, dal terzo viaggio tornò addirittura in catene. Riuscì, grazie alla regina Isabella che aveva un debole per lui, a organizzarne un quarto, ma quando tornò Isabella era morta, sicché Colombo venne privato dei poteri e dei benefici che il contratto originale con la corte spagnola prevedeva. Morì triste, abbattuto e piuttosto incazzato con il mondo.

Storia diversa quella di Magellano, altrettanto fervente cattolico, meno ambizioso riguardo al potere ma molto più furbo quanto ad affari. Infatti, il contratto che firmò prima della partenza con i reali (paradossalmente quelli di Spagna, i suoi di Lisbona non credettero nel progetto) era blindatissimo. È considerato un caso di studio ancora ai giorni nostri: prevedeva importanti percentuali sui valori dei prodotti (specialmente spezie) che, in seguito alla sua spedizione, sarebbero stati importati. Se fosse tornato sarebbe diventato molto ricco. Ma non tornò, perché dopo aver trovato lo stretto che porta il suo nome e aver battezzato Pacifico il nuovo oceano che gli si spalancò davanti, sbarcò su un'isola delle Filippine e venne ucciso in battaglia da un'orda di indigeni. Tuttavia, alcuni dei suoi fecero ritorno. Su 237 partiti soltanto in 18 rientrarono in Spagna dopo aver circumnavigato il globo. Malati, denutriti ma con un enorme carico di chiodi di garofano e noce moscata.
Alt! Un momento: tutto questo casino per una grattatina di noce moscata sul risotto? La gente era disposta a morire per un chiodo di garofano? Ebbene, sì. Oggi a noi pare incredibile l'attrazione che provavano per le spezie gli europei del tempo. Ma dobbiamo considerare che allora non vi erano sigarette, né superalcolici. Le spezie rappresentavano l'unico eccitante, droghe a parte. Il valore reale discendeva da quello simbolico, senza contare che erano abbondantemente usate in tutti i medicinali, e i medicinali, nell'Europa del Cinquecento, costavano un botto. Insomma, per strano che possa sembrarci oggi, con i chiodi di garofano allora potevi costruirci una fortuna.
Tra i 18 sopravvissuti della spedizione di Magellano c'era un italiano, Antonio Pigafetta, che era riuscito a farsi imbarcare come segretario personale del comandante. Il vicentino Pigafetta scrisse *Primo*

viaggio intorno al globo terracqueo, il diario completo di quella spedizione, ed è dunque grazie a lui che sappiamo com'è andata.

Ma il più figo, secondo me, era Vespucci, che ho lasciato per ultimo anche se è il secondo in ordine di tempo. Intanto dei tre fu il più laico. Navigò infatti sia per la Spagna (le prime due spedizioni) sia per il Portogallo (le ultime due). Se Colombo aveva in testa il potere e Magellano gli affari, trovo che Vespucci fosse invece animato da una certa idea di bellezza. Fu capace di scrivere pagine incantevoli sui paesaggi, sugli animali e sulle persone che incontrò nel corso dei suoi quattro viaggi, costeggiando per centinaia di miglia l'America del Sud. Amerigo già era benestante, già si trovava in una posizione autorevole, dunque ad attrarlo era il desiderio di scoprire forme nuove di bellezza.
«Arrivai alla terra degli Antipodi, e riconobbi di essere al cospetto della quarta parte della Terra. Scoprii il continente abitato da una moltitudine di popoli e animali, più della nostra Europa, dell'Asia o della stessa Africa. Quello che vidi fu... tanti pappagalli e di tante diverse specie che era una meraviglia; alcuni colorati di verde, altri di uno splendido giallo limone e altri neri e ben in carne; e il canto degli altri uccelli che stavano negli alberi era cosa così soave e melodica, che molte volte rimanemmo ad ascoltare tale dolcezza. Gli alberi che vidi sono di tale e tanta bellezza e leggerezza che pensammo di trovarci nel paradiso terrestre...».
Queste sue descrizioni piene di meraviglia e traboccanti di superlativi, questo classificare ogni novità come «la cosa più... del mondo» mi suona familiare. Anche io cado spesso nelle esagerazioni. Forse è un modo per trasmettere la propria gioia di vivere, di scoprire, di imparare. Le descrizioni di Vespucci furono talmente enfatiche che ci fu perfino chi mise in dubbio che le sue esplorazioni fossero realmente avvenute.
Ma che volete farci? D'altra parte, oggi come allora, si sa che la Terra è piatta. E che Neil Armstrong non è mai andato sulla Luna.

18

Quattro storie polacche

Cracovia, 2009

Tutte le nazioni del mondo hanno dato i natali a gente importante nel campo della cultura, più o meno in modo proporzionale al numero degli abitanti. Ma ho la strana sensazione che in questo ambito la Polonia goda di un certo vantaggio, specie se consideriamo gli ultimi due secoli.

Chissà perché. Magari – ipotizzo – c'entra Orson Welles. Nel film *Il terzo uomo*, il grande attore e regista dice che in Svizzera regnano pace e prosperità da 500 anni, e che cosa ne è venuto fuori? L'orologio a cucù. Volete mettere l'Italia dei Borgia? Guerre, intrighi, veleni, tradimenti, carneficine. E ne sono venuti fuori Michelangelo, Leonardo e il Rinascimento.

Forse per la Polonia vale lo stesso discorso. Le repressioni dell'Ottocento e il Romanticismo, che non è nato lì ma che da quelle parti è attecchito bene, direi: vedi alla voce "Chopin". Le spaventose brutalità del Novecento (due guerre mondiali, i nazisti, i lager, il regime comunista) e la poesia di Wisława Szymborska. Infine, il vento nazionalista, razzista, retrogrado e oscurantista che ai nostri giorni ammorba la Polonia… e i libri di Olga Tokarczuk.

Partiamo proprio da lei.

Ogni anno vado a vedere chi vince i vari Nobel e, se posso, mi informo e leggo. Nel 2018 conoscevo solo di fama questa scrittrice, oggi sessantenne. Non avevo letto neanche il suo romanzo più famoso, *I vagabondi,* ma quando mi è capitata sotto gli occhi la motivazione del Nobel, «per la sua immaginazione narrativa che, con passione enciclopedica, rappresenta l'attraversamento dei confini come forma di vita», beh, allora son corso a comprarmelo, *I vagabondi.* È straordinario, se non lo avete ancora fatto, vi prego, leggetelo. Lei stessa lo definisce un libro «pieno di un certo tipo di ottimismo, un mondo connesso, unito, senza confini; volevo dare l'idea del viaggiatore come un atomo in continuo movimento».

Tra le decine e decine di storie, aneddoti e divagazioni che sono tenuti insieme dalla voce dell'autrice, ve n'è una che mi ha colpito particolarmente e riguarda un altro grande polacco, un musicista: proprio lui, che ho citato prima, il grande Fryderyk Chopin. Talmente grande che non è bastato un solo cimitero per contenerlo tutto. Il corpo si trova nel celebre camposanto di Père-Lachaise a Parigi, città dove il compositore morì. Celebre nel senso che quello, più che un cimitero, sembra una Hall of Fame. Vi sono sepolti Oscar Wilde, Molière, Balzac, Delacroix, Modigliani, Proust, Isadora Duncan, Maria Callas, Gertrude Stein e Jim Morrison, solo per citarne alcuni. C'è per l'appunto anche Chopin, ma non tutto, perché il cuore sta da un'altra parte, nella chiesa di Santa Croce a Varsavia.
Sì, avete capito bene. Chopin in punto di morte si fece promettere dalla sorella Ludwika che avrebbe fatto estirpare il cuore dal suo corpo e lo avrebbe portato in terra natìa. Era stato costretto ad abbandonarla per ragioni politiche, ma non aveva mai smesso di amarla. A Parigi, pretendeva che almeno una volta alla settimana gli fosse cucinato il *bigos*, il piatto della sua infanzia: uno stufato di carne, cavoli e crauti, con aggiunta di prugne secche e altre spezie. Era un modo per tornare a casa, l'unico che aveva in quel periodo. Ma prima o poi ci sarebbe tornato sul serio. Ci riuscì solo in parte, ma era la parte che contava di più.

Con la complicità di un chirurgo, Ludwika recupera il cuore di suo fratello, lo infila in un barattolo pieno di Cognac e, dopo la sepoltura di Parigi, parte alla volta di Varsavia. Olga Tokarczuk racconta di un viaggio pieno di avversità e peripezie. Quella reliquia passa nelle mani di vari parenti prima di essere finalmente tumulata nella chiesa della città. Ma per il cuore di Chopin non sono mica finite le avventure. Durante l'invasione tedesca della Seconda guerra mondiale un gerarca nazista pensa bene di rubarlo e portarlo in Germania. Probabilmente immaginava di fiaccare così l'orgoglio dei cittadini di Varsavia, depredandoli di un simbolo nazionale. Per fortuna il cuore non andò perduto e, terminata la guerra, fu restituito con tanto di scuse. L'evento fu celebrato in pompa magna (potete immaginare la colonna sonora) nella chiesa di Santa Croce, dove a meno di altre sorprese il cuore di Chopin riposerà per sempre.

Dopo aver letto *I vagabondi* mi sono informato un po' sulla vita di Olga. Un giorno si trovava nel giardino di un caffè a Cracovia, naturalmente si era portata un libro. Poteva essere il 2009. A un certo punto vide, qualche tavolino più il là, Wisława Szymborska. Sobbalzò, la poetessa connazionale era il suo mito. Aveva letto tutto di lei, pur non avendola mai conosciuta di persona la adorava, la considerava un modello, un esempio da seguire... E tutto questo ben prima che la Szymborska ricevesse il Nobel nel 1996. Olga fu presa dall'impulso di alzarsi e andare ad abbracciarla. La poetessa stava guardando nel vuoto; appoggiati sul tavolo c'erano il blocco di appunti e la penna, ma non stava scrivendo, piuttosto sembrava assorta nei suoi pensieri. Così Olga non osò disturbarla.

È possibile che in quel momento a Olga sia venuto in mente un altro di origine polacca, il quarto di questa storia, Joseph Conrad. Pare che l'autore di *Cuore di tenebra* un giorno abbia detto: «Come faccio a spiegare a mia moglie che quando guardo dalla

finestra sto lavorando?». In realtà non è per niente sicuro che lo abbia detto, anzi è probabile di no – così come Garibaldi non ha mai detto «obbedisco» e Cesare «*de gustibus*». Ma la frase è bella, significativa, degna di Conrad, e a me piace immaginare che Olga ci abbia pensato. La Szymborska era lì a pochi tavolini di distanza e stava guardando fuori dalle vetrate del caffè. Doveva forse spiegare a Olga che stava lavorando? Certo che no. Magari, proprio in quel momento, la mente della poetessa veniva attraversata da uno di quei suoi fulminanti incipit.
Oggi mi sono comportata male nel cosmo.
Morire – questo a un gatto non si fa.
In sogno dipingo come Vermeer.
E stai a vedere, pensava Olga, che per colpa mia ci perdiamo una di queste meraviglie. Non se lo sarebbe mai perdonato. Sicché si mise il cuore in pace, ordinò un altro caffè e riprese la lettura. Non passarono nemmeno cinque minuti che si sentì toccare sulla spalla. Si voltò. Ed era lei, la Szymborska.
«Mi scusi se la disturbo» disse la poetessa.
«Lei?» balbettò Olga. «Lei che disturba me?».
E la Szymborska: «Ho letto i suoi libri, sa? Sono una sua grande ammiratrice».

Sicuramente Olga Tokarczuk pensò a quell'incontro, quando nel 2018 salì sul palco della Sala dei Concerti a Stoccolma per pronunciare il suo discorso di ringraziamento. Ventidue anni prima, la sua maestra e connazionale aveva incominciato così: «In un discorso, pare, la prima frase è sempre la più difficile. E dunque l'ho già alle mie spalle».
Invece verso la fine aveva detto: «Il mondo, qualunque cosa noi ne pensiamo, spaventati dalla sua immensità e dalla nostra impotenza di fronte a esso, amareggiati dalla sua indifferenza alle sofferenze individuali [...], qualunque cosa noi pensiamo dei suoi spazi trapassati dalle radiazioni delle stelle [...], qualunque cosa

pensiamo di questo smisurato teatro, per cui abbiamo sì il biglietto d'ingresso, ma con una validità ridicolmente breve, limitata dalle due date categoriche, qualunque cosa ancora noi pensassimo di questo mondo – esso è stupefacente».
Olga esordì in questo modo: «La prima fotografia di cui abbia un ricordo consapevole è un'immagine di mia madre scattata prima che io nascessi».
Ecco il finale: «Una giovane donna che non è mai stata religiosa – mia madre – mi ha dato una cosa che una volta si chiamava anima, dotandomi così del più grande e sensibile strumento per narrare il mondo».
Ed esso è stupefacente.

19

Ma Kylian non aver paura

Bucarest, 28 giugno 2021

Quando uno va a battere un calcio di rigore, specie se negli ottavi di finale di un campionato europeo, specie se si tratta dell'ultimo della cinquina che si tira dopo i tempi supplementari, è meglio che ci vada da ottimista, cioè convinto di fare goal. Ora, che Kylian Mbappé avrebbe sbagliato, lo si è visto prima ancora che tirasse. Se vi siete persi la diretta, date un'occhiata al filmato in rete. Mbappé sistema il pallone sul dischetto, senza neanche rigirarlo troppo, come di solito fa chi vuole essere sicuro di colpirlo dalla parte giusta. Poi guarda l'arbitro, poi il portiere, poi di nuovo l'arbitro. Fateci caso: quasi sempre, quelli convinti di segnare non guardano assolutamente nulla. Il pallone, al limite. Aveva già la faccia triste Mbappé, come se sapesse tutto in anticipo.

Ma che gli è preso a Deschamps, mi sono domandato quella sera. Come gli è venuto di affidare il rigore decisivo proprio a lui? Oddio, in teoria il ragionamento non farebbe una grinza: a tirare l'ultimo mandi il primo che hai in ordine di talento calcistico. Ma quel giorno lo avevo capito perfino io che Mbappé non c'era con la testa. Non ne aveva imbroccata una. Per tutta la partita aveva ripetutamente scosso il capo dopo aver sbagliato di tutto: tiri, stop, dribbling e passaggi. Ogni volta falliva e ogni volta imprecava, come se fosse una dannazione. Ma dopo quell'ultimo rigore, tirato in bocca al portiere, non ebbe neanche più la forza di scuotere la testa, restò imbambolato a guardare il nulla, proprio come avrebbe dovuto fare prima del tiro. Lui, il più forte calciatore di Francia. E così, dopo che per tutta la partita avevo tifato Svizzera (per regola sto sempre dalla parte dei più deboli), mi trovai repentinamente a dover cambiare casacca. D'un botto il più debole era diventato Kylian, mi sentivo affranto quasi quanto lui. Ripensavo agli istanti che avevano preceduto il rigore, a quegli sguardi lanciati verso l'arbitro e verso al portiere. Ora mi sembravano segnali disperati, richieste di un conforto impossibile. Non poteva certo darglielo l'arbitro, quel conforto. E a maggior ragione nemmeno Yann Sommer, il portiere della Svizzera.

D'accordo, son cose che capitano. D'accordo, in fondo è solo una partita di calcio, per quanto importante, mica una guerra mondiale. Tuttavia, nel corso della storia abbiamo visto, per esempio, l'intero popolo brasiliano precipitare in una forma grave di *saudade* per colpa di un calciatore italiano dal nome qualsiasi, tal Paolo Rossi. Abbiamo visto un altro popolo cadere in depressione per la morte, in un incidente d'auto, della ex moglie di un futuro Re. Nella Spagna del Cinquecento c'è gente che si è suicidata per il crollo del valore del peperoncino, e lo stesso è avvenuto in Olanda per i tulipani, un centinaio di anni dopo. Certi shock esplodono quando l'opinione pubblica viene colpita in modo improvviso da un avvenimento negativo, contrario alle attese. Quando si passa in modo repentino dalla speranza alla delusione. I tulipani, i peperoncini, Lady D, Italia-Brasile 3 a 2.

In questo caso poi, colui che ha sbagliato il rigore decisivo è un ragazzino di 22 anni che guadagna più di 20 milioni di euro l'anno, e ne guadagnerà molti di più dal 2022. Vero è che durante la partita i tifosi non ci pensano più di tanto. Se poi giochi bene, fai goal e vinci lo dimenticano del tutto, ma se sbagli... Beh, allora se lo ricordano e sono cavoli amari.

Già pochi minuti dopo il rigore, Kylian viene sommerso in rete da commenti pieni di odio. Ti paghiamo l'ira di Dio, dunque tu quel goal lo dovevi fare, *merde*! E questa è una delle reazioni più composte. Molti dei suoi milioni di *followers* che lo osannavano a un tratto gli si rigirano contro.

Cose che capitano, abbiamo detto. Ma in questo caso c'è qualcosa di più, una caratteristica di Mbappé che rende la sua disavventura ancora più dolorosa. Il fatto che lui è un secchione. Da sempre. Sì, un secchione del calcio: dedizione totale a questo sport, obbedienza assoluta al mister, allenamenti che di più non si può, preparazione minuziosa di ogni partita. Nessun vizio, mai vista una sigaretta, bandito l'alcol, attento alla dieta. E quando ha qualche ora di relax? Una bella scorpacciata di vecchie partite di calcio, così, tanto per vedere come faceva girare la palla Pelé. Il problema dei secchioni è che, quando non arriva il risultato atteso, ne fanno una tragedia. E il guaio è che Mbappé non è soltanto un secchione. È anche un predestinato. Uno baciato dalla sorte, come si dice.

A cinque anni poteva già vantare una foto con i suoi due idoli, Thierry Henry e Zinédine Zidane. Come loro, anche lui è di sangue misto, parecchio misto. Nato e vissuto in un quartiere non semplice della periferia di Parigi, suo padre è mezzo nigeriano e mezzo camerunense, mentre la mamma è algerina, ma di origine kabyle: per intenderci, quei berberi che neanche l'Impero romano riuscì a domare. Il padre è stato un calciatore di discreto successo regionale, poi allenatore, la madre un'indomabile (le radici...) campionessa di pallamano. A pranzo si mangiava pane e sport, a cena cuscus e calcio. A dodici anni la carriera di Kylian era già in rampa di lancio, a diciassette aveva vinto gli europei giovanili, a diciannove era addirittura campione del mondo con la sua Francia. Roba alla Pelé, appunto.

Fino a quella terribile semifinale con la Svizzera.

Mentre lo guardavo aggirarsi sconsolato per il campo, mi sono ricordato di quelle volte (non così poche) che mi è capitato di affrontare momenti importanti della vita con la fottuta paura di non farcela. Anche a me è capitato che andasse male, certe volte.

Debbo ammettere che, pur nel mio piccolo, e in un campo diverso dal suo, penso di non essere stato meno fortunato di Mbappé. Tanto per cominciare, sono nato in Italia. Mio padre era partigiano. Mia madre una lavoratrice instancabile. Lui di Barbaresco, lei di Barolo. Poteva decisamente andarmi peggio. Ad ogni modo, capita a ciascuno di noi, almeno a quelli tra noi che provano a combinare qualcosa, di affrontare faccende delicate, anche se non giochiamo a calcio. Ci può succedere al lavoro, in famiglia, a scuola, in amore. Meglio affrontarle, quelle faccende importanti, quando siamo in gran forma, convinti di farcela. Se ci sentiamo in una fase negativa, conviene invece rimandare e aspettare tempi migliori.
Quella sera, forse, Kylian Mbappé avrebbe dovuto regolarsi così. Andare da Deschamps e dirgli: «Mister, fallo tirare a un altro il rigore».
Capire quando non è il momento, ammettere una difficoltà.
Ci vuole talento anche per questo.

20

Delle cicale

Delfi, 564 a.C.-oggi

Trovo sbagliato che il verbo che definisce i suoni emessi da grilli e cicale sia lo stesso: frinire. In realtà sono molto diversi tra loro questi suoni. I grilli cantano, le cicale rumoreggiano. Queste ultime fanno casino di giorno, i grilli gorgheggiano di notte.
Diciamo che entrambi, oltre a frinire, nutrirsi e accoppiarsi, non combinano altro nella vita. Ma vi è ancora una sostanziale differenza: il grillo, almeno, non danneggia l'ambiente mentre la cicala provoca disastri, praticamente si mangia le piante. Dunque: evviva il grillo e abbasso la cicala.
Poi c'è la formica, con tutte le sue qualità che non sto a elencarvi, perché ci ha già pensato Esopo nella sua celebre favola. La cicala (beata) che frinisce e la formica (volenterosa) che si fa il mazzo. La prima dice alla seconda: «*Ma chi te lo fa fa'?*». Giuro che non l'ho scritto in romanesco per disistima nei confronti dei capitolini: capirete tra qualche riga il motivo. La seconda risponde spiegando che arriverà l'inverno… Eccetera. Poi l'inverno arriva davvero e le parti si invertono. Morale: bla bla bla.

Il bello di questa favola è che, nel tempo, è stata rimaneggiata da tanti altri autori e poeti. Così è stato per tutte le più famose di Esopo. Certamente ricorderete *La volpe e l'uva, Al lupo al lupo, La lepre e la tartaruga.* Storie straordinarie nella loro semplicità e verità, proprio perché portano in sé una morale.

Fu Fedro il primo a riprendere Esopo, lo seguirono in diversi, anche gente importante come Jean de La Fontaine. Ma mai nessuno si era permesso di modificare la morale, quella era sacra. Finché arrivò Trilussa, il dissacrante per antonomasia. Così, il poeta romano ribaltò il finale. Quando la formica rimprovera la cicala poiché l'inverno è arrivato e lei incosciente continua a cantare (anche se sono stonate credono di cantare) senza mai aver provveduto a mettere da parte scorte, sentite cosa risponde la cicala (e qui faccio l'opposto, italianizzo il romanesco): «Ora ho un'amante. Mi mantiene quel grillo che per tutto giugno mi aveva corteggiata. Ma quanto sei noiosa, formica mia! Mia nonna mi diceva sempre: "Chi lavora ha una camicia appena, e lo sai chi ne ha due? Chi se la leva!"». Morale: spesso ai marpioni va meglio che agli onesti.
Trilussa ha ragione, tranne per il fatto che, secondo me, non succede spesso. Succede solo a volte. D'altra parte, Trilussa era fatto così, sardonico e provocatore. Quando venne designato senatore a vita, già anziano e purtroppo malato, commentò: «Mi hanno nominato senatore a morte». Niente da obiettare al grande Trilussa. Semplicemente, dopo aver riletto Esopo, poi Fedro, poi La Fontaine e poi appunto Trilussa, che ci infila pure il grillo, e dopo essermi perfino riascoltato la canzoncina di Heather Parisi sulle cicale, è venuta voglia anche al sottoscritto di rimaneggiare la favola. Ci provo.

C'era un tempo in cui grilli, cicale e formiche formavano una comunità abbastanza felice all'interno del bosco. Oddio, esistevano differenze (anche nette) di abitudini tra le tre specie, tuttavia si frequentavano senza che ne venissero fuori particolari litigi. Le formiche erano dedite al lavoro e sapevano organizzarsi per ottimizzare i risultati: costruivano case, le tenevano pulite e in ordine, ammucchiavano scorte per l'inverno che riuscivano a trasportare anche da parecchio lontano. Tipe toste, le formiche.

Animate da un imperativo morale potente, quello di non arrendersi mai, di pensare comunque (e insieme) di farcela.
Più indolenti le altre due specie. I grilli maschi passavano il tempo a corteggiare le femmine a suon di stornellate mentre le femmine restavano incantate ad ascoltarli, dovendo scegliere in base alle *performances* canore. Intanto, le cicale riuscivano a essere ancora più pigre dei grilli, i quali almeno si procuravano il cibo senza arrecare danno al bosco.
Loro, le cicale, preferivano non muoversi dagli alberi che vampirizzavano nutrendosi della loro linfa. Per questa brutta abitudine a volte si prendevano delle vere e proprie ramanzine dalle formiche. I grilli invece ormai avevano capito che le cicale erano incorreggibili, perciò lasciavano perdere. E dunque, come dicevo, la vita scorreva abbastanza tranquilla: formiche, grilli e cicale coabitavano con una certa tolleranza reciproca. Finché sopraggiunse un evento inaspettato. Un fattore esogeno, diciamo (lo so, Esopo non lo avrebbe chiamato così, e neppure Trilussa).
Un mostriciattolo, un terribile mostriciattolo attaccò gli animali del bosco. Era arrivato dalla parte dove nasce il sole, così piccolo da non poter essere visto a occhio nudo. Infatti, sulle prime fu preso sottogamba da tutti. Lui si infilava nei polmoni e si nutriva della loro linfa, più o meno come fanno le cicale con le piante. Poi si spostava da un essere vivente all'altro, moltiplicandosi a forte velocità. Incominciarono a morire le formiche, poi toccò ai grilli, infine anche le cicale furono investite dal flagello. All'orizzonte si profilava una strage. Fu a quel punto che le formiche reagirono. E chi sennò?
All'interno del loro foltissimo esercito ve n'erano alcune incaricate di studiare i fattori che favoriscono la vita e determinano le sorti dell'ambiente. In caso di fenomeni avversi, cercavano i rimedi. Ebbene, queste formiche riuscirono a intrappolare un esemplare di mostriciattolo e si misero a studiarlo. Impiegarono un po' di tempo, la faccenda era complicata, ma alla fine in-

ventarono un antidoto che neutralizzava gli effetti più dannosi arrecati dal micro-mostro giunto dall'Est. Chi assumeva l'antidoto non moriva più. In quattro e quattr'otto venne messa in piedi una produzione su vasta scala, tutte le formiche assunsero il rimedio e uscirono dall'incubo. Restava il dolore profondo per aver perso tante compagne, ma ora si prospettava un futuro nuovamente roseo.
Si dimostrarono pure generose, poiché andarono a offrire il rimedio anche ai grilli e alle cicale. I grilli sulle prime reagirono con diffidenza. Non erano particolarmente felici di immettersi nel corpo quella cosa di cui non conoscevano le origini. Tuttavia, visti i risultati, si convinsero. Invece, con le cicale non ci fu verso. Quelle non si erano rese ben conto della gravità della situazione, erano state le ultime a imbattersi nel mostriciattolo. E poi nutrivano da sempre una sorta di scetticismo nei confronti di chi si dava da fare. Di più: guardavano le altre specie – le formiche in particolare – con sospetto. Essendo maliziose, consideravano il prossimo alla stessa stregua. Vedevano complotti ovunque. E frinivano, frinivano, non la smettevano più. Ossia, come ho spiegato all'inizio, facevano casino, pure stonate. Di prendere l'antidoto non ne volevano sapere. Frinivano che era pericoloso, e intanto il mostriciattolo continuava a colpire specialmente loro. Frinivano che le formiche ci stavano speculando sopra. Frinivano che non era solo una questione economica, perché in ballo c'era la libertà. Quando una formica provava a chiedere in che cosa, di preciso, consistesse questa libertà, le cicale si mettevano a frinire ancora più forte, con il risultato che si capiva ancora meno di quanto andassero frinendo. E se qualcuno faceva loro notare che il ritorno alla normalità era un traguardo reso possibile proprio dal tanto vituperato antidoto, le cicale frinivano: «Non ce ne importa nulla, non ci cale». A quel punto le formiche persero la pazienza dato che, come ha osservato qualcuno, anche le formiche nel loro piccolo si incazzano.

Purtroppo, questa favola non finisce. Perché gli eventi, almeno adesso mentre scrivo, sono ancora in corso. Ma la morale si comincia già a intravedere, che dite?
Tornando a Esopo, lo storico greco Erodoto racconta che durante una delle sue orazioni pubbliche, a Delfi, venne linciato e ucciso da una folla inferocita. A quanto pare Esopo ci era andato giù pesante col sarcasmo, e la gente di Delfi non l'aveva presa bene. Subito dopo, ed è sempre Erodoto a darne conto, su Delfi si abbatté una terribile pestilenza.

21

Adamo è nato a digiuno

Parigi, 1825-Firenze, 1891

«La miglior salsa che possiate offrire ai vostri invitati è un buon viso e una schietta cordialità. Brillat-Savarin diceva: "Invitare qualcuno è lo stesso che incaricarsi della sua felicità per tutto il tempo che dimora sotto il vostro tetto"».

Questa "ricetta" di Pellegrino Artusi, con tanto di citazione, è nel suo capolavoro *La scienza in cucina e l'arte di mangiar bene* (nel capitolo dedicato proprio alle salse). Esprime tutta la grandezza di Brillat-Savarin. Il fatto che Artusi la richiami tempo dopo dimostra come i due fossero marziani per i loro tempi, due immensi guru per l'oggi, gli autentici padri di due gastronomie cugine: quella nobile francese e quella domestica italiana.

Erano trascorsi sessantasei anni tra la prima pubblicazione della *Fisiologia del gusto* di Jean-Anthelme Brillat-Savarin a Parigi e quella del best seller di Pellegrino Artusi a Firenze. Già dai titoli si comprende lo spirito dei due libri. Un misto tra filosofia e sapienza quello del francese, un compendio tra scienza e arte domestica quello del romagnolo naturalizzato toscano. Sono, in fondo, gli stessi tratti caratteristici che distinguono le due cucine nazionali da loro rappresentate.

La gastronomia d'Oltralpe nasce nei *restaurants* ben prima della nostra, e affonda le sue radici nella cultura e nell'abilità tecnica. Quella italiana prende vita nelle case, viene messa a punto dalle nostre bis-bisnonne e si basa sulle materie prime a disposizione nei territori. La prima sboccia tra padelle, dosaggi, ricette precise e un rigore quasi militare, la seconda parte dal mercato e viene alla luce in maniera più spontanea, tra le mura domestiche.

I due gastronomi, per forza di cose, non hanno potuto conoscersi. Quando venne stampata la *Fisiologia del gusto*, nel 1825, Savarin stava a Parigi, aveva settant'anni e sarebbe morto da lì a pochi mesi, mentre Artusi era un bambino di cinque anni e viveva ancora a Forlimpopoli. Ma non vi è dubbio che Pellegrino, in seguito trasferitosi a Firenze e folgorato dalla passione per il cibo, abbia letto il libro del maestro francese. Infatti lo cita più volte, non solo riguardo alle salse.

Incredibilmente però, non se ne trova copia nella sua notevole biblioteca, ospitata dalla Fondazione che porta il suo nome, nel romagnolo paese natìo. È comunque evidente che lo possedesse, e ne venne fortemente segnato.

Al di là delle differenze, i due nel profondo si somigliavano. Entrambi concedono al lettore ampi margini di interpretazione, direi addirittura violazione, di certe regole che i loro predecessori presentavano come vincolanti. Tuttavia, nello stesso tempo, introducono una visione così profonda sul rapporto tra uomo e cibo, tra scienza e cucina, tra cultura e storia, che, quella sì, diventa imprescindibile per chi sia appassionato della materia. Brillat-Savarin lo fa in un modo veramente filosofico, attraverso le sue meditazioni alte. Artusi lascia maggior spazio alle ricette, ma in ciascuna infila ragionamenti pieni di sapienza e ironia. Sono due autentici pionieri, ognuno a modo suo. Nel campo della cucina, Brillat-Savarin e Artusi non sono meno importanti di quanto lo siano Colombo, Vespucci e Magellano nella storia delle esplorazioni geografiche.

Entrambi hanno pubblicato la loro opera più importante a settant'anni. Entrambi hanno penato non poco per via di ciò che avevano scritto. Il francese perché se ne vergognava ed era molto riluttante a pubblicarlo, tant'è che la prima edizione non era neppure firmata. L'italiano perchè non trovò uno straccio di editore e si stampò il libro con i propri mezzi. Entrambi ebbero immediatamente un successo formidabile. La gloria Artusi poté godersela appieno – visto che sopravvisse al suo capolavoro per altri vent'anni – mentre Brillat-Savarin ebbe appena il tempo di rendersi conto che tutta Parigi impazziva per il suo libro quando una polmonite lo fulminò.

Me lo vedo, Pellegrino, mentre si imprime nella mente le parole di Jean-Anthelme «... su questo argomento si poteva fare qualcosa di meglio che dei semplici libri di cucina...» e decide di seguire la stessa strada, ma all'italiana. Me lo sono immaginato così spesso che, alla fine, sapete che c'è? Ho pensato di farli incontrare, alla faccia del calendario.

Inizia Artusi: «Maestro, quale onore».

«L'onore è tutto mio, *Monsieur*».

«Sapete, il vostro splendido libro mi ha dato il coraggio di scrivere il mio».

«Mais non, *Monsieur*, lo avreste scritto comunque».

«"Dimmi quello che mangi e ti dirò chi sei". Voi siete stato il primo ad affermarlo».

«In verità penso che addirittura il destino delle nazioni dipenda da come si nutrono. Insomma, guardate la Francia. Grandi chef: un grande Paese».

«Avete senz'altro ragione, maestro. Tuttavia, se posso permettermi, il mio Paese, l'Italia, ha dimostrato che per fare una grande cucina non è necessario nascere con la casseruola in mano, per così dire. Ciò che conta davvero sono le materie prime».

«Non sottovalutate l'inventiva, *Monsieur*. Ricordatevi che la scoperta di un nuovo piatto contribuisce molto di più alla felicità umana della scoperta di una nuova stella. E adesso cosa state facendo? Avete perduto qualcosa?».

«Il mio taccuino. Ah! Eccolo qui. Posso appuntarmi questa vostra meravigliosa frase?».

«Certamente, *Monsieur.* D'altronde le belle frasi appartengono a tutti, proprio come le migliori ricette».
«Mi segno anche questa, col vostro permesso».
«Vedete, purtroppo accade a volte che certe ricette stampate non corrispondano alla pratica. Ed è proprio allora che entra in gioco la fantasia dell'appassionato. D'altra parte, la cucina è l'arte più antica perché Adamo è nato a digiuno».
«E, per l'appunto, non disponeva di casseruole...».
«Il nostro compito, caro Artusi, è raccontare i fondamentali. E non parlo di quelli tecnici, intendo i valori della gastronomia intesa come scienza, cultura. Come l'arte del godimento consapevole».
«Purtroppo il mondo ancora si ostina a non dare al cibo l'importanza che merita; ma poi non vi è festa, civile o religiosa, in cui non si distenda la tovaglia e non si pretenda di mangiare come si deve».
«E voi sapete meglio di me che per mangiare come si deve occorrono sapienza, studio, curiosità e *amour*».
«Quanto avete ragione. Siete stato voi a insegnarmi a diffidare dei vecchi manuali, per la maggior parte fallaci o incomprensibili. Il vostro, invece, oh... Il vostro è stato per me una specie di Bibbia».
«Voi senz'altro esagerate, *Monsieur*».
«Niente affatto».
«Comunque sappiate che anche io ho imparato tanto dal vostro libro. Per esempio ho appreso, non senza stupore, che hanno inventato una torta che porta il mio nome. Vi ringrazio per averne scritto la ricetta».
«Dovere, maestro».
«Sempre dalle vostre pagine ho ricavato l'impressione che voi non teniate in gran conto la mia *fondue*... Com'è che l'avete ribattezzata?».
«Ehm... cacimperio. Mi sembra di averla chiamata così».
«*Fondue* suona meglio, non trovate? Personalmente mi sembra sia un piatto sublime, dal fulgido futuro. Spero abbiate modo di rivedere il vostro giudizio...».

«Chissà, non mi sento di escluderlo. Del resto, "vario ed incostante, sopra tutti gli altri sentimenti, è il gusto". Lo ha scritto un mio connazionale, Giuseppe Averani, molti anni or sono».
«E naturalmente voi lo avete ricopiato sul vostro taccuino».
«A proposito di gusto, maestro. Mi piacerebbe approfondire il parallelo, in cui voi vi avventurate, tra il piacere del mangiare e un altro genere di piacere...».
Lasciamoli chiacchierare in pace, quei due. Tanto più che stanno per entrare in un argomento piccante. E poi, chissà quante altre cose avranno da raccontarsi. Ci vorrebbe un terzo libro, a doppia firma. Fossi in loro lo intitolerei *Adamo è nato a digiuno*, come questo racconto. E oggi non mancherebbero gli editori.

22

Qualcuno doveva aver calunniato Enzo T.

Praga, 1914-Napoli, 1988

Sto per raccontarvi due storie. Riguardano due uomini che, tirati dentro a faccende che non avrebbero dovuto minimamente riguardarli, in punto di morte riescono perfino a pronunciare parole di speranza.

La prima storia è di fantasia, scritta tra il 1914 e il 1915 e pubblicata nel 1925. La seconda è realmente avvenuta, tra il 1983 e il 1988. Entrambe hanno al centro un processo, un'accusa invisibile, una condanna. Entrambi i protagonisti sono innocenti, anzi di più: totalmente estranei ai fatti. Entrambi sono convinti di smontare le accuse, certi di poter dimostrare che si tratta solo di un malinteso, magari di un'omonimia, del fatto che, in ogni caso, loro non c'entrano niente. Entrambi, alla fine, soccombono, annientati da quell'esperienza terribile.

Il protagonista della prima storia è il signor K. e, paradossalmente, leggendo ai giorni nostri il romanzo relativo alla sua vicenda, ti viene da pensare che l'autore si sia ispirato ai fatti, come detto realmente accaduti, della seconda. Che ne abbia colto l'angoscia, l'assurdità, che ne sia stato talmente colpito da costruire quella trama pazzesca, apparentemente priva di plausibilità, brutale ma nello stesso tempo così coinvolgente che, letta la prima pagina, non te ne stacchi più fino all'ultima.

Ma ovviamente Kafka non può aver conosciuto il caso Tortora, per il semplice fatto che era morto sessant'anni prima. Se ci fosse stato, negli anni Ottanta, magari non avrebbe lasciato incompiuto il suo romanzo, forse l'avrebbe arricchito di particolari. Pare quasi lo sapesse che prima o poi sarebbe accaduto sul serio qualcosa del genere, infatti sono molte le cose che nel romanzo restano in sospeso, incongruenze volute. E poi quell'atmosfera da incubo, lo stesso vissuto nella realtà da Enzo Tortora a incominciare da quel venerdì, che oltre tutto cadeva di 17, nel giugno del 1983.
«Qualcuno doveva aver calunniato Josef K.» scrive Kafka nell'incipit, «poiché un mattino, senza che avesse fatto niente di male, egli fu arrestato». Ecco invece ciò che fa dire (e pensare) al suo personaggio nel finale del romanzo, un attimo prima che venga assassinato in una cava: «"Come un cane!", affermò e fu come se la vergogna gli dovesse sopravvivere».
La prima cosa che invece Enzo Tortora disse dopo l'arresto, telefonando a sua figlia: «Silvia, non crederci, non crederci, tu conosci papà». E l'ultima battuta che sussurrò a Leonardo Sciascia poco prima di morire di cancro: «Speriamo che il mio sacrificio sia servito a questo Paese, e che la mia non sia un'illusione».

Le analogie tolgono il fiato.
Nel *Processo* di Franz Kafka il signor K., un dirigente bancario di successo nel pieno della sua carriera, viene arrestato per cause ignote. È poi processato ma non si capisce mai per quale delitto, neppure si comprende chi sia di preciso l'autorità che lo sta giudicando. Sebbene non perda mai la speranza di dimostrare la propria innocenza, alla fine è condannato a morte, portato in una cava e ucciso con due coltellate al cuore. In Josef, Kafka incarna l'umanità intera che vive nel mistero più totale, in una condizione assurda. Non esiste la verità, si respirano angoscia, smarrimento, disorientamento.
Il signor T. è un personaggio televisivo capace di inventarsi un programma clamoroso, tanto da tenere incollati al televisore

venti e passa milioni di italiani. Un giorno si era incuriosito per un trafiletto sul giornale: «Vendo un orologio a cucù parlante...». Aveva indagato, esisteva tutto un mondo dietro a quelle offerte così bizzarre. Ci costruì sopra un mercatino originale, portò in tv i personaggi più incredibili che proponevano oggetti strampalati, invenzioni stravaganti. Ci mise pure un pappagallo che, talvolta, diceva: «Portobello». Si trovava all'apice del successo quando una mattina presto lo arrestarono. Non aveva la minima idea del perché.

Gli misero le manette davanti a decine di telecamere e reporter, debitamente avvisati da qualcuno della Procura. Tutta Italia lo vide, ma furono in pochi a mostrare pietà. Lo showman, fino ad allora idolatrato... e invidiato, ora appariva nudo. Eccovi il mostro, l'uomo che si finge buono ma che in realtà ha una doppia vita: un adepto di Cutolo, nientemeno, il boss della camorra.

I capi di imputazione glieli comunicarono con calma, dopo giorni di isolamento. Gli dissero che aveva fatto il suo nome un pentito, poi un altro ancora. In seguito alle prime rivelazioni della stampa, altri 17 malavitosi, dalla galera, dichiararono che Tortora distribuiva cocaina agli ordini del peggiore tra i criminali di Napoli, e che si era impossessato di un mucchio di soldi destinati ai terremotati dell'Irpinia. C'era pure il suo nome con il numero di telefono sull'agendina di uno di questi delinquenti. Altre prove? Nessuna. Intercettazioni telefoniche? Zero. L'avevano pedinato? No. Evidenze bancarie riguardo ai fondi distratti? Figurarsi.

Ai sostituti procuratori di Napoli, Lucio Di Pietro e Felice Di Persia, bastano le confessioni dei cosiddetti pentiti per concludere l'indagine Portobello, nel nome uno slancio di fantasia. Convincono il giudice Giorgio Fontana a istruire il processo. La parola dei delinquenti è più che sufficiente anche per il presidente della corte Luigi Sansone, che condanna Tortora a dieci anni di carcere e a 50 milioni di lire di multa, firmando una sentenza di 2000 pagine in cui si legge: «L'imputato non ha saputo spiegarci il perché di una congiura contro di lui» (puro Kafka). Si accontenta delle spifferate dei malavitosi anche il pubblico ministero Diego Marmo, che nel pieno dell'arringa afferma: «Un uomo della notte ben diverso da come appariva a Portobello». Ritengo che anche lo scrittore ceco avrebbe riportato i nomi dei magistrati, quelli veri, come ho fatto io.

Occorreranno quattro anni di calvario (senza che Enzo avesse mai abbandonato la speranza di dimostrare la sua totale estraneità) per scoprire che il nome sull'agendina era Tortosa e non Tortora, che il numero di telefono non corrispondeva al suo, che i primi due pentiti si erano inventati tutto allo scopo di ottenere sconti di pena e che lo stesso avevano fatto a valanga tutti gli altri, i quali erano venuti a sapere delle accuse guardando la televisione, unico posto dove avevano effettivamente visto il presentatore.

E dove, il 20 febbraio 1987, lo vedranno ricomparire, invecchiato, provato nel fisico, commosso dall'accoglienza del pubblico in studio, che gli tributava un lungo applauso. Ci vuole una certa classe, nonché una buona dose di speranza – ancora intatta, nonostante tutto – per dire ciò che Enzo Tortora disse alla fine dell'applauso, guardando dritto in macchina: «Dunque, dove eravamo rimasti?». Come se quei quattro terribili anni fossero stati niente più che una parentesi, un'interruzione pubblicitaria.

Adesso si poteva ricominciare, guardare di nuovo avanti, con il conforto delle persone perbene.

Tortora morì il 18 maggio 1988, appena un anno e mezzo dopo il suo ritorno in tv, e a 1768 giorni di distanza da quelle maledette manette. Secondo le sue ultime volontà, fu cremato con una copia della *Storia della colonna infame*, ambientata da Manzoni nella Milano del 1630 in preda alla peste: due uomini, accusati di essere untori sulla base della denuncia di alcune comari, vengono sbrigativamente condannati allo squartamento. Uno dei due era un barbiere, sulle macerie della sua bottega viene eretta una colonna come simbolo di eterna dannazione, la colonna infame, appunto.

Scrive Kafka (siamo sempre pochi istanti prima dell'esecuzione di Josef K.): «Gli cadde l'occhio sull'ultimo piano della casa prossima alla cava. Come una luce che s'accenda a un tratto, si spalancarono i battenti di una delle finestre, e un uomo, scialbo e minuto per la distanza e l'altezza, si sporse fuori di slancio, tendendo le braccia ancora più fuori. Chi era? Un amico? Un buono? Un partecipe? Uno che voleva aiutare? Ce n'era uno solo? O lo volevano tutti?».

23

La sesta cornice

Lunigiana e Romagna, 1310 circa

Se un giorno mai dovessi (potessi) scegliere tra paradiso, purgatorio e inferno non avrei dubbi: andrei in purgatorio.

Non è difficile da spiegare. Una volta scartato l'inferno per evidenti ragioni (e poi spero di non meritarlo), preferisco il purgatorio al paradiso perché mi sembra un posto dove si può ancora migliorare, dove è possibile fare progetti, un ambiente che ti porta a ragionare sulle tue manchevolezze – che non saranno gravissime altrimenti saresti andato diritto al piano di sotto, ma neppure trascurabili, sennò si sarebbero spalancati per te i cancelli del Regno dei cieli. Posto incantevole, per carità. Ma un tantino sedentario, ecco, almeno per i miei gusti. Sei già al top, e ci resterai per l'eternità, senza stimoli a far di più perché un di più lassù non esiste.

Volete mettere il purgatorio? La gente che puoi incontrare lì? Imperfetta, dunque per definizione interessante. Essendo imperfetto anche tu, puoi fare squadra con gli altri, raggiungere insieme un obiettivo comune. Il fatto è che io, quando un obiettivo l'ho centrato, in genere mi annoio. Preferisco il cammino per conquistare il traguardo al traguardo stesso. Ciò che davvero mi appassiona sono le persone, camminare insieme a loro verso uno scopo, conoscerle, confrontarmi, raggiungere compromessi, aiutare, essere aiutato. Insomma, per me l'obiettivo è come l'orizzonte. Gli vai incontro e lui si allontana. Sono persino contento che si sposti sempre più in là.

In fondo, un obiettivo è una colossale scusa per procedere. Se poi mi capita di raggiungerlo, ne cerco subito un altro. E se, alla fine, obiettivo dopo obiettivo, mi promuovessero in paradiso, penso che tornerei indietro per ricominciare. Tanto lo so che lassù non sarei capace di rigare dritto come si converrebbe.
Anche a Dante Alighieri non dispiaceva il purgatorio, si capisce da come lo racconta, e d'altra parte era appena uscito dall'inferno. Vi ha trovato un cielo azzurro, una gran bella montagna e intorno il mare. Un'isola in pratica, molto attraente, e sapeva che in cima avrebbe raggiunto il paradiso (Virgilio aveva spoilerato tutto).
La montagna è a forma troncoconica ed è divisa in otto parti, una sopra l'altra, tipo torta di matrimonio. Il primo piano, quello più ampio, corrisponde all'antipurgatorio. Poi altre sette cornici (così Dante chiama gli strati successivi della torta), luoghi dove le anime del purgatorio possano riflettere sul vizio capitale che, ahimè, avevano praticato in vita.
Il bello dell'isola, e di quel monte da scalare, è rappresentato dalle persone che Dante incontra e dai ragionamenti che insieme fanno. Ognuna di esse si era distinta per un particolare vizio che, si capisce, è correggibile. Appare chiaro che il purgatorio, mettendoli alla prova con originali supplizi, sta offrendo loro la possibilità di redimersi.
All'ingresso Dante e Virgilio trovano, ad accoglierli, Catone. Attenzione, si tratta di Marco Porcio Catone Uticense detto *Minor* o Il Giovane, per distinguerlo dal bisnonno che conosciamo, tra i tanti suoi soprannomi, come Il Censore. Entrambi bei tipi, persone rette, rivolte al bene pubblico. Ma che aveva fatto di male il nostro Catone per meritarsi il purgatorio? Si era suicidato per non farsi mettere in catene da Giulio Cesare che lui osteggiava, preferendo la repubblica alla dittatura. A mio parere fu un gesto eroico, rinunciare alla vita piuttosto che sottomettersi a quello che lui giudicava un tiranno. Se fosse stato per me, lo avrei mandato direttamente in paradiso. Ma qui si apre una discussione su

chi sia il proprietario della vita e sull'eventualità di poter decidere di rinunciarvi: tema sempre attuale.
Cogliete la meraviglia del purgatorio? Si ragiona, si discute, ci si interroga. E, a differenza dell'inferno, c'è speranza.
Poi Dante attacca la salita, non prima di aver incontrato un sacco di bella gente. Sono le anime che stanno entrando. Tra queste Sordello da Goito, il più celebre trovatore (nel senso di poeta-musicista satirico) dei suoi tempi. Sordello abbraccia il conterraneo Virgilio e questo abbraccio tra due italiani ispira a Dante quella che secondo me è la più bella e attuale tra le digressioni della *Divina Commedia*: «Ahi serva Italia, di dolore ostello».
Vi aggiungo anche le successive 12 parole perché le trovo clamorose: «Nave senza nocchiere in gran tempesta,/non donna di province, ma bordello!». E Dante non si ferma certo qui. Si scaglia contro la corruzione e il mal governo, descrive con parole vibranti la decadenza del potere sia politico sia religioso. Vedete la grandezza del purgatorio? Certe cose, in paradiso, non gli sono poi mica venute in mente. In ogni caso, proporrei Dante Alighieri come immortale senatore a vita della Repubblica italiana (lo farei sedere accanto a Trilussa).

Dante e Virgilio entrano poi nella cornice dedicata ai superbi. Brutto vizio, fa bene l'Alighieri a inventarseli costretti a camminare sotto il peso di enormi macigni, tanto più grandi quanto più si son dimostrati spocchiosi in vita. Chiacchiera con alcuni di loro, tra questi Omberto Aldobrandeschi che spadroneggiò nell'attuale provincia di Grosseto. Omberto si mostrò particolarmente superbo nei confronti dei senesi, che odiava. Oddio, non è che i senesi siano dei campioni di modestia. Infatti, subito dopo, Dante passa a un senese, che non a caso porta un masso ancora più pesante.
Si sale, poi, nella cornice degli invidiosi, vizio orribile. Dante li raffigura con gli occhi cuciti da un filo di ferro, la giusta condanna per chi in vita abbia rivolto sguardi malevoli a quelli più in gamba.

Letteralmente "invidia" significa proprio questo: *in-* (sopra) più il verbo *vĭdēre* (guardare). Tra gli occhi cuciti ci sono anche quelli di Sapìa Salvani, di Siena pure lei. A Dante racconta che era talmente invidiosa dei concittadini più in vista (appunto) che, quando andarono in guerra con i fiorentini, pregò Dio che fossero sconfitti. A questo punto è chiaro che a Dante i senesi non piacessero. Tuttavia, è proprio a Sapìa che il poeta confessa qualcosa di molto personale: «Troppa è più la paura ond'è sospesa/l'anima mia del tormento di sotto,/che già lo 'ncarco di là giù mi pesa». Tradotto (perifrasi con una certa disinvoltura): scusa, Sapìa, se non mi strappo i capelli per il tuo racconto, ma il fatto è che sto ancora pensando al piano di sotto, ai macigni, perché laggiù ce n'è uno bello grosso che mi aspetta, e che già adesso mi sembra di sentirmi sul groppone. Insomma, Dante pronostica che alla sua morte finirà anche lui tra i superbi. E in fondo, mentre lo afferma, inizia già a espiare il suo peccato. Si porta avanti col lavoro, diciamo.
Al piano superiore, gli iracondi sono immersi in una densa fuliggine che impedisce loro di capire ciò che avviene intorno. Qui è facile: gente che in vita tendeva a perdere le staffe e a non vederci più dalla rabbia in purgatorio continua a non vedere un tubo. Tra loro Marco Lombardo, che fu un savio uomo di corte della Marca Trevigiana. Con Marco parte una discussione molto interessante sul libero arbitrio. La mancanza di virtù nel mondo è colpa degli uomini o degli influssi celesti? Il padano, che mostra di riconoscere le proprie colpe, giunge alla conclusione che se il mondo è malvagio la colpa è tutta e solo degli uomini. Ben detto, Marco.
Si passa poi all'accidia e all'avarizia, nella quarta e quinta cornice. L'accidia è l'avversione a operare, un misto tra pigrizia, noia e indifferenza. Figuratevi che cosa potesse pensare Dante di questa categoria umana. Lui, che in un tempo relativamente breve ha scritto tre cantiche, divise in cento canti e migliaia di terzine di endecasillabi, con tutte le rime perfettamente al loro posto, facendosi un mazzo tanto, e nel frattempo ha completato pure altri

cinque libri. Infatti, non li tratta mica tanto bene gli accidiosi che incontra. Li guarda costretti a correre a perdifiato, obbligati a incitarsi l'un l'altro a non perdere tempo, a impegnarsi per amore del bene. Invece dagli avari si ferma a chiacchierare addirittura con un papa, manco fosse una serie di Sorrentino. Si tratta di Adriano V, noto per la sua tirchieria. D'altra parte, che non me ne vogliano i liguri, arrivava da un'antica famiglia genovese. Poveretto, è legato al pavimento roccioso con le spalle al cielo e la faccia a terra, perché si ricordi di essere stato, nella vita, troppo rivolto ai beni materiali. Dante prova pietà per lui e si rallegra che l'ex pontefice sia deciso a espiare la sua colpa. Adriano V si dice convinto di riuscire a guadagnarsi il paradiso nel giro di... qualche secolo.
I tempi del purgatorio di Dante erano quelli, nel nostro (tranquilli) faremo prima.
Andiamo direttamente alla VII cornice, saltando la sesta. Tra poche righe capirete perché.
All'ultimo piano della torta ci sono i lussuriosi, colpevoli di troppa dedizione ai piaceri sessuali. Dante li guarda perfino con una certa simpatia mentre, poverini, sono alle prese con un muro di fiamme che li circonda. Tra i lussuriosi ci mette un poeta, Guido Guinizelli, che lui stima particolarmente, lo considera l'inventore del Dolce Stil Novo e come tale lo apostrofa: «[...] padre/ mio e de li altri miei miglior che mai/ rime d'amore usar dolci e leggiadre».
Opinione personale: chissenefrega se gli piacevano tanto le donne, magari fu proprio quello a ispirarlo nello scrivere versi sublimi sull'amore. Anche Guido lo avrei spedito difilato in paradiso.
Ho lasciato per ultima la VI cornice perché su quella non sono per niente d'accordo con il Sommo Poeta. La gola un vizio? Ma siamo matti? Con tanti viziacci ancora in giro a piede libero e per nulla contemplati dal purgatorio, brutti difetti che recano danno al prossimo e all'umanità intera, ci andiamo a mettere la gola? La quale, tutt'al più, può danneggiare te stesso, ma certo non offende il prossimo tuo. Riguardateveli gli altri sei vizi capi-

tali, sono tutti comportamenti dannosi per gli altri. Che c'entra la gola? E poi la pena inflitta, in quella cornice, la trovo francamente eccessiva. Farli stare in un ambiente bucolico e bellissimo, sotto gonfi alberi da frutta, circondati da ricchi orti – un agriturismo, grosso modo – senza poter mangiare nulla, magri da fare spavento. E che diamine!

No, nel mio purgatorio la gola non ce la metto. Nel posto che si libera ci piazzo un vizio vero, il pessimismo. Passare l'esistenza pensando che i problemi non si possano risolvere complica la vita anche a chi ti sta intorno, crea infelicità sia personale che sociale. E ne avrei un bel po' di personaggi da ficcarci dentro, presi dalla politica, dalle corporazioni, tra i giornalisti, scelti nei vari talk televisivi. Ma ora non sto qui a far nomi.

Mentre invece state tranquilli che Lucullo, Enrico VIII, Caterina de' Medici, Luciano Pavarotti, Luigi Veronelli, Gianni Brera, Paul Bocuse e Gualtiero Marchesi li schiaffo direttamente in paradiso, per non parlare di Artusi e Brillat-Savarin, che farei proprio santi. E a proposito di santi, Francesco viene collocato da Dante in paradiso, e ci mancherebbe altro. Ma forse non sapeva, il sommo poeta, che il purissimo asceta di Assisi era ghiotto di *mostaccioli*. Sono dolci di farina impastati con miele, droghe e mosto cotto. Roba da veri golosi!

24

La trentanovesima mossa

Berlino, 1820-oggi

Il libro si intitola *L'arte di ottenere ragione*, e per me il sottotitolo potrebbe essere: *Soprattutto quando non ce l'hai*. È infatti per questa circostanza che l'autore dà il meglio di sé nel suggerire mosse – in tutto sono 38 – da mettere in atto per uscire vincitori da qualunque situazione conflittuale. L'ipotesi che la ragione possa essere un fatto oggettivo non è neppure contemplata. Anzi in natura, secondo l'autore, la ragione neppure esiste. Per esempio, hai tamponato? Si sa che chi tampona ha sempre torto, no? Macché, non è mica detto. Usa la numero 5 del libro, oppure la 8, ma può andar bene anche la 33, e vedrai che la colpa ricadrà su quell'altro, sul povero cristo che hai tamponato. Talmente cinico 'sto libro (siate sinceri, se ancora non l'avete letto, vi è venuta una voglia matta di dargli una sbirciata) che in tempi come i nostri va a ruba. E l'autore, che l'ha scritto verso la metà dell'Ottocento (quando a tamponarsi potevano essere al massimo le carrozze con cavalli) ma non ne ha visto la pubblicazione, gode di straordinaria – a mio parere immeritata – fama. Ma andiamo con ordine.

Siamo nel 1820, a Berlino. Allora la Germania era una Confederazione ed era formata da 39 stati sovrani. La capitale centrale era Vienna, sotto il regno dell'Impero asburgico e a comandare, come cancelliere di Stato, l'anno successivo ci sarebbe stato un austriaco: Metternich. A Berlino spirava un vento liberale e allo stesso tempo indipendentista, gli ideali della Rivoluzione francese avevano influenzato in particolare i giovani intellettuali. Dunque, il covo in cui venivano coltivati era l'università. Tra gli insegnanti vi era una autentica star: Georg Wilhelm Friedrich Hegel, il più grande filosofo del tempo.

Ottimista e idealista, Hegel amava il vino, in particolare il Lacryma Christi, vino del Vesuvio che faceva arrivare da Pompei. Le sue lezioni erano leggendarie, affollatissime. Hegel sosteneva che scopo della politica è la ricerca della libertà. La libertà è il valore centrale cui deve uniformarsi l'organizzazione della società e dello Stato. La libertà è l'essenza dell'uomo e quindi l'uomo è l'idea vivente della libertà. Figuriamoci quanto certi concetti infiammassero gli animi dei giovani studenti in quella Berlino oppressa da Vienna.

Ebbene, nel 1820, dopo tanto tribolare, finalmente ottenne una cattedra nella stessa università anche Arthur Schopenhauer. L'esatto contrario di Hegel: la vita è noia e dolore, non esiste la verità, figuriamoci la libertà, tutto è illusorio. Arthur odiava Friedrich, lo considerava uno che metteva la filosofia al servizio dello Stato, in sostanza un mercenario accademico. E non perdeva occasione per esternare i suoi sprezzanti giudizi. L'altro non se lo filava minimamente e questo faceva ancora più imbestialire Schopenhauer, tanto che decise di lanciare una sfida al suo più celebre collega. Modificò gli orari delle proprie lezioni in modo che fossero in concomitanza con quelle di Hegel. All'inizio qualche studente lo vide arrivare, poi sempre meno, fino all'aula deserta. Hegel, che forse manco si era accorto di essere in sfida, lo sconfisse clamorosamente. E Schopenhauer la prese con sportività (più o meno): «Io non ho scritto per gli imbecilli, ecco perché il mio pubblico è ristretto» disse commentando la *débâcle*. Insomma, la colpa era degli altri, mica sua. Un misantropo, con punte olimpiche di misoginia. Un giorno prese a spintonate una sua vicina di casa perché lo disturbava con continui rumori, o almeno così lui sosteneva. La poverina cadde dalle scale e riportò danni permanenti.

Il filosofo venne condannato a versare alla donna un'indennità di 50 talleri al mese, fino alla morte della stessa, che avvenne circa vent'anni dopo.
Poiché riteneva che il sesso fosse un'attività dalla quale era bene astenersi, in quanto l'unica sua vera funzione era quella di procreare (e lui non ci pensava proprio a far figli), e poiché i maschi in teoria potrebbero generare anche cento figli all'anno, mentre le donne, in pratica, non più di uno, ebbene, Schopenhauer considerava il tradimento molto più grave se a perpetrarlo fosse stata una donna.
Aggiungo che alla sua morte, nel 1860, lasciò tutto il suo patrimonio al corpo dei poliziotti, gli stessi che avevano fermato i moti rivoluzionari del 1848 a suon di fucilate e morti per strada.
E dire che era un uomo molto colto, aveva letto tantissimo, e alcuni suoi ragionamenti erano sostenuti da pensieri profondi. Non stiamo parlando di un tipo rozzo e ignorante. Verso la fine della sua vita, dopo una sequela di fiaschi, arrivò anche al successo letterario. La sua opera ispirò diversi filosofi tra cui Nietzsche, e perfino ai nostri tempi gode di molti fan, gente evidentemente attratta da frasi come questa: «La vita umana è come un pendolo che oscilla incessantemente tra dolore e noia, passando attraverso l'intervallo fugace, e per di più illusorio, del piacere e della gioia». Allegria.

Avrete certamente intuito che fu Arthur Schopenhauer a scrivere *Eristische Dialektik. Die Kunst, Recht zu behalten*, ovvero *L'arte di ottenere ragione*. Chissà, magari l'idea gli era venuta dopo la storia con la vicina di casa, quando il tribunale gli aveva dato contro. Lì si sarà detto: ma come, uno non può neppure scaraventare giù per le scale una donna? Bisogna assolutamente porre rimedio.
Il testo, come ho ricordato all'inizio, è articolato in 38 stratagemmi o mosse. Per esempio, il numero 5 potrebbe tornarvi buono quando tamponate qualcuno e si può riassumere con *False proposizioni*.

Usare tesi false ma vere *ad hominem*, sfruttando i preconcetti e pregiudizi dell'avversario. Il numero 8 in quest'altro modo: *Provocazione* ovvero suscitare l'ira dell'avversario per confonderlo. Il numero 33 con *Vero in teoria, falso in pratica*: ammettere con questo sofisma le ragioni e tuttavia negarne le conseguenze.
E i restanti non sono meno cinici di queste tre.
Cioè, metti che sei lì con il tizio che hai appena tamponato. Hai 38 possibilità di farla franca, dice Schopenhauer, tra le quali: insultare il tamponato fino a fargli perdere le staffe, così magari non si ricorda nemmeno più la dinamica dell'incidente; riconoscere che in teoria la colpa è sempre di chi tampona, ma in pratica che cavolo ci faceva, lui, fermo in mezzo alla strada? Oppure, una volta constatato che il tamponato è un terrapiattista, dichiarare che ti eri distratto perché stavi pensando alle scie chimiche, o a Neil Armstrong che non è mai stato sulla Luna, o al fatto che da quando ti hanno iniettato Pfizer prendi benissimo col cellulare, anche in galleria, e a quel punto tu e il tamponato dovreste diventare amici per la pelle.
Per quanto mi riguarda, egregio professor Schopenhauer, la voglio informare che non voglio avere sempre ragione. Dunque, se permette, aggiungo una mossa, la numero 39. La riassumerei così: *Mea culpa* ovvero quando capite di non aver ragione, ma anche quando vi sembra che i torti siano equamente distribuiti tra le parti (spesso succede), prendetevela voi la colpa. Farete bella figura e vedrete che, sottolineando le ragioni dell'altro e chiedendo scusa, alla fine vi sentirete meglio. Dite al tamponato: «Mi spiace, sul serio, spero non si sia fatto male». Dategli gli estremi dell'assicurazione e la prossima volta state più attenti. Ci guadagnerete in salute, ne sono convinto.
Ultimamente, quando racconto in giro questi miei ragionamenti, non vedo troppe facce condiscendenti. L'aula di Schopenhauer di questi tempi è gremita come non mai. Ma io non demordo. E, alla salute di Hegel, mi bevo un buon bicchiere di Lacryma Christi. Buono!

25

Voglio una scala

Roma, 1973

Chi sia Tonino Guerra lo dicono le sue stesse parole, per esempio queste: «L'aria è quella cosa leggera,/che sta intorno alla tua testa/e diventa più chiara quando ridi». Oppure queste altre: «Contento proprio contento/sono stato molte volte nella vita/ma più di tutte quando mi hanno liberato in Germania che mi sono messo a guardare una farfalla senza la voglia di mangiarla».

Ha sceneggiato tutti i film di Antonioni, quasi tutti quelli di Fellini, ha collaborato con Rosi, Wenders, Angelopoulos, Taviani e Tarkovskij, per citarne solo alcuni. Ha scritto diverse raccolte di poesie e racconti straordinari. È stato pittore e scultore. Ha perfino fatto la pubblicità per me, e per questo si è preso rimproveri, ma lui non ci badava. Si era divertito un mondo a telefonare a Gianni per spiegargli che l'ottimismo è il profumo della vita. E doveva urlarglielo, perché Gianni, il suo migliore amico di Pennabilli, era completamente sordo.

Di *Amarcord*, che si è meritato un Oscar a Hollywood, diceva: «Con questo film mi pare che Federico e io siamo riusciti a regalare l'infanzia al mondo».

Un giorno lo invitai a Torino per una proiezione proprio di *Amarcord*. Se ne avesse avuto voglia, avrebbe potuto commentarlo in diretta. Non si fece pregare. A ogni scena interrompeva il film per raccontare com'era nata. Per esempio, l'idea di issare Ciccio Ingrassia su un albero, e di fargli urlare «Voglio una donnaaaa», gli era venuta leggendo un trafiletto sul giornale, dove si raccontava

di un uomo che, dalla finestra di un manicomio, gridava appunto quella frase. Tonino ne era rimasto colpito e aveva deciso di infilarla nel film. A questo scopo si era inventato il personaggio di Teo, lo zio matto.
Succede spesso che nelle famiglie di campagna ci sia lo zio celibe (in Langa lo chiamiamo il *barba nen marià*, lo zio non sposato), e a volte si tratta di persone particolari, per così dire. Fellini e Guerra sostituirono la finestra del manicomio con un grande olmo centenario, piantato nel bel mezzo del podere, uno di quegli alberi che vedono passare la storia, diverse generazioni di famiglie.
Il punto era: a chi lo facciamo interpretare il personaggio di Teo? Ciccio Ingrassia sarebbe stato perfetto, ma come convincerlo ad accettare la parte? Ingrassia usciva da un pesante esaurimento nervoso dovuto alla recente rottura con lo storico compagno di gag Franco Franchi, e poi non aveva mai recitato in ruoli simili. Lui, Ciccio, fino ad allora era stato un comico puro. Per di più si trattava di una parte davvero minuscola, con un'unica battuta. E infine, come se non bastasse, una volta persuaso dai parenti a scendere dall'albero, zio Teo avrebbe dovuto farsela addosso.
Insomma, bisognava che Ingrassia ingoiasse tutto questo. Forse solo uno come Tonino Guerra poteva riuscirci. «D'accordo Ciccio» gli disse, «è solo una battuta, ma è clamorosa, e dovrai ripeterla molte volte. Nessun altro può dirla come vorremmo noi. Anzi, non dirla, urlarla. Sarà il pezzo più poetico del film, credimi, tutti se lo ricorderanno. E tu entrerai nel mondo dei film d'autore, vedrai in quanti ti chiameranno dopo».
Ora, cercate di immaginarvi Ingrassia issato con un carrello elevatore tra i rami di un grande olmo finto nel mitico Studio 5 di Cinecittà, terrorizzato dal pensiero che quei falsi rami si potessero spezzare. Gli fecero ripetere «Voglio una donnaaaa» centinaia di volte. Con Fellini che, al megafono, gli urlava: «Falla più tragica, devi sembrare disperato». Mentre, da sotto Tonino gli sussurrava: «Falla anche un po' gioiosa, devi sembrare matto». Povero Ingras-

sia, ci vollero giorni per ottenere un risultato che accontentasse entrambi, regista e sceneggiatore. Una volta, in una pausa pranzo, se lo dimenticarono sull'albero e Ciccio, rimasto solo, prese a urlare: «Voglio una scalaaaa», con la stessa tragicità che ci aveva messo nel dire la battuta del copione.
Ancora me lo vedo Tonino che ci racconta questo episodio, facendoci sbellicare dalle risate.

Una delle cose che più piaceva a Tonino Guerra era aspettare (magari non in cima a un olmo finto...). Sì, proprio il restare in attesa di qualcosa o qualcuno. Sosteneva che le idee migliori gli fossero venute mentre stava aspettando. Per questo arrivava sempre in anticipo agli appuntamenti, partendo da casa ben prima del necessario. Lui e Fellini si trovavano in armonia anche su questo. Erano due campioni mondiali dell'attesa.
Una mattina, a Roma, i due si erano dati appuntamento a casa di Tonino. Federico sarebbe passato a prenderlo alle dieci, per poi andare con lui a un incontro di lavoro, previsto per le undici. Già quel margine di un'ora era uno sproposito, visto che il luogo dell'incontro si trovava ad appena due isolati dalla casa di Tonino. Ebbene, Fellini citofonò alle otto: «Tonino, son quaggiù. Ma tu fai con calma». Prevedendo che il suo amico avrebbe anticipato, Tonino era già pronto da un bel pezzo, ma sapendo anche che gli avrebbe fatto piacere aspettare, scese comunque dopo mezz'ora. Lo trovò che guardava estasiato l'imbottigliamento delle automobili nella via. Restarono per una altra mezz'ora buona a osservare le facce degli automobilisti bloccati nel traffico, in silenzio. A quel punto erano le nove, all'incontro mancavano ancora due ore, così decisero di andare dal parrucchiere. Fellini aveva grossi problemi con i capelli, non gli stavano mai in ordine e poi ne perdeva parecchi. Ogni volta cercava un parrucchiere diverso e ogni volta lo assillava con mille domande, indagando sui possibili rimedi alla caduta dei capelli. E così Tonino si offrì di accompagnare Federico

dal suo, di parrucchiere, che distava qualche centinaio di metri. Era ancora chiuso, aspettarono: un piacere. Passò un quarto d'ora e si aprì la serranda. Il parrucchiere era onorato di servire il maestro, ancora non sapeva della mitragliata di quesiti a cui sarebbe stato sottoposto. Nel frattempo, Tonino se la rideva, accomodato in attesa, su una poltrona.

Uscirono dal povero parrucchiere distrutto dall'interrogatorio, e si avviarono verso l'incontro programmato, ma occorreva gestire ancora un'oretta. Nessun problema, anzi. Passarono davanti a un negozio di cravatte, a Fellini venne voglia di comprarsene una, entrarono. Il giovane commesso riconobbe il regista e si dichiarò, pure lui come il parrucchiere, onorato di servirlo. «Preferenze, maestro?». «Faccia lei, me ne mostri qualcuna». Passarono almeno tre quarti d'ora prima che Fellini ne trovasse una che gli piacesse vagamente, e al commesso erano già venuti i sudori freddi a forza di prendere cravatte, estrarle dalla confezione, farle tastare al cliente, illustrarle e riporle. In più c'era l'emozione, il desiderio di far bella figura con Fellini. Il quale in definitiva decise che no, nemmeno quella cravatta gli andava bene. Sarebbe stato così gentile, il commesso, da mostrargliene qualcun'altra? Intanto, Tonino era lì che si gustava la scena, sornione. Era evidente che Fellini ci aveva preso gusto, che si stava divertendo un mondo a saggiare le reazioni del commesso. Magari stava già immaginando un personaggio del prossimo film, non era da escludere.

Mancava ormai soltanto un quarto d'ora all'appuntamento, quando Fellini finalmente disse: «Prendo questa, quant'è?». Il commesso tirò un sospiro di sollievo, forse non ci credeva più che sarebbe arrivato questo momento. «Venticinquemila lire, grazie». E Fellini: «Facciamo venti?». Il commesso lo guardò sbigottito, di più: si fece paonazzo e indicò il cartello (allora usava), bello in vista, che a caratteri cubitali proclamava: NON SI FANNO SCONTI. Ma il maestro insistette: «Su, da noi in campagna si fa così, uno chiede e l'altro offre. Insomma, ventiduemila?». A quel punto il commesso

esplose, e che cavolo. Lui sarà pure Federico Fellini, d'accordo, ma quello era un negozio rinomato, che notoriamente praticava prezzi corretti, proporzionali alla qualità offerta, uguali per tutti.
Fellini non fece una piega. Si limitò a estrarre tre biglietti da diecimila dal portafoglio, li consegnò al giovane, prese la cravatta e girò i tacchi per uscire. Si trovava già sulla porta quando il commesso, sventolando un biglietto da cinquemila lire, urlò: «Maestro, maestro! Il resto!». Il registra si voltò, si ricompose i capelli (già spettinati, nonostante il parrucchiere), lo guardò con una pausa da consumato attore e sentenziò: «Io non accetto il prezzo fisso. Se lo tenga il suo resto», e se ne andò.
Rimasero Tonino e il ragazzo a guardarsi, basiti entrambi. A quel punto lo sceneggiatore si ricordò che doveva fare il suo mestiere e decise di completare la scena. D'un balzo afferrò la banconota: «Non si preoccupi, gliela porto io». E pure lui uscì ma, non ancora superato l'uscio, se la mise in tasca.
Quel giorno, dopo l'appuntamento di lavoro, i due se ne andarono al ristorante, naturalmente da Cesarina. Tortellini per Federico (ma lui li chiamava cappelletti, come d'uso in Romagna) e maltagliati con i fagioli per Tonino. Con Lambrusco di ordinanza. Il regista guardò l'amico poeta che, fregandosene delle buone maniere, risucchiava rumorosamente il brodo d'amalgama della pasta con i fagioli: «Scommetto che li hai presi tu quei cinquemila».
Tonino sollevò gli occhi dal piatto e, sforzandosi di avere un'aria stupita, disse: «Proprio non capisco di cosa parli, sai Federico?».
Si sorrisero.
E ricominciarono a mangiare.

26

Alla radice

Francia, 1866-Italia, 1930

Siamo a Châteauneuf du Pape, lungo la parte meridionale del Rodano. Pierre de Beaucastel, mitico produttore di Grenache e Clairette, sta camminando tra i filari della sua vigna più bella, quella totalmente rivolta a sud. È il giugno 1866, e da qualche tempo Pierre compie questa ispezione ogni giorno. A partire da maggio sono comparse delle macchie rosse sulle foglie, un fenomeno che nelle sue trenta e passa vendemmie non aveva mai visto.

Appena svolta tra il quarto e il quinto filare si imbatte in tre piante morte. Strano, ieri non erano certo in bello stato, avevano le foglie tutte maculate, ma di sicuro erano ancora vive. Possibile che siano tracollate in una sola notte? Nel pomeriggio Pierre va in paese per parlarne con il priore agrario. Non è il primo che racconta di quelle strane macchie sulle foglie, ma nemmeno il priore conosce quel tipo di malattia. Gli consiglia di aumentare le quantità di zolfo nei trattamenti; come se Pierre non lo avesse già fatto. A luglio metà della sua bella vigna è morta. A settembre zero raccolto. Pierre è disperato.

Comincia così l'incubo della fillossera. La più grande pandemia, nel mondo vegetale, che si sia mai verificata in Europa. L'anno successivo, la malattia si estende nella zona di Bordeaux, poi in Nuova Aquitania, sale nella Champagne e scende in Borgogna. Ma il piccolo insetto color ocra non si accontenta della Francia. Nel giro di pochi anni invade Italia, Germania e Spagna. Mezza Europa resta

senza vino, le viti muoiono una dopo l'altra. Tra il 1875 e la fine del secolo la produzione europea cala del 70%.
Ci volle il talento, il coraggio ma soprattutto il fervore di un uomo, per scoprire le origini della catastrofe e trovarne la soluzione. Se non fosse stato per lui forse oggi berremmo tutti soltanto birra.

Jules-Émile Planchon era il capo del dipartimento di Botanica dell'università di Montpellier. Un uomo molto stimato, gran lavoratore, anche un po' invidiato. Già nel 1867, appena un anno dopo le prime segnalazioni dalle campagne, viene messo alla guida di una commissione speciale di indagine. Planchon si getta a capofitto nel lavoro. Il grosso del tempo lo passa in vigna, vuol capire che succede, perché incredibilmente le viti colpite dalla malattia non offrono evidenze in merito alle cause. Perfino al microscopio non appare nulla di strano. Ma il botanico non è tipo da arrendersi. Inizia a studiare le piante sane vicino a quelle malate e scopre che sono infestate da migliaia di mostriciattoli giallastri, i quali hanno la stravagante capacità di riprodursi senza accoppiarsi. Una sorta di afidi ermafroditi, avidi del succo delle viti. Nel 1868 Planchon, dopo aver l'isolato l'insetto e studiato le sue abitudini, rendendo pubblica la sua scoperta al congresso annuale della viticoltura francese, rivela il suo sospetto. Quelle bestiole probabilmente arrivano dagli Stati Uniti d'America, se ne sono venute insieme a delle barbatelle americane importate da alcune aziende agricole francesi. Ma i produttori non gli credono. Troppo orgogliosi per ammettere di aver chiesto aiuto agli Usa per migliorare la più osannata viticoltura al mondo. E partono autonomamente con le contromosse. C'è chi è convinto che con dosi massicce di solforazione dei terreni gli afidi muoiano: macché. Altri inondano le vigne, persuasi di far annegare gli insetti, invece quelli nuotano come ranocchie. Planchon al contrario si mette in cammino per cercare la sorgente del male, ed è una strada lunga. Va in America ed è lì che ritrova i perfidi

animaletti, gli stessi che divorano le piante francesi. Ma scopre che sulle viti americane non fanno danni. Nel corso dei secoli le radici d'Oltreoceano sono riuscite a sviluppare gli anticorpi necessari per non ingolosire più quei dannati fitofagi della vite. Ed ecco l'idea di Planchon: innestare le piante autoctone francesi su piede americano. Tornato in patria cerca di convincere i viticoltori, ci prova e ci riprova, fino a quando non appare evidente che la sua ricetta è l'unica in grado di risolvere il problema – è veramente il caso di dirlo – alla radice.
Gli avevano dato del ciarlatano, i più magnanimi lo chiamavano "il sognatore". Al contrario Jules-Émile Planchon era un uomo concreto, un grande scienziato ottimista. Non aveva mollato mai, aveva percorso in lungo e in largo la nazione intera, aveva spinto il governo a intervenire pesantemente, d'altra parte la vitivinicoltura occupava allora un terzo della forza lavoro francese. E alla fine aveva vinto. Tutti dovettero ricredersi e adottare la soluzione da lui ideata. Che funziona ancora oggi, dopo un secolo e mezzo. Nel 1889, cioè dopo circa vent'anni dalla prima apparizione della filossera, l'epidemia in Francia era praticamente debellata. Nel 1895 la produzione del vino dei cugini era quasi tornata ai livelli pre-fillossera.

Di anni ne occorsero ben di più in Italia. A noi non toccò la fortuna di avere un Planchon indigeno. Ma forse non sarebbe neanche bastato un tipo come lui per domare la tristemente nota vocazione alla polemica del nostro Paese. Le resistenze dei nostri contadini furono ben più tenaci di quelle francesi, anche più varie e fantasiose nelle loro forme: maledizioni contro gli untori francesi, una ostinata riluttanza ad adottare "piedi" americani, tentativi maldestri, pratiche al limite della stregoneria. Neppure il governo italiano brillò per spirito di iniziativa, e dire che sarebbe bastato guardare a cosa era stato fatto in Francia. Insomma, nel 1930, quarant'anni dopo le prime avvisaglie italiane, la filossera imperversava ancora nella nostra Penisola. Ci vollero altri dieci anni per venirne a capo, appena in tempo per dichiarare guerra ai cugini. E mica per averci trasmesso la fillossera. Come sapete vi erano altre ragioni, per certi versi ancora più stupide.

Ci siamo dimostrati stupidi anche nel terzo millennio, parliamo di pochissimi anni fa, nei confronti di un'altra drammatica epidemia del mondo vegetale, la *Xylella fastidiosa*, che ha devastato i meravigliosi uliveti del Salento. Ci siamo incartati in un groviglio di polemiche tra magistratura, gruppi spontanei, media, politica e produttori. L'unico rimedio radicale (ormai questo è chiaro) consiste nell'espiantare gli ulivi infestati, fino a creare una zona franca di alcune centinaia di metri dalle piante sane. Prima si fa, meglio è. Ma in Puglia è partita la caccia agli untori, sembrava una storia del Manzoni. La magistratura dava credito ai sospetti di congiura e metteva sotto sequestro i terreni, gruppi di complottisti si scagliavano contro la Monsanto accusandola – a torto – di aver diffuso volontariamente il batterio, gli ambientalisti abbracciavano gli ulivi, i politici bisticciavano tra loro, i giornali davano voce alle tesi più strampalate: insomma tutto fuorché dar ascolto alla scienza. Risultato: un sacco di tempo perso, 50 000 ettari devastati, quattro milioni di piante morte, il 10% della produzione nazionale perduta. E purtroppo la *Xylella* circola ancora.
E qui, di nuovo, uno potrebbe pensare: peccato non avere un Planchon italiano. Errore. Perché di Planchon ne abbiamo eccome, nel nostro Paese. Ci sono, credetemi. Vanno solo finanziati nelle loro ricerche. E poi, naturalmente, vanno ascoltati.

27

Il vino delle tenebre

Narzole e Monza, marzo 1986

Quella che sto per raccontarvi è la storia di due uomini che non si sono mai né frequentati né parlati. Eppure, le azioni dell'uno hanno determinato lo sconvolgimento della vita dell'altro. Si sono sfiorati una volta sola, al processo, dove stavano a pochi metri di distanza. Tuttavia, uno solo dei due ha potuto vedere l'altro, perché Enzo Binotto nel frattempo era diventato cieco. In compenso ha ascoltato il Cavaliere Giovanni Ciravegna mentre rispondeva agli interrogatori, ne ha sentito l'odore, sua moglie gli ha descritto il suo aspetto. Avrebbe voluto dirgli qualcosa, ma non ha potuto, o forse non se l'è sentita, Enzo è un uomo timido. Timido e buono.

Questa brutta storia inizia nei primi mesi del 1986. Giovanni Ciravegna è Cavaliere del Lavoro, uno dei personaggi più in vista di Narzole, un paese che affaccia sul fiume Tanaro proprio di fronte alla zona del Barolo, nelle ultime propaggini delle Langhe verso Cuneo. Di mestiere Ciravegna fa il commerciante di vino, come tanti a Narzole. Tra le colline dove prendono vita alcuni tra i più rinomati vini al mondo, esiste una parola in dialetto, *narzulin*, per indicare chi il vino lo fa senza possedere vigneti, cioè compra partite sfuse di vino già bell'e fatto, un po' da tutt'Italia, poi lo assembla, lo "lavora" e infine lo rivende. E a quei tempi, quando non esistevano ancora i disciplinari e i rigidi controlli di oggi, un vino così si poteva magari battezzare Barbera del Piemonte. Diciamo che *narzulin* non era propriamente un termine benevolo.

Un peccato, perché il paese è bello, ci abita brava gente e anche allora vi era chi lavorava con onestà.
Ciravegna, a giudicare dalla condanna, non si può annoverare tra questi. Compra una partita piuttosto importante di vino dal Sud. Lui sostiene di non averlo pasticciato, di averlo rivenduto così com'era, ma la sentenza definitiva del processo dice il contrario. Insomma, ne vende una parte a un altro commerciante della provincia di Asti, la cui specialità è metterlo in bottiglia e consegnarlo ai supermercati come vino da primo prezzo: 1990 lire per un bottiglione da due litri, per intenderci. Passano poche settimane e quel vino è sugli scaffali di molti supermercati italiani.
Domenica 2 marzo 1986 Enzo Binotto ha ospiti a pranzo, ma non ha vino in casa. Avvisa uno degli invitati che passa al supermercato, dalle parti di Monza, e lo compra. Sceglie il più economico, d'altra parte l'etichetta recita Barbera del Piemonte, una garanzia. Per fortuna ne bevono poco o niente, quel vino non è che fosse una prelibatezza. Enzo invece non lo trova male e se ne fa un bel bicchiere.
Aveva trentanove anni – racconta in un'intervista televisiva del 2006 – una moglie e due figlie, una gran bella famiglia. Di mestiere faceva il tornitore, un lavoro di precisione che gli piaceva tanto. Con mille sacrifici aveva messo su una fabbrichetta artigianale, aveva pure qualche operaio. La sera stessa, dopo quel pranzo, non si sentiva in forma. Strano, perché non aveva mangiato molto e la moglie aveva sempre cucinato cibi sani. La mattina dopo non sapeva se andare al lavoro, si sentiva fiacco, la vista un po' annebbiata. Ma ci va, c'erano ordini da smaltire e debiti da pagare. Durante il viaggio in macchina si è ferma per pulire i vetri, gli sembrava ci fosse una gran nebbia. Ricorda che in fabbrica non riusciva a vedere un operaio che stava a venti metri da lui. Guarda l'orologio a muro che segna le nove e dieci, si volta e cade, il buio, di colpo è diventato cieco. Da allora non

ha più visto nulla, tutto è nero. Non dimenticherà mai quell'ultima visione, quell'orologio e quell'ora restano impressi nella sua mente. Non ha più potuto vedere sua moglie, sua mamma... le figlie che nel frattempo sono diventate grandi. Fa il telefonista al centralino del comune di Muggiò, vicino a Monza. È paradossale perché se c'era una cosa che odiava era il telefono, quando squillava si trattava immancabilmente di un cliente che si lamentava per un ritardo nella consegna, oppure era la banca che chiedeva il rientro. Adesso – racconta nel 2006 – risponde a centinaia di telefonate al giorno. All'inizio è stata dura, molto dura, pensava di diventare pazzo. Alla Rai ha poi dichiarato di essersene fatto una ragione dopo anni, cercando di prendere il meglio dalla vita per ciò che gli rimaneva... senza la vista: «Io almeno non sono morto, come è successo a tanti altri a causa di quel vino sofisticato. Non ho ricevuto una lira come risarcimento. Non lo trovo giusto, ma non è questo il mio principale dispiacere».

Il metanolo viene principalmente usato nell'industria per la produzione di acido acetico, che a sua volta è un intermedio importante per materie plastiche e altri prodotti. Inoltre, dal metanolo si ricava l'etere dimetilico che può essere utilizzato nei combustibili per jet e nel diesel, oltre che come solvente e liquido refrigerante. Ma alcuni sofisticatori avevano scoperto che, aggiunto al vino, il metanolo aveva grosso modo gli effetti dell'alcol etilico, con il vantaggio che costava molto meno, perché era esente da tasse.
Di qui l'idea: acquisire dalle zone del Sud Italia vinelli a bassa gradazione, che nascevano da viti sfruttate al massimo delle loro potenzialità, dar loro forza a suon di metanolo, infine metterli sul mercato a prezzi super-concorrenziali spacciandoli per Barbera o altri nobili vini del Piemonte.
Il metanolo, se assunto in dosi massicce, provoca danni irreversibili al fisico umano. Porta alla cecità assoluta e può anche provocare la morte. Le vittime da intossicazione furono 153, se-

condo i dati ufficiali. In 19 persero la vita, 11 ne uscirono ciechi per sempre – Enzo Binotto è tra questi – e quattro con la vista indebolita.

I vari processi durarono cinque anni. Alla fine, i condannati furono 11, ma il principale colpevole venne riconosciuto nel cavalier Ciravegna, che si beccò quattordici anni di carcere e l'obbligo di pagare buona parte dei quattro miliardi di lire stabiliti a titolo di risarcimento per le vittime. La sentenza definitiva parla chiaro: «Associazione per delinquere, omicidio volontario plurimo, lesioni gravi, adulterazione di sostanze alimentari».

Giovanni Ciravegna di anni in prigione ne passò dieci, ma non pagò mai una lira di risarcimento perché, nel frattempo, era diventato nullatenente. Nell'intervista che gli ha fatto la stessa trasmissione del 2006, quella in cui parla Binotto, sostiene senza battere ciglio di essere innocente. Di essersi semplicemente fidato di gente che conosceva. I giudici avrebbero dovuto indagare meglio. È lui la vera vittima. Perché non ha risarcito? Perché si ritiene innocente. Quello che ha pagato di più per quel vino sono io.

Alla naturale obiezione dell'intervistatore, il quale ricorda a Ciravegna che ci sono stati morti e persone rimaste cieche, lui ribatte: «Io guardo a me, non mi interessano gli altri, non ho la colpa e sono stato io a subire il danno maggiore».

L'intervistatore ribadisce che stiamo parlando di 19 morti e 11 casi di cecità.

E Ciravegna ripete: «Sono stato io il danneggiato, non mi interessano gli altri». Egoismo allo stato puro. Oddio, puro: semmai al metanolo. Non una parola di pietà nei confronti di chi è morto per colpa del suo vino – lo afferma la sentenza oltre ogni ragionevole dubbio – o per quelli che ci hanno rimesso la vista, per le famiglie coinvolte. Niente.

Vale la pena di risentire Binotto, tanto per apprezzare le differenze e recuperare un po' di stima nei confronti del genere umano:

«All'inizio è stata dura, molto dura, pensavo di diventare pazzo. Ora me ne sono fatto una ragione, cerco di prendere il meglio dalla vita per ciò che mi rimane... senza la vista. Io almeno non sono morto, come è successo a tanti altri per quel vino sofisticato».
Misericordia fraterna, empatia, volontà di reagire. Sentimenti non intaccati neppure dal metanolo.

Ma in questa storia del vino sofisticato ci fu un'altra vittima, ossia il vino stesso, e non solo quello piemontese. A partire dal giorno successivo allo scoppio dello scandalo, le vendite calarono del 40% sul mercato italiano, ma soprattutto all'estero, e in modo indiscriminato. Perfino i produttori celebri per il gran pregio dei loro vini subirono la stessa sorte. Fu un'apocalisse che durò almeno due anni.
Quando si tocca il fondo viene naturale lamentarsi, distribuire colpe, stramaledire i responsabili, abbattersi. Ma non dev'essere così per forza. Ce lo dimostra Binotto – con le sue parole e con il suo esempio – e ce lo racconta anche il finale della storia. I produttori di vino, specialmente quelli delle Langhe che furono i più colpiti, si rimboccarono le maniche e per rinascere puntarono tutto sulla qualità. Oggi, dopo trentasei anni, i vini di queste meravigliose colline sono in vetta alle vendite nei migliori mercati del mondo. Perché i *langhetti* lo sanno che nelle difficoltà si lavora sul rimbalzo. Tocchi il fondo e da lì ti dai la spinta per tornare su.
Ma, per quanto siano stati bravi nella riscossa, la loro sciagura non è minimamente comparabile a quella che ha colpito Enzo Binotto, al quale va tutta la mia ammirazione. E spero anche la vostra.

28

Come una biglia

Budapest, 1937

László nasce a Budapest nel 1899 da una famiglia ebrea. È sottopeso, per giunta fa un freddo becco, rischia di morire appena nato. Per dire in che razza di contesto sia venuto al mondo, la mamma lo salva infilandolo in una specie di incubatrice di sua invenzione: prende una scatola da scarpe, la fodera di cotone, ci infila László e la posiziona sotto una lampada. Il padre praticamente non s'accorge di nulla, perché è a sua volta tutto preso a inventare una nuova penna stilografica e, mannaggia, quel bambino è nato proprio nel momento culminante dei suoi esperimenti.
László compie i primi studi a Budapest, poi scoppia la Prima guerra mondiale e lui deve abbandonarli per servire il suo Paese. A conflitto terminato si iscrive a Medicina, ma non finisce gli studi perché nel frattempo si è inventato, pensate un po', un nuovo metodo per ipnotizzare la gente. Lo scopo era nobile: alleviare i dolori agli invalidi di guerra. Sulle prime l'attività appare redditizia, ma ben presto László dovrà interromperla a causa di un cliente che per poco non ci rimane, colto da un'aritmia improvvisa. Si scopre che il suo metodo distrae sì dal dolore, ma non di rado fa schizzare in alto le pulsazioni a chi vi si sottopone.
Non si perde certo d'animo, László, le invenzioni ce le ha nel sangue, sono una questione di famiglia, il motivo per cui non è morto subito dopo essere venuto al mondo. Migliorare la vita delle persone: questo vuol fare, ed è convinto che un giorno o l'altro tirerà fuori un'invenzione fenomenale e diventerà ricco. Azzeccherà la

prima previsione, mentre la seconda, beh, non era roba per lui. Possedeva un cervello finissimo ma mancava completamente di senso degli affari.
Mentre è lì che inventa deve pur vivere, perciò fa diversi lavori ma paga il fatto di avere la testa da tutt'altra parte e dovunque dura poco. Finché non viene assunto come giornalista da un settimanale di un partito politico, un mestiere che gli piace e che infatti riesce a tenersi per qualche anno. L'unico inconveniente è che, a fine giornata, si ritrova le mani tutte macchiate di inchiostro, le stilografiche sono bellissime ma davvero scomode, e per di più costano un occhio della testa. László continua a scrivere i suoi articoli e si rivela pure una bella penna. Nel frattempo, inventa di tutto: un nuovo cambio automatico per le auto, una lavatrice davvero bizzarra, un nuovo metodo per la posta. Decine di brevetti, ma nessuno che lo porti a far soldi. Per la verità il suo cambio automatico è piuttosto efficiente, la General Motors si offre pure di prenderlo in esclusiva e gli propone un contratto. László, come sempre gli succederà nella vita, firma senza soppesare le parole e non ci caverà mai un dollaro.
Un giorno, mentre passeggia in centro a Budapest, la sua attenzione viene catturata da alcuni ragazzini che giocano a biglie: quelle piccole, di vetro pieno, quelle che spari usando indice e pollice. Ne segue il percorso a terra. Una biglia oltrepassa una pozzanghera e, una volta fuori, rilascia sul terreno una striscia umida molto precisa, una linea perfetta e ben visibile. László rimane lì a osservare il fenomeno. Prova anche lui a tirare le biglie. Ed è in quella via inzuppata dalla pioggia mattutina che la sua mente stratosferica (l'aggettivo non è casuale, come vedremo) concepisce un'invenzione che cambierà il mondo.
László era un fanatico dell'igiene, si lavava continuamente le mani e le macchie che maggiormente lo infastidivano erano quelle d'inchiostro. Lui, che scriveva per mestiere, da tempo si arrovellava su come risolvere il problema dei pennini che perdevano, gocciola-

vano, imbrattavano i fogli e, appunto, le mani. Insomma, alla fine László Bíró inventò la biro.

In realtà non fu lui a chiamarla così, pare sia stato Italo Calvino nel 1960 a ribattezzare così la penna a sfera. Bravo Italo, almeno il nome...

Quando László gioca a biglie con i ragazzini è il 1937. Ci vorranno alcuni anni per mettere a punto l'invenzione. Comincia una lunga e travagliata epopea di soci, contratti e viaggi. Purtroppo soci sbagliati, contratti capestro, viaggi per scappare da un'altra guerra mondiale e dalle persecuzioni naziste. László era ebreo, come ricorderete. Nel 1950 lo ritroviamo in Argentina, nella fabbrica di penne a sfera Birome (nome creato con le iniziali dei soci) che finalmente incomincia a sfornare migliaia di pezzi al giorno. Peccato che lui non possieda che una piccola quota nell'azienda, e che dei ricavi di tutte quelle ordinazioni non veda che le briciole. Lasciamolo lì, per il momento. Riattraversiamo l'oceano e torniamo indietro nel tempo, perché il bello delle storie è che possiamo farlo con un a capo.

Marcel nasce in Italia, per la precisione a Torino, siamo nel 1914. La sua è una famiglia nobile della Val d'Aosta che, sfortunatamente per noi italiani, decide nel 1925 di trasferirsi a Parigi, altrimenti oggi avremmo a Torino la sede di una delle più importanti multinazionali al mondo.

Il giovane Marcel salta l'università perché ha una certa fretta. In cuor suo sente più o meno la stessa aspirazione di László Bíró – inventare e far soldi –, ma con due differenze sostanziali: le invenzioni lui le copia (e poi se le compra) e i soldi li farà a palate. Praticamente il contrario di László.

Appena finita la Seconda guerra mondiale, Marcel apre una fabbrica di pennini. Anche lui è bravo a inventare, forse nel suo caso è meglio dire migliorare, perfezionare novità che già esistono. Fatto sta che i suoi pennini sono ottimi e poi Marcel sa far di conto, è furbissimo negli affari. Tuttavia, nel tempo si rende conto che i suoi pennini, per quanto di una qualità unica, non rappresenteranno certo la rivoluzione. Marcel punta a qualcosa di clamoroso. In Europa giunge l'eco di quella penna a sfera concepita a Budapest e messa in produzione a Buenos Aires. Ne acquista un po' di pezzi e la studia, ne capisce al volo le potenzialità, ma ne coglie pure i limiti. Dunque migliora la consistenza dell'inchiostro e porta alla perfezione la meccanica del movimento della sfera. Infine, il vero colpo di genio di Marcel, che di cognome fa Bich: la canna la fa esagonale, perché non rotoli giù dai banchi, e poi di plastica trasparente in modo che il livello dell'inchiostro sia sempre visibile.

Occorrono due anni di ingegnoso lavoro, ma alla fine il risultato è splendido. La sua penna a sfera funziona meglio dell'originale e lui è pronto a produrne in quantità. Siamo nel 1950 e Marcel lancia la sua biro, vuol chiamarla Bich Cristal. A quel punto qualcuno gli fa notare che in inglese esiste una parola, *bitch*, per colpa della quale potrebbero nascere degli equivoci: se Marcel intendeva invadere il mondo con la sua penna, non poteva mica chiamarla "puttana", e di cristallo, per giunta. Sicché Marcel elimina l'h e la sua Bic Cristal diventa subito un successo.

Insieme al successo, arriva puntuale anche la citazione per plagio da parte della Birome, la società che deteneva il brevetto originale di László Bíró. Anche se la penna di Marcel si presentava esteticamente diversa e funzionava pure meglio, la tecnologia era quella. Infatti perde la causa, Marcel, si becca una multa risarcitoria di un milione e mezzo di franchi ed è costretto a ritirare il prodotto dal mercato. A intentargli la causa è H. G. Martin, un banchiere inglese che nel frattempo è diventato il maggior azionista della Birome, poiché László ormai era stato messo in un angolo.

Che fa allora Marcel? Per chiunque altro sarebbe stato un colpo mortale, invece lui non perde tempo in lamentele e chiede subito un incontro a Martin. A Zurigo, in un meeting poi diventato leggendario, Marcel convince il banchiere a cedergli il brevetto mondiale di Bíró per una cifra che ai tempi appariva spropositata: 100 milioni di franchi. A una condizione, però: quella di pagare la somma a rate, nei due anni successivi. Sapete quanto avrebbe guadagnato Marcel in quei due anni? Dodici volte tanto: un miliardo e duecento milioni.

Nel 1953 ci fu poi un altro meeting, ancora più leggendario, avrei pagato per esserci. Da una parte László, l'ungherese naturalizzato argentino, deluso per come la sua straordinaria idea gli fosse sfuggita di mano, ma già proiettato verso nuove invenzioni (nella vita pare abbia registrato oltre 100 brevetti), dall'altra Marcel, l'italiano naturalizzato francese, diventato miliardario proprio grazie alla capacità di far fruttare l'idea di László. Bich e Bíró, seduti allo stesso tavolo.
Mi immagino che l'uno, Bíró, abbia parlato delle sue nuove invenzioni nella speranza di suscitare l'interesse dell'altro e magari alzare qualche soldino. Peccato che l'altro, Bich, fosse a sua volta già proiettato verso nuove imprese, essendosi messo in testa di perfezionare due oggetti che aveva visto in giro: un accendino e una lametta. Bich si guardò bene dal rivelare i suoi piani, ma Bíró dal canto suo dovette accorgersi che qualcosa bolliva in pentola e che Bich non era interessato alle sue invenzioni. Gli era bastata la prima, diciamo.
Mi sono comunque fatto l'idea di un incontro cordiale, di un'ammirazione reciproca magari non espressa a parole, ma di sicuro profonda. Va detto che Marcel ha sempre lealmente riconosciuto la paternità della penna a sfera a László, dunque lo avrà fatto anche in quella occasione.
Pare che una volta László Bíró abbia detto: «Non son diventato ricco, è vero. Però ho la soddisfazione di averla inventata io quella meraviglia. Forse questo vale anche di più».

Quando Marcel Bich muore, nel 1994, lascia un impero. L'azienda da lui fondata e sviluppata, è diventata leader mondiale nella produzione di una serie di oggetti molto funzionali ma con una caratteristica precisa: li usi e li getti. Forse, se ancora fosse vivo, Marcel (persona scaltra ma perbene) si porrebbe qualche domanda sulla compatibilità del suo business con l'ambiente. Magari si farebbe aiutare da László, se fosse vivo pure lui.

29

Questo bacio vada al mondo intero

Milano, 1823-1882

Di lui Giuseppe Mazzini diceva: «Il posto che gli spetta è fuori di quelle sfere; è quello della Storia. Trattata dal punto di vista dell'avvenire. Là, è grande e solo».

Questo, invece, il giudizio di Stendhal: «[...] pittore veneziano a Milano, mi sembra niente di meno che il primo pittore vivente [...]. Questo pittore m'insegna qualcosa di nuovo sulle passioni che dipinge».

In vita si beccò lodi sperticate anche dal Manzoni, dal Canova, da Giuseppe Verdi, da Vittorio Emanuele II, nonché dai sovrani e dai più influenti politici viennesi e parigini. Tra i pittori era il più conteso nei raffinati salotti di Milano, Venezia e Roma. Le sue opere venivano pagate a peso d'oro. Divenne molto ricco.

Malgrado ciò, poco dopo la morte, avvenuta nel 1882, sebbene avesse lasciato una monumentale quantità di opere, Francesco Hayez cadde nell'oblio. Riprese un po' di fama nella seconda parte del Novecento, rispolverato da qualche storico dell'arte. Ma niente a che vedere con Caravaggio, la cui fortuna somiglia ai suoi quadri: caduto anche lui nell'oscurità più totale per due secoli, sfolgorante di gloria oggigiorno. Niente a che vedere neppure con Modigliani e Van Gogh che, al contrario di Hayez, non ebbero successo in vita mentre oggi stanno nell'Olimpo degli artisti.

Perché? Come mai Hayez non è celebrato come questi tre? O come Michelangelo, Leonardo e Raffaello? Eppure, c'è chi pensa che non

sia stato inferiore ai mostri sacri del Rinascimento, ed è inoltre vissuto due secoli fa, più vicino a noi.
Credo che il motivo principale stia nei tempi in cui visse, cioè nel bel mezzo del XIX secolo, un periodo in cui l'Italia non brillò per dinamismo artistico in campo internazionale, a parte la musica lirica naturalmente: in quella siamo sempre stati i numeri uno. L'Ottocento non somiglia certo ai fantastici anni rinascimentali, in cui tutto il mondo guardava all'Italia come alla culla dell'arte. L'altro fattore va cercato nel suo stile: un romanticismo contaminato dal classicismo, dunque giudicato da alcuni critici, molto influenti allora, come spurio.
Erano ben altri i pittori romantici osannati dalla critica e nessuno di questi era italiano: Goya e Delacroix, per citarne un paio.
So bene di non essere un intenditore d'arte, non l'ho studiata abbastanza. Ma ho i miei gusti e non mi vergogno a rivelarli. A me Hayez piace da pazzi. Ogni volta che ho la fortuna di passare davanti a un suo dipinto resto incantato, devono portarmi via, starei ore ad ammirarlo. Che sia un ritratto, come quello di Alessandro Manzoni, dove si coglie benissimo che durante le sedute lo scrittore pensava al suo prossimo romanzo, o quello splendido della cantante Matilde Juva Branca che ti guarda diritto negli occhi inquietandoti, ma anche quello di Gioacchino Rossini che impugna lo spartito della musica dell'avvenire. Che sia uno degli autoritratti, con gli amici o con belve dietro le sbarre, oppure ancora qualcuna delle sue opere storiche, quelle medievali, per esempio: ebbene, ogni volta mi succede di trovarci dentro di tutto, mi pare di essere capace di leggere i messaggi segreti che lui intendeva trasmettere. E non genericamente agli osservatori: proprio a me, a me che davanti a un suo quadro mi imbambolo.

Il quadro che più mi incanta è *Il bacio*. Ma, di baci, Francesco Hayez ne ha dipinti più di uno, e qui vorrei raccontarne la storia. Dunque, torniamo al ritratto che ne fa il Mazzini: «L'Hayez è lavoratore assiduo; trascorre le intere giornate solo, nel suo studio, di cui apre egli stesso la porta, e non ha nulla di quell'affrettata apparenza che è prediletta da tanti pittori. Le sue maniere sono semplici, franche, talvolta rudi e burbere, ma che tradiscono sempre la bontà. Il suo viso bruno è aperto e pieno d'espressione: la sua fronte serena, i suoi occhi brillanti».

Ed ecco invece come si racconta lo stesso Hayez, in una specie di piccolo autoritratto a parole: «Dirò che chi mi vedeva allo studio e poi in compagnia avrebbe trovato due uomini ben diversi». Un dittico in carne e ossa, dunque. Il pittore da una parte, il *viveur* dall'altra. E questo Giuseppe Mazzini non poteva certo saperlo, lui che disdegnava certi salotti e le festicciole alla moda.

Altre fonti sono concordi nell'attribuire a Hayez un animo buono, un carattere gentile, modi educati. Tutte qualità che non gli impedirono di mettere in testa alla moglie una foresta di corna. Ebbe decine di storie, e ogni volta si innamorava, sosteneva lui stesso. D'altra parte, lo corteggiavano praticamente tutte le belle donne di Milano (ma talvolta anche quelle di Roma e Venezia, in trasferta): resistere non era facilissimo. Era bello Francesco, simpatico, colto, sempre allegro e poi dipingeva da dio. Ma mica nel tempo libero, per hobby. Quando si trattava di lavorare – lo diceva prima Mazzini – per lui non esisteva più niente. Prima di mettersi al cavalletto studiava e studiava, ossessivamente. Per esempio Shakespeare, in particolare Romeo e Giulietta, e ancor più nello specifico la scena del terzo atto in cui i due innamorati si dicono addio, sperando che non si tratti di una separazione definitiva come poi invece, purtroppo, sarà. E siccome forse un po' la temono – pensa Hayez –, poiché in fondo sembrano consapevoli di essere dentro una tragedia di Shakespeare, dove per definizione le cose non vanno a finire bene, Romeo e Giulietta ci mettono un'intensità speciale in quell'addio. La stessa che Hayez volle imprimere sulla sua tela. Ed ecco che i due amanti si baciano, Giulietta, con gli occhi chiusi e con una certa disperazione, perché Romeo ha già un piede sullo scalino e una mano sulla balaustra del balcone da cui sta per calarsi. Fra un attimo le labbra si separeranno, e Hayez coglie proprio quel momento: l'ultimo istante di felicità.

Siamo – immagino, perché di questa prima tela si sono perse le tracce – nel 1823, Francesco ha trentadue anni, come al solito è innamorato. Anche il suo è un amore clandestino. Immedesimarsi in quel bacio, il primo della serie di baci che dipingerà, gli viene insomma facile e naturale. La sua Giulietta si chiama Carolina Zucchi, figlia di un importante signore che gestiva il salotto più esclusivo di Milano, riservato a incontri tra i più eminenti personaggi della cultura meneghina. Quando la vede per la prima volta, Francesco non capisce più niente, e lei neppure. Il loro amore è, oltre che clandestino, anche spudorato. Francesco e Carolina non si pongono limiti nell'esplorare le più spregiudicate pratiche dell'eros, che il pittore raffigura in 19 disegni. In pratica l'Hayez si fa dei selfie mentre assume pose licenziose con la sua amante. Vātsyāyana, l'autore del *Kāma Sūtra*, avrebbe esultato di fronte a quegli speciali autoritratti di coppia. Ma nessuno vide mai questi capolavori dell'erotismo, perché Francesco li donò tutti a Carolina, che a sua volta si adoperò per nasconderli in casa. Sono stati ritrovati soltanto una ventina di anni fa dagli Zucchi, i suoi discendenti.

Fu un amore travolgente e contrastato, ma per ragioni diverse dalla vicenda di Giulietta e Romeo. Benché innamoratissimo, Francesco riusciva a essere infedele perfino all'amante, la quale ne soffriva.

Nel 1830, a dieci anni dal colpo di fulmine – si presume datato 1820 – la loro storia d'amore è agli sgoccioli e il pittore romantico dipinge un altro addio tra Giulietta e Romeo, forse ancora più struggente. Stavolta niente bacio, o meglio: il bacio c'è già stato, le labbra si sono appena staccate, come se dalla prima versione del dipinto fossero passati pochi secondi e non sette anni. Ad ogni

modo Romeo/Francesco sta per andarsene, e Giulietta/Carolina lo sa, lo ha capito, e non ci può fare niente.
Seguono trent'anni durante i quali Hayez miete successi formidabili nel lavoro, mentre nel privato continua a far baldoria con gli amici, gagliardi pure loro. E non mancano certo le storie romantiche, anche se nessuna si avvicinerà mai all'intensità di quell'amore. Via, Carolina era un'altra cosa.
I dipinti, lo studio, le feste, le amanti, il successo. Sono queste le costanti nel percorso di Francesco, ma tutte ruotano attorno al vero punto fermo della sua vita, per strano che possa sembrare: sua moglie, Vincenza Scaccia, sposata nel 1817. Non si lasceranno mai. Vincenza tiene l'amministrazione del pittore, è lei a gestire gli introiti delle sempre più numerose commesse. Certo non le sfuggono le scappatelle del marito, figuriamoci le storie più serie come quella con Carolina, tuttavia non indaga, lascia peccare il marito e, contraddicendo il suo stesso cognome da ragazza (Scaccia, come detto), non lo butta mai fuori di casa, anzi non gli fa mancare amore e attenzioni. Hayez riconoscerà nelle sue memorie che Vincenza ha rappresentato la vera stampella della sua lunghissima vita (non molto romantica, come immagine). E sosterrà di averla sempre amata e rispettata (a modo suo, viene da aggiungere).
Nel 1859 Hayez ritrae un giovane soldato con mantello, calzamaglia rossa e berretto piumato; sta baciando con trasporto autentico la sua giovane amata, la quale indossa un bellissimo abito bianco e azzurro, quasi blu, dipinto con straordinaria precisione. Il bacio è sensuale, appassionato ma soprattutto naturale. Le bocche che si incontrano, le mani di lui sul viso di lei che, pur baciandolo, lo guarda. C'è dentro la somma dei sentimenti che ciascuno di noi ha provato nella vita, o almeno me lo auguro. Chiunque si può riconoscere, e infatti il dipinto riscuote un successo pazzesco, viene esposto all'Accademia di Brera e per ammirarlo c'è letteralmente la fila, una lunga coda che si forma ogni giorno, per mesi e mesi. Il fatto è che stavolta c'è qualcosa

di diverso, qualcosa in più rispetto agli altri baci. Ecco perché la gente fa la fila. Da questo dipinto emana una passione, come dire, più ampia, una forma d'amore totale e onnicomprensiva. D'altronde, come ho accennato, è il 1859, e Hayez è un patriota. Si era da poco conclusa la Seconda guerra d'indipendenza con la vittoria dell'esercito sardo-francese. Il ragazzo del quadro è vestito di rosso, la ragazza di bianco e azzurro: sono i colori della bandiera francese ma sfumati. Le piume sul cappello di lui alludono al coraggio del volontario in partenza per la battaglia finale, quella della liberazione. Dunque, c'è davvero tutto in questo bacio: eros, trasporto, passione, voglia di libertà e indipendenza. Un groviglio di sentimenti che travolge i due amanti e chi li osserva (qualcosa di simile accadrà molti anni dopo, nel 1945, quando un marinaio e un'infermiera si baceranno a Times Square e tutto il mondo libero si riconoscerà nella foto che li ritrae).
Il successo del dipinto di Hayez è tale che, come capita a certi film, fioccano i remake. Nel 1861 l'Italia è praticamente fatta, dunque l'abito della giovane donna diventa tutto bianco, sparisce il blu. Il mantello del militare è quasi verde e, insieme alla calzamaglia rossa, ecco che appare la nostra bandiera.

Sei anni dopo, è già tempo di valicare i neonati confini nazionali. Nel 1867 Hayez dipinge una terza versione per l'Esposizione universale di Parigi – un bacio che vada al mondo intero, per citare i versi di Schiller, quelli dell'*Inno alla gioia*.
Ci sarà ancora un altro remake, l'ultimo, stavolta più intimo e privato, per così dire. Infatti, è di dimensioni più piccole e non sappiamo neppure com'è fatto, sappiamo solo che esiste e che forse sta a Torino. Hayez lo donò alla sorella di Carolina Zucchi, la sua ex amante che nel frattempo era morta. Era iniziato tutto da lei e in un certo senso a lei si torna. A Carolina, Hayez dedica dunque il suo primo e il suo ultimo bacio. I due dipinti che non sappiamo dove siano oggi.

In mezzo, un'esistenza debordante, appassionata e insieme dedita al lavoro, in cui la creatività artistica sembra direttamente connessa alla capacità di godersi la vita e di amare – la patria e le donne, la moglie e l'amante, Vincenza e Carolina. Pur adorandole, Hayez le fece soffrire entrambe. Chissà, forse ad amare così tanto la vita si finisce con l'essere come lui, che era saldo nei principi che lo ispiravano e incoerente nelle azioni. In ogni caso, se diamo retta al Mazzini, era un uomo buono. I veri ottimisti sono persone buone. I veri ottimisti vorrebbero baciare il mondo intero.

30

Un'ottima annata

Alba, 24 settembre 1954

Una sera stavo guardando un bel film di Alessandro Genovesi (tra gli attori c'era pure il mio amico Diego Abatantuono, altro ottimista incallito), quando ho sentito Fabio De Luigi pronunciare questa battuta: «Certo che nascere dev'essere un'esperienza incredibile, peccato che non ci rimanga in mente. Se ci ricordassimo quando siamo nati, quando siamo usciti, non esisterebbe la paura di morire! Invece non se lo ricorda nessuno quel momento, neppure quelli intelligenti, solo i parenti e le macchine fotografiche. Ed è un peccato, perché sarebbe importante ricordarsi gli odori, le luci, che tempo faceva fuori, la prima faccia che hai visto, la faccia di tua madre quando sei uscito, quella di tuo padre».
Non lo so se si tratta di una citazione presa da qualche scrittore importante oppure se è farina del sacco degli sceneggiatori, Genovesi e lo stesso De Luigi. Propendo per la seconda, quei due sono bravi. E in sintesi dicono: se ci ricordassimo la nostra venuta al mondo non esisterebbe la paura di morire.
La nostra vita è un viaggio, molto bello, il quale tuttavia presenta due incognite non proprio trascurabili: non sappiamo da dove veniamo e neppure cosa troveremo una volta giunti al termine. È come se partissimo da non so dove per andare non so dove. Però, intanto, il viaggio è divertente. Infatti, sono in molti a fregarsene del non conoscere le origini e il finale. Altri, invece, ne soffrono in silenzio, al punto che soprattutto la fine diventa per loro un tabù. Infine, ci sono quelli a cui piace esplorare.

Io sono tra questi. E siccome non mi sento attrezzato per avventurarmi in ipotesi su cosa ci sia dopo la morte, mi sono occupato dell'altra incognita: del punto di partenza. Della nascita, insomma. Per farlo mi sono affidato alla mia immaginazione, supportata non solo da quello che sono venuto a sapere da genitori e nonni, ma anche da quello che ho studiato sulle origini della vita in generale. Diciamo che la curiosità mi ha spinto un po' più indietro, ecco.

Dunque, la mia storia - e ovviamente non solo la mia - inizia (circa!) quattro miliardi e mezzo di anni or sono, quando si forma il globo terrestre. La vita organica compare dopo un altro mezzo miliardo di anni. Prima quella vegetale - e qui io ancora non c'entro niente - ma dopo qualche centinaio di migliaia di anni si sviluppa anche quella animale. Tutto nasce da atomi, poi molecole, infine cellule che sguazzano nell'acqua. Tra loro c'è di sicuro il mio primo avo. Non è difficile individuarlo. Non porta un nome specifico ma si distingue: è una cellulina leggiadra, ottimista, perfino godereccia. Attacca bottone con qualsiasi altra cellula che incontra, adora la compagnia, ha già ben compreso che le cose belle si fanno insieme. A un certo punto incontra la compagna della sua vita, una cellula composta da molecole un po' diverse dalle sue, la trova bellissima. E poi lei ragiona come lui, vuol crescere, migliorare, anche a lei piace mangiare bene, roba sana. I due s'innamorano, si accoppiano. Prende vita il mio secondo avo: un pluricellulare. E via così per migliaia di generazioni, con un numero sempre crescente di cellule.
Potrei parlarvi di ciascuna delle coppie formatesi tra i miei predecessori preistorici, ma non basterebbe un libro intero, dunque mi limiterò a dire che la loro caratteristica comune era una serena inquietudine, il desiderio di progredire. Oddio, qualche scapestrato ammetto che ci sia stato, anche qualche pigro, ma non sono certo riusciti a cambiare la sorte della dinastia. A ogni nuovo concepi-

mento il risultato era mediamente migliore. Finché siamo diventati pesci, poi i miei antenati sono stati tra i primi ad abbandonare le acque, le nostre pinne si sono trasformate in piedini e abbiamo imparato a respirare ossigeno.
Diventiamo lucertole, poi dinosauri. E lì scoppia un gran casino. Tra meteoriti che precipitano sulla Terra, vulcani che eruttano, immani terremoti, acque che s'innalzano e un freddo bestiale seguito da un calore asfissiante, la vita sul nostro pianeta quasi si estingue. A noi tocca ricominciare praticamente da capo. Diverse volte queste specie di apocalissi si sono abbattute sui miei progenitori. Anche di questo potrei parlarvi diffusamente, ma manca il tempo, devo correre a qualche milione di anni fa, quando ormai eravamo animaletti piuttosto simili ai topolini di oggi. Il mondo era allora popolato da bestie cattive, ben più grandi di noi. Ma noi prendevamo spesso il sopravvento su di loro, immaginate la soddisfazione. Il fatto è che agivamo in gruppo, lavoravamo di squadra. Ricordo in particolare un tris-tris-tris-tris-eccetera-trisnonno che era diventato capobranco, un topolino pieno di coraggio e valori, tipo un partigiano italiano del periodo 1943-1945. Serviranno altre centinaia di migliaia di anni perché il nostro corpo si ingrandisca sempre di più, fino a quando diventiamo scimmie e poi assumiamo la posizione eretta – toh, le mani! – e incominciamo a emettere dalle nostre bocche suoni comprensibili. È da quel momento che cominciamo a darci un nome.
Vorrei dedicare qualche riga a Ernest, un mio antenato giunto allo stadio di uomo-scimmia. Nasce in Etiopia, un milione e mezzo di anni fa. Suo padre Edward è un grande inventore, forse il più grande di tutti i tempi. Del resto ha scoperto il fuoco. Va a prenderselo sul vulcano e, di ramo in ramo, lo porta nella grotta dove vive con la sua famiglia. Ernest è sempre accanto a lui, impara tanto. Infatti, dopo la morte del papà (ucciso dal figlio maggiore Oswald, con cui io non c'entro niente), Ernest abbandona la famiglia e continua gli esperimenti da solo. Ed è proprio lui il primo

a usare il fuoco per rendere il cibo più masticabile. Il fatto che sia anche più buono è un meraviglioso effetto collaterale, di cui ancora la mia famiglia va fiera.

Le generazioni successive hanno sempre camminato verso nord. Quanti passi in oltre un milione di anni! Salto la grande migrazione, sempre per ragioni di spazio, e siamo nella Mezzaluna Fertile, tra il Tigri e l'Eufrate, circa diecimila anni fa... L'altro ieri, se la prendiamo così lunga. Ed ecco Samuel, intento a seminare orzo. Ci ha provato per anni, che tenerezza: sotterrava il piccolo seme, poi lo annaffiava, poi ne curava la crescita. Niente da fare, per anni. Un sacco di imprevisti. Ma alla fine ce l'ha fatta. Anche di questo mio antenato sono orgoglioso, soprattutto per la tenacia.

I futuri Farinetti, però, non si danno pace e continuano a puntare verso nord tanto che 2500 anni fa li ritroviamo in Grecia. Bei tempi quelli, loro stavano in Beozia a coltivare la terra, pescare nel lago e allevare capre. Mica come gli ateniesi, che se la tiravano con il loro "ozio creativo". E però, quando i Tebani l'hanno presa, Atene, tra loro c'erano pure i miei: Nikodemos, mio trisavolo, era uno dei generali di Epaminonda. I perfidi ateniesi cominciano a chiamarlo beota, e lui non ci trova nulla di strano visto che veniva dalla Beozia. Quando gli si rivolgono in quel modo – «Ehilà, beota!», lui ricambia serafico: «Ehilà, ateniesi». È fatto così, Nikodemos. Innocente come un bambino.

Sarà anche per questo motivo che i miei progenitori, una volta compreso che si trattava di un insulto, emigrano in Sicilia. Erano gente pacifica, non volevano litigare con nessuno. Poi, di generazione in generazione, si spostano nella nuova capitale del mondo: Roma. Potrei raccontarvi mille aneddoti sulle valorose gesta di certi miei antenati, ma citerò soltanto Lucio Licinio Sura, un consigliere fidato di Traiano, l'Optimus Princeps. È a lui che l'imperatore affida la scrittura dell'*Institutio Alimentaria*, un provvedimento di grande generosità. Dentro i confini dell'Impero c'erano troppi bambini che morivano di fame: una vergogna per la ricca e opulenta Roma. Sura convince Traiano a destinare una grossa fetta del suo patrimonio ai bisogni alimentari di quei bambini. E scrive l'*Institutio* in modo tale che le famiglie patrizie della città eterna si sentano in dovere di offrire il 5% dei propri introiti per questo nobile scopo. In pratica Sura si inventa la prima patrimoniale della storia, e anche di questo vado assai fiero. Il fine era nobile.

Poi, passano esattamente cento anni e arriviamo finalmente in Piemonte, nelle Langhe. Il fatto è che i miei stavano con Publio Elvio Pertinace, l'imperatore giunto a Roma da Alba Pompeia, appunto in Piemonte. Dopo la sua uccisione da parte dei pretoriani, nel 193, eravamo dovuti scappare dalla Capitale e avevamo seguito certi parenti di Pertinace decisi a far ritorno nelle terre natìe. Da lì, in seguito, non ci siamo più mossi.

Un centinaio di generazioni sulle meravigliose colline langarole; contadini che poi son diventati mugnai, poi panettieri, infine pastai. Il nostro cognome attuale compare soltanto cinque generazioni prima della mia. Secondino, così si chiamava il mio trisnonno perché era il secondo di undici fratelli, prende il soprannome di Farina poiché di questa si occupava. I suoi figli diventano *Farinet*, cioè i piccoli del Farina... E così via fino alla versione di oggi, fino a me. Entrato nella pancia di mia mamma, ho vissuto con grande curiosità i nove mesi in cui il mio corpo si è formato. Sentivo tutto ciò che si diceva là fuori. C'era angoscia per i debiti, c'erano i sacrifici per arrivare a fine mese, c'erano i racconti partigiani di mio padre e dei suoi amici. D'altronde correva l'anno 1954, la guerra era finita da meno di un decennio. C'era anche tanto, tanto amore, ne sentivo il calore. C'era senso del dovere e molto impegno, c'era l'Italia del Miracolo economico. C'era nell'aria una fiducia che a me, nella pancia, arrivava sotto forma di musica, di cui oggi sento una certa nostalgia.

Infine, son venuto al mondo, nel letto di casa naturalmente. Mia mamma era raggiante. Dio quanto era giovane. Mio padre, il co-

mandante Paolo, si vedeva che era emozionato, ma non voleva darlo a vedere e poi si vergognava un po' di essere felice che fossi un maschio. Lui è arrivato quando io ero già bello lavato e infagottato, allora non usava assistere, la nascita era un fatto tutto al femminile: a parte mia mamma, c'erano l'ostetrica e nonna Teresa. Ci siamo piaciuti subito, nonna Teresa e io, avremmo trascorso insieme sedici anni meravigliosi.
Era un venerdì di fine settembre, piena vendemmia, per giunta di una buona annata, il 1954. Mia madre veniva da Barolo, la famiglia di mio padre da Barbaresco. Io avevo visto la luce ad Alba, la capitale delle Langhe. Allargando le narici, sentivo l'effluvio dei mosti di nebbiolo che fermentavano. Mi pare in tutta onestà un ottimo inizio.
Ecco, ora che ho permesso alla mia immaginazione di planare sui milioni di generazioni da cui provengo, fino a raggiungere il momento in cui sono nato, il mio destino mi appare già un po' più chiaro, un po' più interpretabile.
E l'altra incognita? Sì, dai, quella che alcuni hanno perfino paura di nominare. Beh, io no. Forse adesso sono nelle condizioni di provarci. A raccontare la mia morte, intendo. Magari non solo la mia.

31

Parlandone da vivi

San Pietroburgo, 1849-Astàpovo, 1910-Ketchum, 1961

Avvertenza: sto per raccontare tre storie sulla morte, anzi quattro – perché dimenticavo la mia. Se vi sentite disturbati mollate qui e passate al prossimo racconto. Non è mica un delitto avere dei tabù.

A proposito, cos'è un tabù? Senza scomodare la Treccani, direi che si tratta di una condizione umana che impedisce alle singole persone, a volte a comunità intere, di affrontare un determinato argomento. Succede spesso che addirittura non si pronunci neppure il nome del tema, anche se si è ben consapevoli della sua esistenza. È una forma di allontanamento dal problema, determinata dall'imbarazzo di affrontarlo, magari perché c'è di mezzo la morale. Esempio: alcune questioni relative al sesso. Ma diciamola tutta: a volte non c'entra l'imbarazzo, a volte – forse più spesso – i tabù sono determinati dalla paura. E qual è la cosa che terrorizza di più noi umani? La morte. Siamo portati ad avere una fottuta paura di morire.

L'argomento è sempre attuale ma oggigiorno, per via del Covid, lo è ancora di più. Abbiamo visto gente che si è rintanata in casa e ha preso misure esagerate, pur non parlando mai apertamente della morte. Si tratta perlopiù di persone pessimiste, ne conosco diverse. Ora, la soluzione non sta nell'atteggiamento diametralmente opposto, cioè nel fregarsene del rischio comportandosi da imprudenti. In genere gli ottimisti si mostrano più propensi a convivere con il rischio, tollerano le fatalità. Assumono le misure necessarie

per minimizzarlo, il rischio, ma non vivono nel terrore che il peggio (e non vi è niente di peggio della morte, forse) si materializzi da un momento all'altro. Non ci pensano di continuo.
Leggo di ricercatori, tra loro perfino qualche eminente scienziato, i quali sostengono che gli ottimisti vivano più a lungo. Non è così facile da dimostrare, quindi non sto a cavalcare questa affermazione, tuttavia sono convinto che vivere da ottimisti aiuti a vivere meglio. In questo senso il pessimismo può risultare anche peggio della morte, perché può ucciderti in vita. Forse vivere in modo triste, terrorizzati che le cose precipitino, è ancora peggio che morire. Non dimentico mai ciò che diceva il grande Marcello Marchesi: «L'importante è che la morte ci trovi vivi».

E morire da vivi, in questo capitolo, significa non aver paura di parlare della morte. Sono quattro storie, dicevamo: due decessi illustri, una "quasi" morte – di un personaggio illustre pure lui –, e poi mi tocca mantenere l'impegno e parlarvi della mia. Cominciamo da quest'ultima.
Si tratta di un evento ineluttabile, per questo motivo sono entrato nell'ordine di idee che è inutile averne paura. La paura è un bene prezioso, serve per far germogliare il coraggio, ne è il seme, quindi cerco di risparmiarla, di tenerla da parte per quando mi servirà davvero, ossia per quando dovrò occuparmi di problemi risolvibili. Niente paura, dunque. Al limite un po' di curiosità. Per esempio, mi chiedo: di cosa si muore? Prendo l'Italia in quanto ci vivo. Muoiono circa 650 000 persone ogni anno (pandemie a parte). Grazie alla medicina che progredisce di continuo e alla alimentazione che migliora di pari passo, ultimamente quasi il 60% degli italiani muore oltre gli ottant'anni. Una buona notizia. Quindi non sto a spaccare il capello in quattro: tutti quelli che muoiono ultraottantenni li metto sotto la voce "vecchiaia". Per il resto è l'infarto, insieme ad altre malattie del cuore, la principale causa di morte con il 14%, segue il cancro con il 12%. Tutte le altre malattie messe

insieme fanno l'11%; per incidenti (di vario genere) muore il 2%; infine consideriamo sotto un'unica voce i suicidi (circa 4000 per anno) e le morti a causa di malattie mentali, l'1%.
Ora, io ovviamente non so quale percentuale andrò ad arricchire. Non sto a fare congetture su come accadrà, visto che tanto, in un modo o nell'altro, deve accadere. È chiaro che preferirei stare nella maggioranza assoluta, in quel 60% che muore dopo gli ottanta, tuttavia a un patto: viverla bene la mia vecchiaia, cioè con la testa a posto e in armonia con il prossimo. Altrimenti forse è meglio che muoia prima. Vi dico di più, se mai accadesse domani non ne farei un dramma. Ho vissuto bene, mi sembra di aver fatto diverse cose buone e quelle meno buone le ho dimenticate. E ho una certezza, che mi deriva dal capitolo precedente: il mondo non finirà con me, così come non è cominciato con me. Andrà avanti con i miei figli e nipoti. E anche con mia moglie, che spero viva più a lungo di me.
Ecco: vi ho raccontato tutto ciò che so sulla mia morte. Ma passiamo alle altre tre, ben più significative della mia.

«Morire è una cosa molto semplice. Ho guardato la morte e lo so davvero. Se avessi dovuto morire sarebbe stato molto facile. Proprio la cosa più facile che abbia mai fatto... E come è meglio morire nel periodo felice della giovinezza non ancora disillusa, andarsene in un bagliore di luce, che avere il corpo consunto e vecchio e le illusioni disperse».
Ernest Hemingway scrisse queste parole quando non aveva ancora compiuto vent'anni, e le indirizzò in una lettera ai suoi genitori, da Gorizia, mentre si trovava sul fronte orientale della Prima guerra mondiale come autista della Croce rossa internazionale americana. Si tratta di un bellissimo esempio di ipobole, il contrario dell'iperbole. Quest'ultima consiste nell'ingigantire i fatti, mentre l'ipobole, una delle tante tecniche in cui Hemingway sarebbe diventato maestro, si utilizza per sminuire, per

togliere importanza, per dire ad esempio: morire da giovani, in battaglia, che vuoi che sia?
Coerente con queste parole, in guerra Hemingway si mostrò più che coraggioso, addirittura incosciente. Affrontò rischi inauditi per salvare vite umane. E questo segnò il resto della sua vita, affrontata sfidando pericoli di ogni sorta. Ma quarant'anni più tardi, ecco che Hemingway avvera la sua stessa profezia, ritrovandosi con un «corpo consunto e vecchio e le illusioni disperse».
Il 2 luglio del 1961 si trova nella sua casa di Ketchum, Idaho, in compagnia della quarta moglie Mary Welsh. È domenica, ancora qualche settimana e avrebbe compiuto sessantadue anni. Il giorno prima era apparso abbastanza tranquillo, aveva addirittura canticchiato la canzoncina insegnatagli dalla sua amica Fernanda Pivano: «Tutti mi chiamano bionda, ma bionda io non sono: porto i capelli neri, neri come *el carbon*». Un picco di buon umore, quasi di entusiasmo, specie se messo in relazione ai suoi standard degli ultimi tempi. Hemingway soffriva di gravi crisi depressive ormai da tre anni. Si era messo in testa di non avere più denaro. In più era convinto di essere spiato dall'FBI (oddio, su questo, come ha da poco rivelato la stessa FBI, aveva perfettamente ragione).
Il mattino dopo si sveglia all'alba. Trova sul tavolo del soggiorno la chiave dell'armadietto delle armi che Mary di solito nascondeva con cura. Purtroppo, quel giorno se n'era dimenticata. Estrae il suo fucile da caccia e lo carica, esce in giardino, si siede sulla sua amata sedia a dondolo. Si infila la canna del fucile in bocca e schiaccia il grilletto. Morire si rivela in effetti una cosa semplice.
«Ora, nel buio» aveva scritto dieci anni prima nel suo capolavoro, *Il vecchio e il mare*, «e senza luci in vista e senza chiarori, e soltanto col vento e la spinta regolare della vela, gli parve di essere già morto, forse».

È il 1864, Lev Tolstoj ha trentasei anni, sta scrivendo *Guerra e pace*, ma trova il tempo di buttare giù anche queste righe: «Lo scopo dell'artista non è quello di risolvere i problemi ma d'indurre la gente ad amare la vita nelle sue innumerevoli, inesauribili manifestazioni. Se mi diceste che posso scrivere un romanzo in cui offrire le risposte che mi paiono giuste a tutte le questioni sociali, non dedicherei nemmeno due ore di lavoro a questo romanzo. Ma se mi diceste che quel che scrivo sarà letto dai bambini di oggi tra vent'anni e li farà piangere e ridere e amare la vita, io dedicherei a questo tutta la mia vita e tutte le mie forze».

Tutte le sue forze Tolstoj le dedica appunto a *Guerra e pace*, un romanzo destinato a far piangere, ridere e amare la vita a milioni di persone per secoli, altro che solamente agli ex ragazzini del tempo. La sua missione è chiara e limpida: scrivere libri che facciano amare la vita a chi li legge.

In vecchiaia, perché visse fino a ottantadue anni, il sommo scrittore russo arricchisce la propria visione, animata da una corrente anarchica. Nei primi anni del Novecento scrive una serie di saggi che vanno sotto il titolo *Il rifiuto di obbedire*, dove in sostanza ci sprona ad avere fiducia illimitata nei valori in cui crediamo, infischiandocene del potere. Sarà la potenza delle nostre convinzioni a favorire l'armonia e la bellezza. E la principale convinzione di Tolstoj, quella che lui giudica salvifica per ogni uomo, è che la via giusta sta nella pace, nell'altruismo, nel rapporto tra uomo e natura. Gandhi ne attingerà a piene mani.

Nella notte del 28 ottobre del 1910 Lev Tolstoj decide di fuggire dalla sua stessa casa, la bellissima tenuta Jàsnaja Poljàna dove viveva da sempre. Per l'ennesima volta aveva sorpreso la moglie frugare nelle sue carte. Anche il rapporto con i figli si era deteriorato, gli rimproveravano di essere diventato troppo generoso, lo scrittore ormai devolveva buona parte dei suoi considerevoli introiti d'autore a enti religiosi e associazioni di indirizzo etico. Sulla sua scrivania lascia un foglio per la moglie: «Ti ringrazio per

i quarantotto anni di vita onesta che hai passato con me e ti prego di perdonarmi tutti i torti che ho avuto verso di te, come io ti perdono, con tutta l'anima, quelli che tu hai avuto nei miei riguardi».
Chiede a Dušàn, il suo amico più fidato, che per altro era anche il suo medico personale, di accompagnarlo in gran segreto. Destinazione: la Crimea, attraverso un lungo viaggio, cambiando vari treni in terza classe. Ma alla fine in Crimea non ci arriva. A 82 anni, per citare ancora Hemingway, il suo corpo è vecchio e consunto. Per di più siamo in Russia e l'inverno è alle porte. Tolstoj si becca una brutta polmonite.
È costretto a fermarsi nella stazione di Astàpovo, dove viene accolto dal capostazione, un buon uomo che riconosce immediatamente il maestro e gli cede il suo letto. In quel letto Lev Tolstoj ci morirà, pochi giorni dopo, il 20 novembre 1910. La prima a giungere al suo capezzale è la figlia Alexandra a cui il padre detta le ultime parole del suo *Diario*: «Forse Dio non è amore, ma quanto più grande è l'amore, tanto più l'uomo manifesta Dio, e tanto più esiste veramente».
Poi, un attimo prima di andarsene, di parole ne aggiunge altre, secondo me altrettanto belle e significative: «Svignarsela!» dice, «Bisogna svignarsela!».

Fëdor Dostoevskij non è morto in circostanze particolari. Soffriva di un enfisema polmonare che improvvisamente si aggravò nei primi giorni del 1881. Il 28 gennaio dice alla moglie: «Senti Anja, non trattenermi, vuol dire che debbo morire». Ai figli chiede di leggere ad alta voce la parabola del figliol prodigo, poi spira. Una morte decisamente meno eccentrica rispetto a quelle dei suoi colleghi. Tranne che per un aspetto: era la seconda volta che Dostoevskij moriva.
Da giovane Fëdor aveva partecipato ad alcune riunioni carbonare di gruppi antagonisti al regime zarista. Lui al processo dirà che ci era andato come semplice uditore, incuriosito, ma tant'è.

Nell'aprile del 1849 viene arrestato, il 16 novembre viene condannato a morte, sentenza da eseguirsi il 19, tre giorni dopo. Dostoevskij è già sul patibolo, i soldati attendono solo l'ordine di fare fuoco, quando giunge, totalmente inaspettata, la grazia dello zar Nicola I. La condanna a morte viene commutata in ergastolo, da espiare in Siberia a suon di lavori forzati. Dostoevskij verrà liberato dopo cinque anni per buona condotta, ma non è questo il punto.

Il punto è il trauma, la morte annunciata che l'ha accompagnato durante quelle tre lunghissime giornate. Ecco come rielabora l'esperienza ne *L'idiota*: «Ma forse il dolore principale, il più forte, non è già quello delle ferite; è invece la certezza, che, ecco, tra un'ora, poi tra dieci minuti, poi tra mezzo minuto, poi ora, subito, l'anima volerà via dal corpo, e non sarai più un uomo, E questo ormai è certo. [...] L'assassinio legale è assai più spaventoso di quello perpetrato da un brigante. La vittima del brigante è assalita di notte, in un bosco, con questa o quell'arma; e sempre spera, fino all'ultimo, di potersi salvare. Ci sono dati casi, in cui l'assalito, anche con la gola tagliata, è riuscito a fuggire, ovvero, supplicando, ha ottenuto grazia dagli assalitori. Ma con la legalità, quest'ultima speranza, che attenua lo spavento della morte, ve la tolgono con una certezza matematica, spietata. [...] Forse esiste un uomo al quale hanno letto la sentenza, hanno lasciato il tempo di torturarsi, e poi hanno detto: "Va', sei graziato! Di questo strazio e orrore ha parlato anche Cristo... No, no, è inumana la pena, è selvaggia e non può né deve esser lecito applicarla all'uomo».

La morte, quella vera, arriva trentadue anni più tardi. Ma a quanto sappiamo, Dostoevskij ne ha avuto davvero paura solo durante quei tre giorni.

Secondo altre fonti, le sue ultime parole, destinate alla moglie Anja, sono state: «Ti ho sempre amato, non ti ho mai tradito nemmeno col pensiero». Col pensiero magari no, avrà pensato la po-

vera Anja, ma con la roulette, sì, eccome. Aveva il vizio del gioco, Dostoevskij, e lei si era adoperata per toglierglielo, con successo.
Altri scrittori sono stati meno sentimentali, al momento di andarsene. Per esempio, Čechov ha detto: «Da tanto che non bevevo Champagne». Poi posa il calice e muore.
Mikhail Saltykov-Ščedrin, altro scrittore russo, era noto per il suo umorismo feroce che non risparmiava niente e nessuno, neppure la morte, che infatti lui accoglie così: «Sei tu, stupida?».
Le ultime parole di Oscar Wilde? «O se ne va quella carta da parati o me ne vado io!».
Dino Buzzati: «Bene, passin passetto mi avvio».
William Burroughs: «Torno subito».
Cesare Pavese: «Non fate troppi pettegolezzi».
E Italo Calvino, osservando i tubicini della flebo cui era attaccato: «Sembro un lampadario».

32

Osti a tutto campo

Costigliole d'Asti, 1970-Fontanafredda, oggi
Albaretto della Torre, 1938-oggi

Partiamo dal tecnico: l'Oste – che, opinione mia personale, va sempre scritto con l'iniziale maiuscola – è colui che per mestiere ti accoglie in un luogo deputato a nutrirti, e poi in effetti ti nutre. Definizione sentimentale: l'Oste è colui che possiede l'arte di farti sentire a casa tua, mentre in realtà sei a casa sua. Di più: l'Oste ti accompagna nel godimento del cibo regolando la sua presenza in base al livello di attenzione che preferisci. Ossia, oltre a saper raccontare il cibo che ha preparato per te, l'Oste è anche capace di assecondare il tuo desiderio, più o meno ampio, di essere intrattenuto su altri argomenti. Insomma, il vero Oste è un personaggio colto e informato, che sa ragionare intorno alla vita. Più o meno come il tuo parrucchiere (magari lo chiami barbiere), se hai la fortuna di averne uno complice, e se non gli rompi l'anima come faceva Fellini. Ma con una differenza fondamentale: l'Oste ti offre cose che metterai dentro il tuo corpo. La mia professione me ne ha fatti conoscere e frequentare diversi, dunque forse so di cosa parlo. Gli Osti si dividono in diverse categorie. Vi sono gli Osti-cuochi, gli Osti-camerieri e gli Osti-capaci-di-fare-l'uno-e-l'altro, nel senso che di base cucinano, ma di tanto in tanto fuoriescono dal loro vaporoso regno per prendersi qualche momento d'aria tra i tavoli, dove sanno dispensare ragionamenti memorabili. Peccato che questi ultimi siano così rari. Gente che alla fine non si accontenterà di chiedervi: «Tutto bene?». Oppure: «Il cibo è stato di suo

gradimento?». Gli Osti veri non sono mai banali. E notate che ho detto cuochi e non *chef*, camerieri e non *maîtres*. Mai vergognarsi del nome del proprio mestiere, a dirvelo è uno che è onorato di definirsi mercante.
Mettiamo che un cuoco ti si avvicini quando hai appena finito di spazzolare la sua polenta con la *bagna* rossa. Beh, se è un vero Oste ti dirà: «Sa, è un piatto apparentemente semplice, ma sono anni che ci lavoro. La serenità della polenta e l'irrequietezza del pomodoro. Il diavolo e l'acquasanta. Difficile metterli insieme, ma se ci riesci...».
A quel punto sorridi, per forza ti viene da assentire. E l'Oste, notando che hai lucidato il piatto: «Sono felice che le sia piaciuto, ma le confesso che quello che cucinava mia nonna era ancora più buono. È tutta la vita che inseguo quella magia, la semplicità della cucina di mia nonna. È lei che mi ha insegnato il mestiere».
Adesso vi racconto la storia di due famiglie di Osti. Sono storie vere.

Piero e Ugo Alciati sono fratelli. Figli dell'Oste per antonomasia qui da noi nelle Langhe. Si chiamava Guido e possiamo tranquillamente affermare che è stato uno degli inventori della cucina di alta qualità in Italia. Purtroppo non c'è più. Ebbe la fortuna di innamorarsi e sposare Lidia, cuoca straordinaria. Insieme decisero di trasformare la loro trattoria in un ristorante di alto livello. La *location*, come si dice oggi, non era delle più invitanti: un grigio seminterrato di un grigio palazzone costruito negli anni Sessanta. Ma in compenso la geografia era dalla loro parte, visto che il palazzone sorgeva a Costigliole d'Asti, ai confini tra le Langhe e il Monferrato. Guido girava il territorio alla ricerca di materie prime strepitose, poi suggeriva il menù. Lidia sapeva trasformarle in piatti che partivano dal rispetto della tradizione e approdavano al sublime.
Fu Guido a convincere la moglie e la suocera, la vera maestra di Lidia: «Trasformiamo questo seminterrato in un paradiso del

gusto (e qui mi immagino Lidia e sua madre che si guardano attorno, perplesse). Riceviamo solo su prenotazione (a quel tempo era come invitare la gente su Marte). Offriamo esclusivamente un menù fisso, con l'abbinamento dei vini che dico io... e tutto questo non lo scriviamo mica, lo raccontiamo come si faceva una volta». Le cose nuove e belle del futuro abbinate a quelle dolci del passato. Visione, incoscienza e speranza: ottimismo allo stato puro.

Certe sere non vedevano neanche un cliente, se ne stavano avviliti in cucina finché non suonava il campanello. Guido allora apriva la porta del ristorante con un grande sorriso: «Buonasera, avete prenotato?». «No». «Mi spiace tanto, siamo al completo. Eccovi il nostro numero di telefono, la prossima volta chiamate prima, saremo ben lieti di riservarvi un tavolo». Mi immagino la faccia di questi primi sparuti clienti, mentre venivano gentilmente accompagnati alla porta... di un ristorante vuoto.

Furono tempi difficili, di grandi sacrifici ma anche di resistenza tenace. Quei tre seppero tener duro. Appena sei mesi dopo l'apertura, il ristorante Guido di Costigliole era al completo ogni sera e dovevi prenotare con diverse settimane di anticipo. Nel 1974 arrivò la prima stella Michelin, presto seguita dalla seconda. Tra i tavoli, una quindicina, Guido Alciati in persona sapeva muoversi come solo un Oste sa fare. Accanto a lui il figlio più grande Piero e il più piccolo Andrea non si perdevano, che dico una parola, un battito di ciglia del padre. Guido spiegava i piatti, raccontava il territorio e serviva il vino riuscendo a condensare in pochi istanti – il tempo di stappare la bottiglia e di riempire un bicchiere – l'intera epopea dei produttori e la loro filosofia. Ma all'occorrenza sapeva fare rapide incursioni su temi apparentemente estranei al cibo, come la vita sociale, la famiglia; aveva sempre una battuta pronta, veloce e leggera, per i clienti cui intuiva potesse far piacere uno scambio con lui. In cucina Ugo, il figlio di mezzo, stava incollato ai gesti di mamma Lidia e di nonna Pierina, come un post-it alle

pagine di un gran bel libro. Pronto a memorizzarne la ritualità, ma anche a metterci del suo, un domani.
Son passati quarant'anni da quei tempi di gloriosa esplorazione del futuro. E ora Piero, Ugo e Andrea son diventati Osti sopraffini a loro volta. Il primo e l'ultimo sono Osti-camerieri, mentre quello di mezzo fa l'Oste-cuoco. In particolare, Piero e Ugo, che gestiscono insieme un ristorante (naturalmente si chiama Guido), sono stati capaci di assumere i ruoli del papà e della mamma reinterpretandoli, ossia innestando il loro contributo personale, che non è poca cosa, sui valori assimilati in tanti anni di gavetta familiare. Ugo esce di rado dalla cucina, ma resta perennemente in contatto con la sala attraverso i riporti del fratello. Dunque, per come la vedo io, è un Oste. Piero racconta i piatti come li avesse preparati lui stesso e, se ci riesce, è perché condivide con Ugo la scelta delle materie prime e la formulazione del menù. Insomma, Piero e Ugo vengono percepiti dai loro ospiti come una persona sola: l'Oste a tutto campo. Mi piace da pazzi andare da loro. Chiacchiero amabilmente con Piero per tutto il tempo, poi sgattaiolo da Ugo e proseguo a conversare: mai beccata una contraddizione tra sala e cucina.

Filippo Giaccone invece lo fa da solo l'Oste a tutto campo. Perché nasce cameriere e poi diventa cuoco. Roba rara, per non dire rarissima. La sua storia è imperdibile.
Il nonno si chiamava Filippo come lui, ma tutti nel suo piccolo paese dell'alta Langa lo chiamavano *Lipinet,* meritato vezzeggiativo dialettale. Oggi, il nostro Filippo fa l'Oste nella stessa casa dove nel 1938 aveva incominciato il nonno *Lipinet*, ma in questi ottant'anni ne sono capitate tante di cose.
Lipinet prese in gestione il locale dallo zio Severino, che aveva raggiunto i limiti di età. Si chiamava Osteria dei Cacciatori e lui non cambiò il nome. In cucina ci andò la moglie Maria ma i due si alternavano anche al banco degli alimentari perché allora si usava così: il cibo si vendeva come in drogheria e nelle ore dei pasti

si cucinava. Com'erano svegli certi nostri antenati. Infatti oggi qualcuno ha recuperato quella antica formula: Eataly, per fare un esempio a caso.
Ma nella sua osteria-drogheria *Lipinet* ci infilò qualcos'altro: una poltrona da barbiere, dove armeggiava personalmente. Voleva fornire un servizio completo ai suoi compaesani: un genio del marketing, in pratica.
In paese veniva considerato un gran burlone, sempre pronto alla battuta, molto simpatico. Maria in cucina era un cannone, il marito tra i tavoli uno spasso: il successo era assicurato. Sempre imbottita di clienti, la loro osteria. E pure i figli (Bruna, Giorgina e Cesare), non appena giunti all'adolescenza, davano una mano. La famiglia Giaccone non era mai doma: già che c'erano, al primo piano si inventarono pure una locanda e, quando la domanda di camere eccedeva, mettevano a disposizione le proprie e se ne andavano a dormire nel fienile.
Purtroppo, *Lipinet* morì all'improvviso tra il Natale e il Capodanno del 1954, appena due giorni dopo che sua moglie Maria aveva partorito il quarto figlio: Riccardo. Fu una tragedia, l'attività dell'osteria si fermò per qualche mese. Poi Maria decise di ripartire, aiutata dalle figlie più grandi. Certo non si respirava più l'atmosfera di festa perenne che solo *Lipinet* era in grado di creare, anche i clienti erano meno numerosi, tuttavia la famiglia Giaccone, benché orfana del capostipite, si dimostrò capace di portare avanti la baracca per diversi anni.
Nel frattempo, il terzogenito, Cesare, si rivelò una promessa ai fornelli. Eccolo l'Oste-cuoco che appare d'improvviso in tutto il suo splendore. La mamma, intuendo le doti naturali del giovane Cesare, lo mandò alla corte di un grande cuoco ligure, Aurelio Scavino. Il piccolo Giaccone lo seguì a Cogne in Val d'Aosta e, successivamente, in altre località turistiche. Quando tornò all'Osteria dei Cacciatori, Cesare era un cuoco che scalpitava. La dimensione della piccola osteria per compaesani gli andava stretta, voleva fare

di più e meglio. Si sposò e decise di dirigerla lui, la baracca. Tutte le qualità artistiche e poliedriche del padre si trasferirono in lui e si indirizzarono in un'unica direzione: la fantasia in cucina. Partì da quel momento una quarantina d'anni fantastici e bizzarri. Cesare Giaccone inventava piatti straordinari, aveva una capacità unica di abbinare salse leggerissime a base di frutta con materie prime del territorio. Chi non ha mai assaggiato i suoi funghi con le pesche oppure la cipolla al sale, chi non ha mai azzannato il suo capretto allo spiedo, si è perso un emozionante scorcio della grande cucina italiana. Cesare diventò famoso, nella piccola Albaretto della Torre (meno di 300 abitanti) arrivava gente da tutto il mondo. Non vi era rivista specializzata che non si occupasse di lui. Intanto la vecchia Osteria dei Cacciatori, nel pieno centro del paesino, si era trasformata in un ristorante eccentrico: pochi tavoli per i fortunati che riuscivano a prenotare. Anche il nome era nuovo, eccentrico pure lui: Angolo di Paradiso.
Ora, come si sa, il paradiso è selettivo. Quello di Cesare, poi, a volte era proprio inaccessibile. Ogni tanto il titolare chiudeva bottega e andava a fare esperienze in Italia e all'estero – Germania, Svizzera e Austria –, dove collaborava con alcuni tra i più grandi chef europei. Poi ritornava, riapriva l'osteria ed era festa per i suoi fan. Intanto suo figlio Filippo guardava e imparava. Era, già da giovanissimo, il suo fidato uomo di sala. Era bravo Filippo, nessuno come lui sapeva raccontare le meraviglie confezionate dal padre. Ma pure a lui piaceva girare il mondo, così andava a servire cibo e vini a Los Angeles, in Germania, in Grecia. Andava e poi tornava, come Cesare, che nel 2010, stanco, decise di tirare i remi in barca. Filippo sentì il dovere di continuare la tradizione dei Giaccone. Intanto, sposò Silvia, molto brava nel mestiere dell'accoglienza.
Nuovo nome: Filippo, Oste in Albaretto, menù corto ma godereccio, un bel giardino interno che affaccia su un panorama mozzafiato. Filippo trovò un cuoco bravo, lui e la moglie stavano in sala. Ma pochi mesi dopo l'apertura ecco che, in un bel giorno

di primavera, il cuoco non si presentò al lavoro. Così me l'ha raccontata lui.

«Avevo preparato tre tavoli in giardino, c'erano prenotazioni di gente importante quella sera. Sulle prime ero disperato, poi... ancora non capisco cosa mi sia successo. Come una furia sono entrato in cucina, mi son messo la giacca del cuoco e ho acceso i fornelli. D'un tratto mi son passati in testa vent'anni a osservare i gesti di mio padre. Sentivo nelle mie braccia la sua energia, ripetevo i suoi movimenti. Silvia mi guardava con gli occhi fuori dalla testa, dice che mi muovevo come un automa. Alle otto di sera tutto era pronto, a mezzanotte ricevevo i complimenti dei nostri ospiti».

Son passati dieci anni dal giorno in cui Filippo ha scoperto di essere bravo in cucina. Da allora è lui il cuoco del suo ristorante, ma questo non gli impedisce certo di irrompere in sala, tra una portata e l'altra, e di chiacchierare con i clienti. Ora può raccontare i suoi, di piatti, per esempio un'insalata dedicata a Vasco Rossi (c'è proprio scritto sul menù). Il sogno di Filippo è che prima o poi Vasco entri nella sua osteria, e magari ordini la sua insalata. Sulla carta dei vini, in bella evidenza, Filippo ha stampato i versi di una canzone, ovviamente di Vasco. Sono un invito a guardare sempre avanti, nello spirito più autentico di *Lipinet* e di tutti i Giaccone, e al tempo stesso suonano come una dichiarazione d'amore alla moglie Silvia: «Quello che potremmo fare io e te... non si può neanche immaginare».

33

Amami Ugo

In una imprecisata dispensa, oggi

Buongiorno, mi chiamo Violetta e sono una carota. Per la verità lo ero, perché son riuscita nel mio intento e ora di me non resta che l'anima; d'altra parte quelle che portano il mio nome sono votate al sacrificio. Spero abbiate voglia di ascoltare la mia storia, sarò sintetica, promesso.

Il mio nome è antico, mi è stato tramandato di generazione in generazione. All'origine noi carote eravamo viola, mica arancioni. La nostra specie arriva dall'Afghanistan, millenni or sono. Sono stati gli olandesi nel Cinquecento, attraverso vari innesti, a farci cambiare colore: si vede che a loro piace che tutto sia arancione. Grandi mercanti le hanno poi imposte così al mondo. Ma io sono viola, come tutte un tempo. Arrivo da Polignano a Mare, in Puglia. A Polignano sono rimasti fedeli alle antiche cultivar. E ce ne sono anche di altri colori, più chiare, più scure, gialline, bianchicce.

Il mio sapore è praticamente lo stesso di quelle arancioni, ma possiedo migliori qualità nutrizionali e sono più salutare. Contengo meno zuccheri, offro un migliore risultato antiossidante, ho effetti benefici sulla circolazione e contribuisco a tenere sotto controllo il colesterolo. Dunque, dovreste preferirmi alle mie cugine olandesi. Invece voi umani siete abitudinari e continuate a scegliere quelle lì. Per questa ragione ero un po' triste mentre mi trovavo sola, ben separata dalle cugine, dentro la dispensa refrigerata del ristorante di Ugo. Sapete, una volta raccolte, noi verdure – in particolare quelle che si chiamano Violetta – proviamo un unico desiderio:

donarci a voi per procurarvi piacere e nutrimento. Non vogliamo mica marcire inutilmente e finire nei rifiuti. Così ho pensato di chiedere aiuto ad altre verdure, a incominciare da una bella cipolla che stava non lontano da me.

Si chiamava Aldina e veniva da Certaldo, un piccolo comune in provincia di Firenze. Anche lei viola e anche lei preoccupata perché Ugo mostrava una spiccata predilezione per le cipolle di Tropea, ben più famose. Eppure, le cipolle di Certaldo, di origine antica, rare e buonissime, si fregiano di essere un Presidio Slow Food, proprio come me, del resto.

«Senti, Aldina» le ho detto, «sono giorni che ti vedo qua tutta sola. A me capita la stessa sorte, non ci filano perché siamo speciali. Pensa che assurdità. Ma forse, se ci mettessimo insieme noi e altre verdure, potremmo andare da Ugo, il cuoco, e convincerlo a creare una bella ricetta con tutte noi. Che ne dici?».

Aldina mi sorrideva, si capiva che anche lei non vedeva l'ora di allearsi. Io piangevo, forse per l'emozione, oppure per la vicinanza, Aldina era pur sempre una cipolla.

Fatto sta che siamo andate a parlare con una patata, anche lei dimenticata in un angolo della dispensa, anche lei viola – ma di una tonalità più intensa, quasi blu – e anche lei unica nel suo genere. Veniva dalla Valtellina, si chiamava Jolanda. Sulle prime non sembrava volerci dar retta, del resto le patate tendono alla pigrizia, sanno che prima o poi verranno utilizzate perché stanno dentro mille ricette.

È stata Aldina a trovare le parole giuste: «Jolanda, ascolta, da sole non andremo da nessuna parte. Perfino tu, pur essendo patata, rischi di essere dimenticata. Non vedi che ogni volta Ugo sceglie le solite patate a pasta bianca? E tu, che sei migliore, più gustosa e compatta, resti sempre lì. Ma come puoi accettare una simile discriminazione? Unisciti a noi, insieme faremo qualcosa di speciale. Abbiamo bisogno anche di te per convincere la zucchina, in tre saremo più credibili».

La zucchina in questione si chiamava Canterina e veniva da Albenga, dall'unica pianura della Liguria di Ponente, e aveva una curiosa forma a trombetta. Di qui il nome della sua famiglia - zucchine trombetta, appunto - e di qui anche il suo nome proprio, suppongo. Piuttosto complicate da riporre in dispensa, i cuochi le mettono al fondo e a volte se ne dimenticano. Eppure sono buone, talmente dolci da poter essere mangiate anche crude. Si vedeva che pure Canterina soffriva di solitudine, ma più che preoccupata sembrava annoiata. Dicono che le zucchine non siano molto intelligenti. Evidentemente Canterina era un'eccezione, e poi non ne poteva più di aspettare. Morale: anche lei si è unita al gruppo.

Quando siamo andate a trovare Appio, così si chiamava quel sedano rosso di Orbassano, lui sulle prime si era insospettito: «Che vogliono queste?».

Ma mettiamoci nei suoi panni: all'improvviso si è visto arrivare una carota viola, una cipolla viola pure lei, una patata viola tendente al blu e una zucchina fatta a trombetta.

«Parlagli tu» ho detto ad Aldina, la cipolla di Certaldo. «Usa la carta dei Presìdi Slow Food, vi intenderete meglio».

Aldina ha accettato, ma l'ha presa un po' larga: «Illustre Appio, so bene che appartieni a quella varietà speciale che Anna Maria d'Orlèans portò con sé da Tours, in Francia, quando venne a sposare il re Vittorio Amedeo II a Torino. Tu giustamente vanti le tue nobili origini, che esibisci nel rosso sfumato del tuo bellissimo manto».

E lì Appio è diventato proprio rosso fuoco, altro che sfumato.

«Ma non pensare che noi siamo da meno» ha proseguito Aldina, «ognuna appartiene a cultivar antiche e rare. Abbiamo in comune il fatto che siamo più difficili da tirare su, garantiamo rese inferiori, costiamo un po' di più (tutto vero), ma alla fine vuoi mettere il risultato? Siamo più gustose e più sane. Eppure, nobile Appio, lo vedi anche tu quanti sedani verdi, della qualità più comune, sono usciti in questi giorni dalla dispensa, mentre tu sei rimasto qua, solo soletto nella tua rossitudine. Unisciti a noi, illustre Appio. Arricchisci la nostra tavolozza del tuo bel rosso sfumato… Appio? Appio, che hai? Perché ora stai piangendo?».

Ma indovina un po', cara la mia cipolla?

Ad ogni modo Appio si è convinto pure lui. A quel punto non restavano che i fagioli *lumacheddi*, originari dei Nebrodi, in provincia di Messina, i quali, a dispetto del soprannome, si sono uniti alla causa in un battibaleno, visto che sono anche loro un Presidio, capitanati dal loro leader: Marroncino.

La squadra adesso era completa. Eravamo piazzati in pole position all'interno della dispensa, per farci notare da Ugo appena l'avesse aperta. Non abbiamo dovuto aspettare molto, era quasi ora di preparare la cena. A parlargli hanno mandato me, visto che l'idea era stata mia.

«Ciao Ugo» ho cominciato, «perdona la sfrontatezza. Mi chiamo Violetta, ti presento Aldina, Jolanda, Canterina, Appio e Marroncino. Inutile che ti spieghi chi siamo, sei tu che ci hai scelto al mercato perché credi nelle nostre qualità. Ma poi pare che tu ti sia dimenticato di noi. Ora io, Violetta, sono qui a dirti: amami Ugo, e ama anche Aldina, Jolanda, Canterina, Appio e Marroncino. Amaci quanto meritiamo. Addio».

Un'uscita un po' melodrammatica, lo ammetto. Però ha funzionato. La sera stessa, nella carta del ristorante Da Ugo, era apparso un piatto nuovo: Il gran minestrone di antiche cultivar. Successo immediato, piatto esaurito al primo giro di ordinazioni e alla fine un sacco di complimenti. Ugo si schermiva: «Sapete, è con Violetta che dovreste congratularvi». «Sarà una nuova aiuto-cuoca» pensavano i clienti abituali.

E noi, creature della terra, che eravamo già pronte a ritornare nell'eterno ciclo della natura, magari sotto nuove forme e vestendo altri scintillanti colori, un attimo prima di diventare puro spirito ci siamo guardate per un'ultima volta e in silenzio ci siamo dette: «Hai visto che succede, a fare squadra?».

34

Favole di marmo

Possagno, 1764

«C'era una volta un poeta, si chiamava Orfeo. Era un uomo molto fortunato, perché amava sua moglie Euridice, riamato. I due si tenevano una gran bella compagnia, lui scriveva storie meravigliose e lei, che era una ninfa, una dea con caratteristiche umane, lo ispirava. Un giorno si trovavano in un prato; Orfeo cantava le sue odi e Euridice danzava a piedi nudi. Purtroppo, un serpente velenoso morse il piede della bellissima ninfa, iniettando il suo mortale veleno. Euridice spirò e la sua anima precipitò nell'Ade. Devi sapere che l'Ade, per gli antichi Greci, era il luogo dei morti. Né inferno né paradiso, semplicemente il regno dei defunti. Un vero luogo fisico, comunicante attraverso vie impervie con la Terra, ma inaccessibile ai mortali.

Orfeo pianse per giorni interi, disperato. Non poteva vivere senza la sua amata moglie. A un certo punto iniziò a intonare canzoni di supplica rivolte agli dei dell'Olimpo. Musiche e parole così cariche di disperazione che tutti gli dei ne furono commossi, in particolare Persefone, la moglie del re degli Inferi. Persefone concesse a Orfeo di entrare nell'Ade per riprendersi Euridice e ricondurla con sé sulla Terra, ma a una condizione. Per tutto il tragitto la moglie avrebbe seguito a debita distanza il marito, il quale non avrebbe mai dovuto voltarsi per guardarla. Così fece Orfeo rispettando l'impegno preso ma, non appena raggiunta la luce del sole, si voltò. Voleva finalmente rivedere la sua amata. Lei si trovava nella penombra del confine tra l'Ade e la Terra, per pochi metri ancora nel territorio delle anime morte. Euridice si dissolse, sparendo per sempre dalla vista di Orfeo. Fu così che il poeta venne condannato a vivere in solitudine».

«Una storia struggente».

«Infatti» disse il nonno e sorrise a quel bambino che sapeva già usare le parole dei grandi.

«E Orfeo?».

«Orfeo cosa?».

«Dopo che fine fa?».

«Antonio, ascolta me: è meglio chiuderla qui».

«Dai nonno, ti prego. Racconta».

«Per la verità ci sono varie versioni. Tutte tragiche, ma alcune si concludono in modo più dolce. Per esempio, Dante racconta che Orfeo venne ucciso dalle Baccanti, donne invasate di Dioniso, il dio della forza vitale. Queste donne, in preda a un fanatismo esagerato, desideravano punire Orfeo per il solo fatto che si fosse voltato anzitempo e lo fecero a pezzi».

«Questa sarebbe la versione un po' più dolce?».

«Aspetta, non avevo finito. La testa di Orfeo, staccata dal collo e gettata nel fiume, rimase a galla e continuò a cantare odi dolcissime dedicate a Euridice».

«La poesia che resiste alle atrocità».

«Esatto».

«E la versione cupa?».

«Poliziano, circa due secoli più tardi, lo fa morire del tutto Orfeo, con le Baccanti che trionfano».

«Preferisco Dante».

«Bravo Antonio, nonno Pasino la pensa come te».

«Raccontamene un'altra».

«È tardi, ora è meglio che tu dorma».

«Dai, ancora una. Ti prego, nonno».

«E va bene, va bene. Questa l'ha scritta un grande filosofo romano che si chiamava Apuleio. Un bel tipo, amava viaggiare, inventare

storie e fare conferenze. Sarebbe una storia lunga ma te la faccio breve. Tu concentrati. È la favola di Amore e Psiche».
«Già mi piace».
«Psiche era una ragazza bellissima, talmente bella che i ragazzi provavano un certo timore ad accostarsi a lei. Risultato: non riusciva a trovare marito. La sua bellezza era tale che erano in molti a chiamarla Venere, come...».
«Come la dea».
«E a lei, alla dea, questo fatto proprio non andava giù. Sicché decise di mandare sulla terra il figlio Amore, con la seguente missione: far innamorare Psiche dell'uomo più brutto e avaro del mondo, e coprirla in questo modo di ridicolo. Amore andò sulla terra e indovina un po'?».
«No, dai, si innamora lui stesso di Psiche?».
«Perdutamente».
«E Venere?».
«Sempre più arrabbiata, ma non è che potesse farci molto. Amore chiese in sposa Psiche, e lei accettò al buio, diciamo».
«Al buio? In che senso?».
«Nel senso che non potrà mai vedere il suo sposo, i loro incontri dovranno avvenire solo nell'oscurità».
«E perché?».
«Una piccola vendetta di Venere, è lei che voleva così. Suocere...».
«Certo, nonno, che nell'antica Grecia doveva essere complicato».
«Che cosa?».
«Uno non può voltarsi a guardare la moglie, l'altra non può accendere la luce per vedere il marito».
«Mi sa che hai ragione, era complicato. Infatti una notte, mentre Amore dormiva, Psiche afferrò una lampada a olio e la avvicinò al volto di Amore, in preda alla curiosità. Ebbe appena il tempo di ammirare i suoi lineamenti bellissimi quando una parte dell'olio rovente cadde sul corpo del promesso sposo, ustionandolo».
«Ahi».
«Amore, alla luce della lampada, si dissolse e risalì in cielo. Psiche

era disperata. A questo punto rientrò in scena Venere che, separati i due innamorati, tanto per consolare Psiche la sottopose a una serie di prove difficilissime. In palio c'era la possibilità di riabbracciare il suo innamorato».

«Temo di aver intuito come va a finire».

«Ora non sto a descrivertele tutte, queste prove, sarebbe lunga e inoltre è tardissimo. Sappi solo che Psiche, la quale per niente al mondo voleva rinunciare a ricongiungersi con Amore, riuscì rocambolescamente a superare le prime tre. Giunse alla quarta, rendendosi subito conto che era praticamente impossibile. Ma ecco che in suo soccorso, dal cielo, intervenne proprio Amore, che a sua volta chiese aiuto al padre Giove».

«La trama s'infittisce».

«Giove si impietosì e fece in modo che i due innamorati si riunissero, stavolta senza alcun impedimento».

«Cioè, aspetta: mi stai dicendo che va a finire bene? Incredibile».

«Finalmente i due si sposarono e la storia termina con un grande banchetto».

«Ma non erano già sposati?».

«No, Antonio. O forse sì. Senti, non lo so, non me lo ricordo. So soltanto che al banchetto di nozze il cuoco era il dio Vulcano e, come sommelier, c'era niente meno che il dio Bacco in persona».

«Nonno, cos'è un sommelier?».

«Te lo dico domani, d'accordo? Ora dormi».

«Nonno?».

«Che c'è?».

«Domani me le racconti le prove che ha superato Psiche?».

C'era una volta un bambino che si chiamava Antonio – e questa non è più una favola ma una storia vera. Rimase orfano di padre che nemmeno aveva quattro anni. La madre si risposò e lui venne allevato dal nonno Pasino, un abile tagliapietre di Possagno (vicino a Vicenza) che non disdegnava interventi scultorei nelle ville e

nelle chiese delle sue parti. Siamo intorno al 1765. Pasino era un gran lavoratore, un po' burbero e ribelle. Sottopose Antonio a un duro apprendistato fin da bambino, insegnandogli l'arte di lavorare la pietra. E lui, Antonio, che di cognome faceva Canova, diventò uno dei più grandi scultori della storia.
Confesso di essermelo immaginato io nonno Pasino che racconta le favole al piccolo Antonio, ma il resto è tutto vero. Come è vero che da quelle favole nasceranno due tra le più grandi opere d'arte del XVIII secolo.
È proprio con Orfeo ed Euridice che Canova conquista la fama. Si tratta di un gruppo scultoreo, nel senso che i personaggi sono scolpiti separatamente ma non possono che convivere. L'artista lo realizza a diciannove anni mentre si trova a Venezia per studiare. Orfeo, disperato, si porta la mano destra sul capo. Euridice allarga le braccia impotente, mentre una mano misteriosa la afferra per riportarla nell'Ade. Se non lo avete ancora fatto, la prossima volta che capitate a Venezia andate al museo Correr. Sarete rapiti anche voi, per fortuna non dall'Ade come Euridice, ma da tanta bellezza.
Con Amore e Psiche, che invece sta a Parigi, Canova riesce a fare addirittura di meglio. Giuro che al Louvre c'è gente che passa davanti alla Gioconda senza neppure filarsela – del resto è piccolina, la Gioconda –, mentre rimane incantata per ore davanti alla scultura del Canova. Il conflitto eterno tra anima (Psiche) ed eros (Amore). Questo dissidio che può essere ricomposto solo se hai la fortuna di incontrare l'uomo o la donna della tua vita. Beh, Antonio Canova è riuscito a catturare nel marmo questa armonia rara e preziosa. Ci ha messo cinque anni per portare a termine il miracolo. Gesti, sguardi, perfino movimenti. Le labbra che si avvicinano al colmo del desiderio, i volti che esprimono tenerezza, le braccia che si intrecciano in un doppio cerchio. Ed è bello immaginare che tutto sia nato nella mente del Canova circa venticinque anni prima, mentre da bambino ascoltava con meraviglia le parole di nonno Pasino.

La favola sarebbe finita qui, ma se per caso siete come il piccolo Antonio e ne volete ancora, chi sono io per non accontentarvi? Dunque, la scultura di Amore e Psiche venne acquistata da Gioacchino Murat, il cognato di Napoleone Bonaparte. L'imperatore ne rimase talmente colpito, quando la vide, che decise di commissionare al Canova un'altra opera. Soggetto: Napoleone stesso, a grandezza naturale. Si sa che tra le sue innumerevoli doti non c'era la modestia. Il Canova, che dal nonno aveva preso un bel po' del suo carattere burbero, oltre che l'amore per le favole, sulle prime era riluttante ad accontentare Napoleone. Ancora non gli perdonava di aver trattato la sua terra come semplice merce di scambio durante la prima campagna d'Italia. Ma alla fine si convinse, anche perché non doveva essere facile dire di no a Napoleone. Però, insomma, lo scultore era lui. Aveva, per così dire, lo scalpello dalla parte del manico. Sicché realizzò l'opera non a grandezza naturale, come richiesto, ma ben più imponente, andando abbondantemente oltre il metro e sessantotto dell'imperatore. Voleva che il dittatore si sentisse piccolo al cospetto della statua, come piccolo – secondo lo scultore – si era dimostrato nella questione italiana. Inoltre, lo ritrasse nudo e, forse a mo' di compensazione, lo dotò di attributi minimi, cosa che a quanto sembra fece imbestialire Napoleone il quale, anche in campo amoroso, si riteneva un superdotato. Risultato: l'imperatore pretese che il membro della statua venisse ricoperto da una foglia d'edera – una fogliolina in realtà, viste le dimensioni. Di più: fece collocare la scultura in un angolo poco frequentato del museo che portava il suo nome, in modo che nessuno la vedesse. Peccato che, dopo Waterloo, l'opera sia stata acquisita dalla corona d'Inghilterra e infine donata – ironia della sorte – proprio al duca di Wellington, colui che aveva sconfitto Napoleone. Ancora oggi la scultura si trova nella sua residenza londinese, esposta stavolta in piena evidenza.
Napoleone, se lo sapesse, andrebbe su tutte le furie. Mentre Canova si sbellicherebbe dalle risate.

35

Il filetto dei miei stivali

Londra, 1828

A proposito di Wellington: vorrei parlare del suo piatto preferito e metterlo a confronto con quello di Napoleone. Il duca contro il generale. Filetto vs pollo.

I due personaggi hanno, per la verità, diverse cose in comune. Intanto l'età, entrambi nati nel 1769. Entrambi strateghi di grande abilità, entrambi politici. Va beh, il francese è addirittura diventato imperatore, ma l'altro per ben due volte è stato il primo ministro del Regno Unito di Gran Bretagna e Irlanda. Entrambi sempre convinti di vincere ed eccellere, specie il Bonaparte, straripante pure quanto a ottimismo, mentre quello del duca era più misurato, più *British*.

Poi ci sono le differenze. Napoleone muore prima, quasi cinquantaduenne, dopo sei anni di doloroso esilio su una piccola e remota isola nel bel mezzo dell'Atlantico. Muore lontano dal mondo, in preda alla depressione, convinto che gli ultimi tre anni della sua carriera militare e politica avrebbero cancellato i quasi venti di strepitosi successi. Si sbagliava: diciannove anni dopo la morte, la sua salma venne riportata a Parigi e sepolta con tutti gli onori. Ancora oggi Napoleone è universalmente ricordato come uno dei più grandi personaggi di tutti tempi.

Invece Arthur Wellesley, nominato duca di Wellington nel 1814 in seguito alla vittoriosa battaglia di Tolosa, visse oltre ottantatré anni e gli andò sempre tutto bene. Considerato grandissimo in vita, non è certo stato dimenticato dopo la morte, ma la sua fama

non si avvicina neppure a quella del rivale d'Oltremanica. E dire che Wellington lo aveva battuto ben due volte: a Tolosa appunto, e poi l'anno successivo a Waterloo. Per correttezza va precisato che nel primo caso Napoleone non c'era, si trovava a Parigi e stava già abdicando. Mentre la seconda battaglia, quella definitiva in Belgio, Bonaparte la stava vincendo, mancava veramente poco alla resa di Wellington, quando arrivarono i prussiani di von Bülow e von Zieten, e sfondarono la linea d'attacco dell'esercito francese. Un gran colpo di fortuna per il generale inglese, di sicuro non l'unico della sua lunga vita.
Ma la fortuna, si sa, va aiutata e questo il duca lo ha sempre fatto, specialmente alleandosi. Gli è sempre piaciuto far squadra tra nazioni. Cosa che riesce facile quando c'è un nemico comune; se poi il nemico è quel pericoloso imperialista di Napoleone Bonaparte, unire più eserciti diventa l'unica possibilità per spuntarla. Invece, al francese piaceva andare da solo; si sentiva il più bravo di tutti (e lo era davvero), ma la bravura da sola non basta quando ti trovi di fronte mezzo mondo che ce l'ha con te.
Al contrario, se parliamo di cibo, in fatto di alleanze vince Napoleone. Mettere insieme pollo, uova e gamberi di fiume è decisamente più consociativo che non avvolgere un filetto di manzo in una pasta sfoglia. Tuttavia, il pollo alla Marengo e il filetto alla Wellington sono perfettamente rappresentativi dei due personaggi. Eccentrico e a base di materie prime povere il primo – in linea con l'originalità e le radici umili del corso –, classico ed elegante il secondo, come sempre è stato il generale britannico, nato a Dublino da famiglia nobile.

Come sia nato il pollo alla Marengo lo abbiamo già detto (storia numero 12). Ora vi racconto il filetto alla Wellington, che a me piace molto, quasi quanto il pollo di Napoleone. Ma si fa con il filetto, che è piuttosto raro, quindi lo mangio al massimo una volta l'anno e per l'occasione mi assicuro che il pezzo intero di filetto di manzo (un chilogrammo per sei persone) sia di grande qualità. Scelgo la razza piemontese, per la bontà e per la prossimità. Ma in diverse altre regioni italiane ci sono razze autoctone, forse non altrettanto eccellenti, comunque molto buone; perciò vi invito a scegliere quella più vicina al vostro territorio. Mi raccomando, però: informatevi sul modo in cui è stato allevato il bovino. No vitamine, no integratori, no mangimi industriali, solo alimentazione naturale da agricoltura biologica e simbiotica. Fidatevi, si trova; anche se giustamente è più costosa della carne da allevamenti intensivi. Faccio che dirvelo, viene venduta intorno ai 50 euro al chilo. Vi sembra troppo? Invece secondo me dovrebbe costare ancora di più, per disincentivare l'acquisto del filetto. Lo sapete che in un animale ci sono solo due filetti, per un massimo di circa 8 chilogrammi, su un totale di circa 300 di carne vendibile? Dunque, meno del 3%, e sono in molti a volerlo, il filetto. D'accordo, è una leccornia ma credetemi, esistono tanti altri tagli di carne, ben più abbondanti, molto ma molto buoni.

Alle famiglie nobili del XIX secolo non importava un fico secco che le leccornie fossero rare e costose. Loro mangiavano leccornie, punto. In particolare, il duca di Wellington era molto esigente quanto a manicaretti, i suoi cuochi si beccavano spesso le sue ramanzine. Finché arrivò in tavola quel filetto in crosta, espressamente inventato per lui. Dicono che il generale s'innamorò di quel piatto a prima vista perché, come forma e colore, assomigliava ai suoi stivali, i famosi stivali dorati di Wellington. Ma anche in bocca non era male. Quei furbetti dei cuochi avevano infilato tra il filetto e la sfoglia un purè di funghi e qualche fetta di pancetta affumicata di maiale, roba normalmente gradita al duca, infine avevano spennellato con il rosso d'uovo la pasta allo scopo di far prendere un colore dorato alla crosta in fase di cottura. Una volta tanto ai cuochi toccarono i complimenti anziché la solita lavata di capo. E venne loro naturale intitolare il piatto a Wellington.

Il quale, dopo aver battuto Napoleone grazie alle alleanze, continuò a cooperare con altre nazioni per tutta la sua vita politica, sempre con ottimi risultati. Era un conservatore ma aperto al mondo. Forse, se fosse vissuto ai nostri tempi, sarebbe stato uno dei pochi Tory a non volere la Brexit. Forse con lui l'Inghilterra sarebbe ancora in Europa.

36

In un futuro distopico

Roma, ottobre 2032

Cominciano sempre così i trailer dei film di fantascienza, con un tizio dalla voce stentorea che dice: «In un futuro distopico...». Segue un montaggio frenetico di immagini perlopiù raccapriccianti. Al limite, la variante è: «In un futuro non troppo lontano...». Ma sempre con lo stesso tono allarmato, appunto perché il futuro tenda ad apparire terrificante, e stavolta è pure dietro l'angolo.

E dunque, in un futuro non troppo lontano (direi che non fa una piega, siamo nel 2032, praticamente domani), un immenso edificio incombe minaccioso sul Grande raccordo anulare di Roma (facciamo sul Gra, nella fantascienza vanno forte gli acronimi). È nuovo di pacca quest'edificio. Così come molti altri simili, e con le stesse funzioni, che sono sorti nelle periferie delle principali città italiane. Ma quello di Roma è il più grande, vi si accede attraverso l'uscita 31, quella della Magliana. Bastano 900 metri dopo l'uscita per raggiungerlo: peccato che vi sia sempre una coda infernale (come oggi). A volte le auto iniziano a incolonnarsi già chilometri prima, sul raccordo. E c'è sempre qualcuno che, fingendo di non essersi accorto che si tratta della coda per l'uscita 31, sorpassa tutti e poi si infila all'ultimo momento tra le proteste dei conducenti disciplinati. (Anche qui, come vedete, nessuna apprezzabile differenza rispetto al presente).

Giorgio Rossi è tra quelli diligenti, si trova in coda ormai da mezz'ora. Ha quasi raggiunto l'uscita della Magliana, ma ci vorrà ancora un bel po'. Eppure, non sbraita contro i furbetti che si infilano all'ultimo, nemmeno tiene il muso della sua auto incollato a quella che lo precede per impedire gli inserimenti marpioni. Giorgio è un tipo tranquillo, tollerante; non cerca grane e poi in auto ci sono la moglie Laura e i due figli, Sandro e Lucia. Giorgio non ha mai dato cattivi esempi e non vuol cominciare certo oggi. (Avrete senz'altro intuito che loro sono i buoni).

Il palazzo di Roma è stato l'ultimo a essere inaugurato tra quelli delle grandi città. D'altra parte, si sa, nella capitale la burocrazia più che un polpo è una piovra (questo futuro distopico è sempre più sovrapponibile al presente, me ne rendo conto). E poi ce n'è voluto di tempo per costruirlo, perché è veramente un bestione: un fronte di 200 metri per una profondità di 50 e un'altezza di 20. Cinque piani fuori terra, di 10 000 metri quadrati cadauno, più altri quattro interrati per i parcheggi. Un gigante, tuttavia di un'architettura snella e piacevole (giacché anche nei futuri più distopici gli unici a conservare un minimo di buon gusto saranno proprio gli architetti). I progettisti hanno realizzato un bel mix tra vetrate fotovoltaiche e acciaio riciclato, e sono stati capaci di installare sul tetto, come fosse sospesa nel firmamento attraverso decine di piccoli tubi color cielo, la pantagruelica insegna: Centro badanti.

La stessa insegna si legge in tangenziale a Milano, a Napoli vicino all'aeroporto e nel grande prato di San Lazzaro che costeggia l'autostrada a Bologna. Ma sono stati costruiti altri centinaia di Centri badanti in tutta la penisola, anche nelle province. A Torino è stato invece ristrutturato e adattato allo scopo il Palazzo del Lavoro, progettato dall'architetto Nervi e poi caduto in disgrazia, in disuso per decenni. Lassù l'insegna è talmente luminosa da riflettersi nel Po e si vede già a chilometri di distanza, arrivando da sud. È significativo che sia stato scelto proprio quel palazzo, così ben intitolato e indegnamente dimenticato, per realizzare un luogo destinato alla mansione oggi più richiesta, preziosa e al limite dell'irreperibile. Mai nessuno avrebbe immaginato che il terzo de-

cennio del primo secolo del terzo millennio si sarebbe aperto con un'emergenza tale da diventare una forma di psicosi collettiva.
Il fenomeno era in ebollizione da almeno vent'anni, ma negli ultimi cinque è esploso come una bomba sociale. Il fatto che la vita media si sia ulteriormente allungata (ormai non si contano più i centenari) spiega la crescita esponenziale della domanda di servizi assistenziali per anziani. I centri per ospitalità pubblici e privati non riuscivano a soddisfare le richieste, tutti traboccanti di ospiti e con almeno due anni di attesa per l'ingresso. Per forza, ormai la permanenza media superava i 15 anni, con punte di 25, anche di 30. E dire che una legge dello Stato vietava fossero accolte persone con un'età inferiore agli ottant'anni. Dunque, servivano tante badanti a domicilio, che con il tempo sono diventate sempre più rare. Le ultime strette all'immigrazione avevano prodotto un ulteriore calo dell'offerta. Primo effetto, l'aumento delle tariffe. Ormai una badante guadagnava quanto un impiegato di alto livello, quindi anche gli uomini si erano avviati a questo tipo di attività. Secondo effetto: il mestiere era diventato attrattivo pure per le italiane e gli italiani. Si è assistito così a una nuova ondata di emigrazione verso il Nord, ancora oggi molto più ricco del Sud. Ma si è purtroppo verificato un terzo effetto (altro superclassico della fantascienza distopica): l'illegalità. Il racket di badanti da parte della criminalità organizzata dilagava, ma in una modalità diversa da quella diffusa in passato nelle campagne, quando si sfruttava la manovalanza in nero a basso costo. Stavolta tutto in regola, tranne che per ottenere una badante in tempi brevi dovevi pagare il pizzo, oppure la criminalità prestava i soldi a tassi d'usura alle famiglie che non potevano permettersi certi stipendi.
Insomma, il casino era tale che occorreva metterci rapidamente una pezza. Il Governo si era così inventato un posto dove famiglie e badanti potessero incontrarsi, con un format uguale dappertutto. Piano terra dedicato alla ricerca di badanti a termine, da un giorno a un mese. Nessuna pretesa di specializzazione tipo conoscenza

della lingua, capacità infermieristiche o abilità nei lavori domestici. I servizi richiesti erano semplicemente: compagnia, accompagnamento, assistenza nei bisogni primari e lancio di Sos in caso di necessità. Le tariffe erano quelle di un settore contraddistinto da eccesso di domanda, cioè 200 euro netti al giorno più vitto e alloggio, 1200 euro per la settimana, 4500 per un mese intero. Al primo piano si potevano invece stipulare contratti annuali o a tempo indeterminato, stipendio mensile di 4000 euro netti. Tutte le tariffe erano stabilite e calmierate dallo Stato, una specie di equo canone. Se non si rispettavano queste tariffe, sia in aumento sia in sottrazione, si era fuori legge. Al secondo piano si potevano richiedere badanti specializzate o ultra-specializzate a tempo determinato, con tariffe che nella fascia più alta potevano toccare i 1000 euro al giorno. Stessa cosa al terzo piano, ma per assunzioni a tempo indeterminato: difficile trovare persone che parlassero bene italiano, capaci di offrire servizi infermieristici, disposte a tenere in ordine la casa e magari anche a cucinare per meno di 10 000 euro al mese. L'ultimo piano era destinato all'amministrazione, alla direzione e all'ufficio reclami, quest'ultimo particolarmente affollato.

Nel frattempo, Giorgio Rossi è finalmente riuscito a parcheggiare al livello meno quattro. Fortuna che è partito all'alba. Ora sono le nove e lui già è a pezzi, d'altra parte ha passato i settantacinque anni, anche sua moglie Laura (sessantanove) si lamenta per il dolore alle gambe, perché soffre di artrosi ormai da anni. Sandro e Lucia, i loro figli quarantenni, sono indispettiti per la levataccia e per la mattinata di lavoro persa. Tuttavia, la faccenda era obiettivamente inderogabile.

Fino ai novantacinque anni nonna Maria, la mamma di Giorgio, è stata abbastanza bene, indipendente e pure con la testa a posto. Poi un piccolo ictus, superato solo in parte. Non poteva più stare da sola. La nuora non voleva saperne di prendersela in casa e il figlio non se la sentiva di chiuderla in un ospizio, dove per altro non ci

sarebbe stato posto. Il triste vai e vieni di badanti va avanti ormai da tre anni. Nessuna che abbia superato i due mesi, anche perché la nonna, dopo l'ictus, ha messo su un certo caratterino (non che prima scherzasse).
La famiglia organizza un briefing nel parcheggio. È Lucia, la figlia maggiore, a prendere l'iniziativa.
«Mamma, tu vai al piano terra, questo è il modulo compilato per l'accettazione. Ci serve una persona sensibile, adatta alla nonna, una che la sopporti, che sappia trovare il bello che c'è in lei».
«Madre Teresa, in pratica».
«Laura, ti prego, non è il momento» interviene Giorgio.
«Tu papà, fai lo stesso al primo piano. Sandro, tu vai al secondo, io al terzo e che Dio ce la mandi buona. Mi raccomando, se qualcuno vi avvicina in ascensore, non rispondetegli neanche. Sono abusivi, è gente pericolosa. E ora diamoci da fare. Mi sa che sarà lunga, c'è già la coda agli ascensori».
Lucia sale a piedi, non ha tempo da perdere. Stavolta è decisa a trovarne una brava, una professionista, costi quel che costi. Si è fatta due conti: sommando le pensioni dei genitori e gli stipendi dei figli viene fuori un discreto gruzzolo, e lei è disposta a investirne anche la metà pur di risolvere il problema. La nonna merita di vivere i suoi ultimi anni in serenità. E dopotutto se la meritano anche loro, un po' di serenità.
Certo non sarà facile. Nonna Maria sa essere davvero ingestibile, quando ci si mette d'impegno, e ultimamente ci si mette spesso. Servirebbe, pensa Lucia, qualcuna che... Madre Teresa di Calcutta, ha ragione la mamma, solo lei sarebbe in grado di sopportarla, ammette Lucia. E dire che un tempo era adorabile. A Lucia piaceva molto stare con lei, accompagnarla al mercato, ascoltare le storie di quando era giovane, guardarla mentre cucinava, giocarci a carte. Quando frequentava le medie Lucia pranzava dalla nonna tutti i giorni, e ogni tanto si portava dietro la compagna di banco, com'è che si chiamava? Una ragazzina con gli occhiali tondi e i capelli

rossi, sveglia, sempre sorridente. Peccato che poi si siano perse di vista. Anche a nonna Maria stava simpatica, chissà che fine ha fatto. Intanto è arrivata al terzo piano, c'è una fila bella lunga anche qui, Lucia si accoda (i numerini no, eh?).

Il primo della fila, un signore sulla settantina come suo padre, entra nella stanza dei colloqui e quando ne esce ha una faccia...

Succede lo stesso con la seconda, con il terzo, il quarto e la quinta.

Per forza, pensa Lucia, con quelle tariffe.

Finalmente, dopo un'ora e passa, tocca a lei.

Entra... e rimane a bocca aperta.

«Matilde?».

Ecco come si chiamava. La sua compagna delle medie, incredibile, è proprio lei. Ancora con i capelli rossi, sempre con gli occhiali tondi. Seduta alla scrivania, dietro il cartello "Offresi badante".

«Lucia, da quanto tempo».

Matilde si alza e le va incontro, si abbracciano, si osservano da vicino, si abbracciano di nuovo, poi Matilde torna a sedersi e invita Lucia a fare lo stesso.

«Ti ricordi di nonna Maria?».

«Certo» dice Matilde. «A carte mi stracciava sempre».

«Sul serio? Non me lo ricordavo».

«È per lei che sei qui?».

Lucia fa di sì con la testa. Le racconta dell'ictus, poi delle decine di badanti che si sono succedute in questi ultimi anni. Inutile nasconderle la verità, primo perché ai tempi Matilde era sua amica, secondo perché tanto scoprirebbe subito come stanno le cose.

«Ascolta, nonna Maria non è più quella che tu...».

«Lo so» la interrompe Matilde «lo immagino. Quanti anni ha?».

«Novantotto. Beh, quasi novantanove. Perché ridi?».

«Perché adesso vincerei io, mi sa. Intendo dire a carte».

«Significa che accetti? Ti occuperai di lei?».

Matilde continua a sorridere. Come ai tempi delle medie, pensa Lucia. Lo stesso sorriso di allora, magari un po' velato dalla stan-

chezza, dagli anni che sono passati pure per lei, dalle delusioni che la vita le avrà sicuramente riservato (succede a tutti). Eppure, in fondo, è ancora quel sorriso.
(E niente, proprio non ce la faccio. Non riesco a far andare male le cose neppure quando mi immagino un futuro distopico).

37

Il generale e la dea

Parigi, 1962

In cima troviamo la Ford modello T, disponibile in qualsiasi colore purché sia nero. Al secondo posto la Mini, più grande dentro che fuori. E poi, sul gradino più basso del podio, c'è lei, la dea.

La classifica è stata stilata nel 1999 da una giuria di giornalisti del settore, che hanno preso in esame ben 700 modelli. Beh, io non sono d'accordo. La Ford T è di sicuro un'auto straordinaria, e, per motivi diversi, lo è anche la Mini. Ma per me con la DS non c'è gara.

La Citroën, nei vent'anni in cui la produsse, ne immatricolò più di un milione e mezzo di esemplari. Dunque, un'auto abbastanza popolare, ma ricca di innovazioni che la rendevano rivoluzionaria (siamo in Francia, l'aggettivo è consono). Priva di frizione, la DS offriva per la prima volta una specie di cambio automatico, e anche i freni a disco anteriori erano una novità, per lo meno in Europa. Ma la vera rivoluzione stava nelle sospensioni idrauliche, una trovata spettacolare: quattro sfere d'acciaio, una per ruota, piene di olio e azoto che, combinandosi, producevano un effetto ammortizzante mai visto prima. Ti sembrava di stare su una nuvola, ed era pure regolabile, questa nuvola: potevi decidere l'altezza da terra del pianale a seconda del percorso.

Ancora più incredibile era il design, di una originalità e insieme di un'armonia che soltanto a un italiano poteva venire in mente: Flaminio Bertoni, artista e scultore di Varese.

Fin dalla prima presentazione, al Salone di Parigi del 1955, la Citroën DS fu trovata bellissima e si guadagnò qualcosa come 80 000

prenotazioni. Nel resto dell'Europa fu soprannominata Lo Squalo, Il Ferro da Stiro, perfino L'Ippopotamo, per dire quante immagini era in grado di evocare quella nuova forma. Ma ai francesi questi soprannomi non piacquero mai. Loro la chiamavano semplicemente DS, sigla che sta per *Désirée Spéciale*, e le due iniziali, pronunciate alla francese, suonano come *dées*, che significa "dea". Altro che ippopotamo. Ecco cos'era quell'auto, un'apparizione, qualcosa di soprannaturale, una divinità.
La DS non solo viaggiava serena su qualsiasi fondo stradale, non solo ti forniva tutte le informazioni che volevi tramite il suo stravagante cruscotto, non solo ti lasciava libero il piede sinistro, non solo ti salvava la vita con le sue frenate dolci e graduali. La DS, se la guardavi dritto negli occhi, ti sorrideva.
Provateci, andate a farvi un giretto al Museo dell'Automobile di Torino e osservatela di fronte: vedrete che sorriderà anche a voi. Già che siete lì, fate un salto anche nel corridoio dei designer, ci sono i più grandi di tutti i tempi. Di ognuno sono indicate le automobili che hanno disegnato, le tappe più importanti della loro carriera e le innovazioni che hanno apportato. Noterete anche, sotto il titolo *Invidia*, un piccolo spazio, una nicchia in cui è esposto il modellino del veicolo che ciascuno di loro avrebbe voluto disegnare. Ebbene, nella maggioranza dei casi, in quelle nicchie troverete proprio la Citroën DS, sempre sorridente, pure nel formato *mignon*.
Come detto, la produzione va avanti per un ventennio, dal 1955 al 1975. Proprio nel bel mezzo di questo periodo si collocano i dieci anni di Charles de Gaulle alla presidenza della Repubblica francese, dal 1959 al 1969. Il generale si innamorò a prima vista della dea, la trovava una specie di incarnazione della *grandeur* nazionale. Pretese che l'intero parco auto delle istituzioni pubbliche fosse rinnovato a favore del modello DS 19. Lui stesso, che notoriamente non utilizzava mai denaro pubblico, ne comprò una di tasca propria dal suo concessionario di fiducia. Era già disponibile una versione di lusso, la DS Prestige, ma lui scelse

la berlina base, che naturalmente non era blindata né dotata del vetro di separazione tra i sedili anteriori e quelli posteriori. Il presidente amava chiacchierare con l'autista, che considerava suo amico personale.

Il 22 agosto 1962 De Gaulle sta viaggiando verso l'aeroporto militare di Villacoublay. Sulla sua DS 19 ci sono lui, la moglie Yvonne, il genero colonnello Alain de Boissieu e il fidato autista. All'altezza del quartiere di Petit-Clamart, da un furgoncino Renault con a bordo un commando di terroristi dell'Oas (Organizzazione armata segreta) – agli occhi dei quali il generale è colpevole di aver concesso l'indipendenza all'Algeria – partono un centinaio di colpi. Fortunatamente nessuno di essi va a segno, ma la DS è crivellata dai proiettili e due gomme sono a terra, una posteriore e una anteriore. L'autista di De Gaulle sbanda, quasi non riesce più a tenere dritto il volante ma non può fermarsi, quelli staranno ricaricando le armi e fra un secondo ricominceranno a sparare. E in quel secondo, il colpo di genio. Agendo sulla leva che regola le sospensioni idrauliche, l'autista riesce a trovare un nuovo assetto. La macchina cammina malgrado gli pneumatici a terra, anzi corre proprio, fila che una bellezza e alla fine semina i terroristi.

De Gaulle sarebbe quasi certamente morto se fosse stato su un'altra auto (e con un altro alla guida). È lui stesso a dichiararlo, con una nota di orgoglio nella voce. Ormai la DS è entrata nel mito, sempre con il sorriso sulle labbra, o quello che sono.

Dopo l'attentato provano a convincere l'indomito generale a dotarsi di un'auto blindata. Lui prende tempo, fa passare ancora qualche anno ma alla fine cede, purché si tratti di una DS. Gliela consegnano nel 1969, appena in tempo perché De Gaulle si faccia un ultimo giretto da presidente della Repubblica. Proprio in quell'anno, infatti, indice un referendum costituzionale, lo perde – di poco, ma lo perde – ed è costretto a dimettersi. A volte questo succede, soprattutto ai fuoriclasse, quando si mettono in testa che nulla sia irraggiungibile per loro.

Il generale si ritira a vita privata nella sua residenza a Colombey-les-Deux-Églises, nella regione della Champagne-Ardenne (oggi Grand Est), dove si dedica a scrivere le sue memorie. Muore appena un anno dopo, il 9 novembre 1970.
Nel 2010, in occasione del quarantesimo anniversario della sua scomparsa, viene lanciato un sondaggio: «Qual è il personaggio più importante della storia di Francia?». Un plebiscito, questa volta, a parziale risarcimento di quel referendum perso per un soffio. De Gaulle si piazza primo, con un abissale margine di vantaggio su due imperatori, Napoleone e Carlo Magno.
Quanto alla DS, come detto, quel terzo posto in classifica proprio non mi va giù.

38

Forse Leopardi

Recanati (forse), 1819 (mah)

«Il forse è la parola più bella del vocabolario italiano, perché apre delle possibilità, non certezze. Perché non cerca la fine, ma va verso l'infinito».

Firmato: Giacomo Leopardi.

Beh, forse. Nel senso che di questa frase nelle sue opere non pare esserci traccia, o almeno io non l'ho trovata. In fondo mi ha fatto piacere. Un inno di *Leopardi* al *forse* che *forse* non è di *Leopardi*. C'è della coerenza. E ne viene fuori pure un bel chiasmo: Leopardi, forse, forse, Leopardi.

Ad ogni modo, che la frase sia autentica o no, mi pare di poter dire che il poeta di Recanati l'avrebbe sottoscritta. C'è una strada che si spalanca davanti a mille possibilità, e nello stesso tempo c'è la presa di coscienza che spesso e volentieri le certezze sono una roba abbastanza triste, nonché pericolosa. Poi c'è quell'apertura finale verso l'infinito, verso gli «interminati spazi» e i «sovrumani silenzi».

Altra frase: «E quindi è necessario alle cose esistenti amare e cercare la maggior vita possibile a ciascuna di loro».

Qui invece non ci sono questioni, è un Leopardi doc, lo *Zibaldone di pensieri*. Semmai, leggendola, il dubbio che mi viene è: ma lui, Leopardi, sul serio era pessimista? Addirittura un pessimista cosmico? Uno che scrive cose così? Uno che cerca la maggior vita possibile?

Terza frase, stavolta tratta da una lettera all'amico Pietro Giordani: «Questa ed altre misere circostanze ha posto la fortuna intorno alla mia vita, dandomi una cotale apertura d'intelletto perch'io le vedessi chiaramente e m'accorgessi di quello che sono, e di cuore perch'egli conoscesse che a lui non si conviene l'allegria, e, quasi vestendosi a lutto, si togliesse la malinconia per compagna eterna e inseparabile. Io so dunque e vedo che la mia vita non può esser altro che infelice: tuttavia non mi spavento, e così potess'ella essere utile a qualche cosa, come io procurerò di sostenerla senza viltà».

In sostanza Leopardi dice: quella che mi è toccata in sorte non è una vita facile, e se me ne rendo conto in modo così lucido è proprio grazie alla mia intelligenza e alla mia sensibilità, ecco perché ho il cuore sempre vestito a lutto, ecco perché non posso che essere infelice.

D'accordo, fin qui non c'è da stare allegri, però mi domando: se non sei felice, se con l'intelletto e con il cuore senti di non poterlo essere, questo fa necessariamente di te un pessimista? Senza contare che poi la frase di Leopardi va avanti: «Tuttavia» dice, «io non mi spavento, non mi tiro indietro, continuo a vivere la mia vita con coraggio, perché magari quello che faccio potrà essere utile a qualcuno».

La lettera è datata 2 marzo 1818. E io me lo immagino, Leopardi, che l'indomani si rimette alla scrivania e ricomincia a studiare, a riempire i fogli di appunti, a comporre versi. Stessa cosa il mattino dopo, e quelli dopo ancora, fino a un giorno imprecisato del 1819 in cui intinge la penna nel calamaio, scrive *L'infinito* (una prima versione, perlomeno), rilegge e alla fine pensa che sì, forse quei 15 versi potranno essere utili a qualcuno.

Perciò abbiate pazienza, ma uno così non mi viene da considerarlo pessimista, proprio non ci riesco. Per me sono altri, i pessimisti. Sono quelli che, temendo che andrà sempre tutto male, non fanno niente perché le cose vadano bene. Infatti poi vanno male. A quel punto si convincono di aver ragione, le cose vanno sempre male proprio come pensavano. E continuano a non fare niente, mica scrivono *L'infinito*.

Ma non è di questo che volevo parlare qui, non esattamente. Mi interessa quella parolina, il "forse" da cui siamo partiti.
Deriva dal latino *forsit*: *fors,* che vuol dire "sorte", e *sit* che è il congiuntivo presente del verbo essere: "sia". In italiano potremmo tradurla con un "sia destino". In spagnolo: *Que será, será.* Che a sua volta, come sapete se vi piace Doris Day, in inglese diventa: *Whatever will be, will be.* O magari siete fan dei Beatles, nel qual caso si dice *Let it be.*
A me personalmente piace molto il *maybe* inglese (può essere), specie in bocca agli americani, che generalmente lo usano in senso positivo. In pratica per loro è un "magari" e talvolta perfino un "lo spero".
Il *forsit* che veniva pronunciato a Roma duemila anni fa probabilmente aveva questa stessa apertura. In seguito, passando attraverso il Medioevo e usata da alcune generazioni di italiani non particolarmente ottimisti, la parola ha assunto un significato più neutro, adattabile sia a speranze che a disillusioni.
Nella vita facciamo progetti. Almeno li fanno coloro che desiderano dare un senso alla propria esistenza. E non parlo solo di progetti nel mondo del lavoro più o meno grandiosi. È progetto decidere di leggere almeno dieci libri in un anno, stabilire quali e provare a farcela. È progetto decidere di conquistare la fiducia dei propri figli, mantenere nel tempo rispetto e amore per moglie o marito, organizzare vacanze in compagnia. Ebbene, di fronte a un progetto che può apparire ambizioso (l'unità di misura è assolutamente relativa) possiamo rispondere: «Non ce la farò mai» o «Ce la farò di sicuro», oppure «Forse non ce la farò», oppure ancora «Forse ce la farò». Non ci è difficile inquadrare i quattro personaggi in base alle risposte, nell'ordine abbiamo: il pessimista tombale, l'ottimista stupido, l'ottimista sensato e l'ottimista sensato. No, non è un refuso. Gli ultimi due sono per me entrambi ottimisti, ciascuno a suo modo. Per di più trovo che il *forse* dia sempre alle frasi una certa eleganza, specie nelle risposte.

Se qualcuno mi lancia la sfida di andare su Marte rispondo: «Forse non ce la faccio». Se un altro mi chiede di aprire un nuovo negozio ogni tre anni gli dico: «Forse ce la faccio». Mi sento elegante in entrambi i casi. Dentro quei *forse* ci sono perfino rispetto per chi hai davanti e autoironia, oltre che senso della realtà.

E poi ci sono i giganti. Uno, Leopardi, lo abbiamo già incontrato. A un altro vorrei idealmente inchinarmi lasciandogli chiudere questo racconto.

Nel 1964, davanti alla corte che lo avrebbe condannato all'ergastolo – e lui lo sapeva –, Nelson Mandela dice: «Ho combattuto contro la dominazione bianca e ho combattuto contro la dominazione nera. Ho accarezzato l'ideale di una società democratica e libera in cui tutte le persone vivano insieme in armonia e con pari opportunità. È un ideale per il quale spero di vivere e che (forse) spero di raggiungere. Ma, se sarà necessario, è un ideale per il quale sono pronto a morire».

Il 10 maggio del 1994, trent'anni più tardi, Mandela viene eletto presidente del Sudafrica. Ecco cosa dice a Pretoria nel suo discorso di insediamento: «Dedichiamo questa giornata a tutti gli eroi e le eroine di questo Paese per aver sacrificato la loro vita in molti modi affinché potessimo tornare a essere liberi... I loro sogni sono diventati realtà. Spero che la libertà sia la loro ricompensa. (Forse) lo abbiamo capito ora che non vi è nessuna strada facile per la libertà. Lo sappiamo bene che nessuno di noi da solo può farcela. Uniti, (forse) ce la faremo».

A differenza di come probabilmente pensano i più, i veri ottimisti usano spesso la parola forse. Vuol dire che non sono sicuri di farcela (com'è giusto che sia) ma di sicuro ci provano.

39

Mowgli e i tortellini

Novello, 2021

«Nonno, che cos'è il sovranismo?». La domanda mi è arrivata tra capo e collo mentre stavo attaccando uno dei piatti che mi piacciono di più al mondo: i tortellini in brodo. Quelli piccolissimi di Bologna fatti a mano, ripieni di mortadella e parmigiano reggiano, annegati in un fumante brodo di cappone.

In sottofondo, il Tg1 delle 20. Errore grave la tv accesa mentre si mangia, lo so, ma ero a digiuno di informazione da qualche giorno, a causa dei miei viaggi. Mi erano giunti *rumors* su affermazioni strane da parte di certi politici, ero curioso dei commenti della tv pubblica. Combattendo con i miei nipotini ero riuscito a conquistare il primo canale a scapito di Rai Gulp.

Fortunatamente la notizia relativa a quelle dichiarazioni non era riuscita a rovinarmi l'antipasto: flan di zucca ricoperto di fonduta appena fatta (quella vera, preparata con la fontina Dop d'alpeggio valdostano). Perché lo avevo già finito, il flan, e me lo ero goduto alla grande.

Dunque, come dicevo, la mia curiosità era soddisfatta, perfino i commenti di deprecazione alle dichiarazioni del politico in cuor mio si erano svolti in un lampo. Stavo impugnando il cucchiaio per rigirare i tortellini allo scopo di far sciogliere il parmigiano 36 mesi che avevo grattato come fa il cielo con la neve benedetta sulle vigne d'inverno quando, proprio in quell'istante: «Nonno, che cos'è il sovranismo?».

Il mio nipotino più piccolo, Paolo, forse ancora irritato per quel cambio d'inquadratura, da Mowgli di *The Jungle Book* a Francesco Giorgino del Tg1, spara la domanda a bruciapelo. Quella parola nuova l'aveva sentita un attimo prima, pronunciata dal politico sempre ansioso di dimostrare quanto lui ami l'Italia e gli italiani. Il tipo proponeva di mangiare solo italiano, boicottando qualsiasi vivanda giungesse dall'estero. Sì, mentre invece gli stranieri dovrebbero comprare i nostri cibi, *I suppose*. E insomma non potevo deluderlo, Paolo, mi toccava rispondere. Non saprei dire se ero preoccupato di non riuscire a spiegarmi bene oppure se a inquietarmi fosse la presa d'atto che non avrei più goduto quanto speravo di quel piatto di tortellini in brodo. Impugno il telecomando e spengo la tv.

«Paolo, tu sei nato in Italia, lo sai vero? Scusa se ti faccio questa domanda ma è importante per quello che ti spiegherò tra poco. Lo sai di essere italiano?».

«Beh, certo che lo so».

«E se fossi nato in Francia, per esempio, cosa saresti stato?».

«Un franciano».

«Si dice francese. Dai che lo sai... c'eravamo quest'estate in Francia, te lo ricordi?».

«Sì».

«Bene. A te piace più l'Italia o la Francia?».

«La Francia».

«Perché?».

«Ehm... non lo so. Ah, sì che lo so: perché là non c'è la scuola».

«Ma se fossi nato in Francia invece che in Italia, ci saresti andato là a scuola, no?».

«Ah».

«Senti Paolo, hai deciso tu di nascere in Italia?».

«In che senso?».

«Nel senso... Per esempio, hai deciso tu, prima, di mettere Rai Gulp, giusto?».

«Poi tu hai cambiato canale».
«Va bene, ma prima che io cambiassi canale, l'avevi deciso tu di mettere Mowgli».
«Beh, sì».
«Dunque, ti chiedo: nello stesso modo, lo hai deciso tu di nascere qui ad Alba, in Italia?».
«Uhm... no».
«Allora chi lo ha deciso?».
«Forse papà».
«Solo papà? La mamma no?».
«Sì, sì, anche la mamma».
«D'accordo. Ma loro forse hanno deciso che volevano un bambino oppure una bambina. Non potevano decidere di volere proprio te, come sei fatto tu. Questo lo capisci, vero?».
«Sì».
«Allora chi lo ha deciso?».
«Gesù?».
«Semmai sarebbe Dio, ma lui ha così tanto da fare che forse non può scegliere uno per uno tutti i bambini che nascono ogni giorno nel mondo. Sai che ogni giorno nascono più di 200 000 bambini? Per quanto Dio sia un tipo in gamba, forse non ha il tempo di decidere chi deve nascere e dove. E poi lui è buono, non farebbe mai nascere un bimbo dove manca il cibo e ci sono le guerre, sei d'accordo?».
«È vero, non ci avevo pensato».
«Dunque, possiamo dire che non c'è nessuno che decide in quale nazione i bambini debbano nascere, giusto?».
«Nonno?».
«Che c'è?».
«Quando me lo dici cos'è un sovranista?».
«Ci sto arrivando».
«Ok».
«Dicevo, c'è chi è più fortunato, come te, e nasce in una nazione

dove esiste il benessere, mentre chi è meno fortunato nasce in una nazione povera o, peggio ancora, dove c'è la guerra».

«Questo non è giusto».

«Hai ragione, non è giusto. Ma non possiamo farci niente. L'unica cosa che possiamo fare, noi che siamo stati molto fortunati, è comportarci bene con le persone meno fortunate e aiutarle a risolvere i loro problemi».

«Cosa devo fare io?».

«Di questo ne riparleremo spesso, caro Paolo, mano a mano che cresci. Non volevi sapere cos'è il sovranismo?».

«Sì».

«Il sovranismo è il modo di pensare di persone che, da grandi, si sono completamente dimenticate che non l'hanno deciso loro in quale nazione nascere, non si ricordano più che è pura fortuna essere nati in un bel Paese come l'Italia. Perciò i sovranisti se ne fregano del resto del mondo».

«E noi italiani siamo così?».

«Per l'amor di Dio, no! Lo sono alcuni, ma fortunatamente la maggior parte degli italiani è gente generosa, e poi si ricorda ancora la lezione».

«Quale lezione?».

«Un'ottantina di anni fa, ai tempi del mio, di nonno, gli italiani hanno pensato che bisognava fare la guerra contro altri popoli. Allora i sovranisti erano tanti. Ma l'hanno persa quella guerra, e da allora non siamo mai più caduti in quel grave errore. Anzi, l'Italia è entrata nell'Unione europea. È stata una bella decisione».

«Nonno, cos'è l'Unione europea?».

«L'Unione europea siamo noi italiani, i francesi, gli spagnoli, i tedeschi, gli inglesi... No, gli inglesi, no. Insomma, molti Paesi dell'Europa si sono messi insieme per creare un'unica comunità».

«Come la mia squadra di calcio? Ci giocano bambini di tutti i quartieri».

«Sì, Paolo, proprio così».

«Ma poi noi giochiamo contro altre squadre e vogliamo vincere».
«D'accordo, qualcuno vince e qualcuno perde. Ma poi andate tutti insieme a fare merenda e fate amicizia anche con gli avversari. Vi allenate, vi impegnate per vincere ma sempre rispettando le regole e gli avversari».
«E l'arbitro?».
«Pure l'arbitro, sì».
«Il papà di Carlo è un sovranista?».
«Non lo conosco, non conosco nemmeno Carlo».
«Il papà di Carlo urla sempre contro i giocatori avversari e anche contro l'arbitro».
«Beh, forse sovranista è un po' troppo. Comunque sbaglia. Penso che non gli farebbe piacere se un genitore dell'altra squadra urlasse contro Carlo».
«Nonno?».
«Dimmi, Paolo».
«Possiamo rimettere Mowgli?».
«Certo che possiamo».
A quel punto arriva Celeste, la nipotina più grande, dodici anni. Una bambina dolce, dolcissima. È appena tornata dal corso di inglese, deve ancora cenare.
«Nonno» mi dice «erano buoni?».
«Che cosa?».
«Come che cosa? I tortellini. Ho una fame...».
Già, i tortellini. Li avevo mangiati tutti, tra una frase e l'altra, senza neanche accorgermene. Ero così concentrato sullo scambio con Paolino che li avevo trangugiati come si fa con una medicina. Non ricordavo un sapore, un profumo. Sono rimasto un bel po' a fissare il piatto vuoto. Accidenti al sovranismo!

40

Un bel bicchiere di vino resinato

Gerusalemme, 80 d.C.

Mala tempora currunt... Luca aveva imparato a parlare latino soprattutto grazie al suo mestiere di medico. Specialmente durante le grandi festività, quando a Gerusalemme si riversavano centinaia di migliaia di pellegrini, occorreva curare tutti: Ebrei, Greci, Arabi e Romani. Ma ora i tempi che correvano erano, appunto, cattivi. Il tempio era stato distrutto da una decina d'anni, i moti di indipendenza affogati nel sangue e Roma imponeva il suo potere, con angherie e vessazioni, a un popolo sempre più mortificato.

Luca no, lui non era mortificato. Aveva appena finito di scrivere il suo Vangelo e lo aveva riempito di storie che incoraggiavano a non abbattersi, a tenere sempre viva la speranza. Per esempio, quella di un padre che, quando il figlio scapestrato torna a casa dopo aver dilapidato tutte le sue ricchezze, organizza un banchetto in suo onore sacrificando il vitello grasso. Oppure quell'altra di un uomo che, sulla strada tra Gerusalemme e Gerico, viene attaccato da una banda di delinquenti che gli rubano tutto lasciandolo mezzo morto per le botte. Dopo qualche ora passa un sacerdote, lo guarda e procede oltre; poi giunge un levita ma anche lui lo ignora. Chi ne ha pietà? Chi lo soccorre? Un samaritano: sì, proprio uno di quelli che erano considerati eretici.

Ecco, magari non era stata una grande idea scrivere certe storie. Forse, per il momento, sarebbe stato meglio se Luca lo avesse tenuto dentro un cassetto, il suo Vangelo. Persino la parabola del

fico sterile gli pareva oggi fuori dal contesto storico, contraria al vento che tirava. Insomma, un vignaiolo che difende dal suo padrone quel fico che da tre anni non dà frutti, promettendo di occuparsene, di concimarlo, nella convinzione che l'anno successivo quella pianta avrebbe donato fichi succulenti... Ebbene, era una storia troppo luminosa per quei tempi cupi. E poi certi racconti Marco e Matteo non li avevano mica riportati nei loro Vangeli. Forse davvero era meglio lasciar perdere, pensava Luca. O perlomeno aspettare tempi migliori. Ora come ora la gente non lo avrebbe capito il suo, di Vangelo.
Gli tornò in mente com'era cominciato tutto, molti anni prima, a Corinto. Nella bottega di un tessitore Luca si era imbattuto in un predicatore itinerante – allora ce n'erano molti, ma questo gli era sembrato subito diverso, speciale, e non certo per l'aspetto fisico: era basso, tozzo, calvo. Parlava di Cristo descrivendolo come una specie di visionario, uno che credeva nella possibilità di una trasformazione radicale dei cuori degli uomini. Veniva da Tarso quel predicatore, si chiamava Paolo. Luca lo aveva seguito. E dopo qualche settimana aveva cominciato a scrivere ciò che sentiva raccontare, da Paolo e da chiunque avesse una storia capace di alimentare il coraggio, di mostrare una visione, di generare entusiasmo.
Naturalmente Luca aveva letto gli altri due evangelisti, quelli che lo avevano preceduto. Di Marco lo aveva colpito la fiducia che riponeva nei lettori, la sua convinzione che avrebbero abbracciato la fede. Tuttavia, il finale lo aveva lasciato secco: una tomba vuota. Risorto? Trafugato? Marco non lo diceva. Toccava ai lettori decidere.
E Matteo? Il secondo evangelista si era dato da fare qualche anno dopo Marco, e da lui aveva attinto molte cose. Luca era rimasto affascinato dalla potenza di certe scene, in particolare quelle in cui Gesù sconfigge il male e la malattia. Matteo si rivolgeva in modo particolare ai cristiani provenienti dal mondo ebraico. Occorreva

dunque presentare la venuta di Gesù come il compimento di tutto l'Antico Testamento, un'impresa letteraria che dava i brividi. E che Matteo aveva affrontato con risolutezza, infondendo forza a ogni sua pagina, a ogni riga.

Ma dopo aver letto entrambi i Vangeli, a Luca era rimasto ancora un dubbio, c'era una cosa che proprio non riusciva a spiegarsi: perché né Marco né Matteo avevano riportato il dialogo tra Gesù e i ladroni? Entrambi raccontavano i fatti così com'erano avvenuti, il Cristo che veniva crocifisso in mezzo a due delinquenti cui toccava la stessa sorte. Un innocente tra due colpevoli. Sia Marco sia Matteo avevano omesso le parole che si scambiarono Gesù e i ladroni, e che così spesso Luca aveva sentito dai predicatori, rimanendone ogni volta impressionato.
Uno dei malfattori appesi alla croce lo insultava: «Non sei tu il Cristo? Allora salva te stesso e noi!». Ma l'altro rimproverava il collega: «Non hai nemmeno timor di Dio, tu che ti trovi nel medesimo supplizio? Per noi è giusto, riceviamo la pena che ci meritiamo, ma quest'uomo non ha fatto nulla di male».
Poi aggiungeva: «Gesù, ricordati di me quando entrerai nel tuo regno!». Ed egli gli disse: «In verità ti dico: oggi sarai con me nel paradiso».
Nei due malfattori, l'uno che imprecava e l'altro che chiedeva pietà, Luca vedeva una rappresentazione chiara dell'animo umano e della sua costante ambivalenza. Il bene e il male, che si combattono in ciascuno di noi, erano lì di fianco a Gesù. E quella lotta alla fine si conclude con il trionfo del bene, con il ladrone che entra in paradiso proprio all'ultimo istante.
Dunque era possibile, pensava adesso Luca. Se si poteva capovolgere persino l'esito già scritto di una vita balorda, lì sulla croce, all'ultimo istante, forse allora era anche possibile che il suo Vangelo avrebbe sovvertito le sorti di quei tempi bui, che avrebbe rivoltato le coscienze.

Luca si versò un bel bicchiere di vino resinato, lo bevve d'un fiato, lo sentì scorrere nel corpo e infiammargli le viscere. Avrebbe ripreso in mano la sua storia e, prima di diffonderla, avrebbe scritto ciò che Marco e Matteo avevano tralasciato.

«Non sei tu il Cristo?».

«Ricordati di me quando entrerai nel tuo regno!».

«In verità ti dico...».

Luca non poteva sapere che queste parole sarebbero diventate immortali, tra le più belle di tutti i Vangeli.

Così come non poteva sapere che circa vent'anni dopo sarebbe saltato fuori un altro Vangelo, il quarto, quello di Giovanni. Pagine teologicamente profonde, intense e cariche di emozione, destinate a cristiani maturi che stavano subendo una feroce persecuzione. Il principale obiettivo di Giovanni era quello di offrire loro ragioni valide per resistere.

Ogni anno, il 25 aprile, don Umberto Ciullo benedice le corone di fiori che vengono deposte ai piedi dei monumenti ai caduti della Resistenza. «Non è un gesto retorico» ha detto l'ultima volta, nel 2021. «Qui parliamo di libertà, di vita vera spesa per un ideale». Don Umberto fa il parroco a Roveleto di Cadeo, dalle parti di Piacenza. I Vangeli sono per lui pratica quotidiana, pagine da far vivere ogni giorno attraverso le azioni. Nel raccontarli ho attinto a piene mani dalle sue parole. Talmente piene, le mie mani, che è come l'avesse scritta lui, questa storia. Lo ringrazio infinitamente.

41

Ventiquattro parole

Roma, 1946-1947

Dopotutto è una questione di logica. Primo: in una trattativa, gli ottimisti pensano che i problemi si possano risolvere. Secondo: spesso succede che le parti la pensino diversamente. Terzo: se vogliamo risolvere, dunque raggiungere un accordo, serve un compromesso, e questo gli ottimisti lo sanno bene.

Il più grande (e meraviglioso) compromesso della storia d'Italia, secondo me, è rappresentato dalla nostra Costituzione.

I lavori sono incominciati il 25 giugno 1946 e terminati il 22 dicembre 1947, quando il 90% dei deputati dell'Assemblea costituente votò il testo definitivo della *Costituzione della Repubblica Italiana*. È entrata in vigore il primo gennaio 1948. Vi assicuro che un anno e mezzo è un tempo brevissimo, tenuto conto dei formidabili nodi da sciogliere e delle disparate forze in campo che dovevano accordarsi. Ma, per comprendere bene di quale immane compito si trattasse, forse occorre spendere qualche riga per spiegare in che condizione si trovavano gli italiani in quel giugno del 1946. Conviene partire dalle parole di Pietro Calamandrei, uno dei padri della repubblica.

«Se voi volete andare in pellegrinaggio nel luogo dove è nata la nostra Costituzione, andate nelle montagne dove caddero i partigiani, nelle carceri dove furono imprigionati, nei campi dove furono impiccati. Dovunque è morto un italiano per riscattare la libertà e la dignità, andate lì, o giovani, col pensiero, perché lì è nata la nostra Costituzione».

Avevamo perso una guerra tremenda, che nelle nostre intenzioni sarebbe dovuta durare pochi mesi, invece si era protratta per altri cinque anni provocando nel mondo 60 milioni di morti, eccidi, torture, perfino stermini di massa. L'avevamo intrapresa dalla parte sbagliata, e persa (giustamente). Città bombardate e distrutte, agricoltura abbandonata, scuole chiuse, fabbriche che non producevano più nulla. L'Italia era a terra. Unico motivo di orgoglio: quei 200 000 giovani che avevano fatto la Resistenza. Avevano combattuto con coraggio i nazisti e i fascisti che imperversavano nella nostra Penisola, sconfiggendoli. Venti mesi, da settembre del 1943 ad aprile del 1945, che (in parte) sono stati capaci di riscattare gli anni di vergognosa alleanza con Hitler.

Senza i partigiani quella Costituzione non sarebbe nata, perché non l'avremmo scritta noi italiani.

Prima tappa, 2 giugno 1946: si va a votare per decidere se continuare a essere uno stato monarchico oppure dar vita a un'Italia repubblicana. Per la prima volta votano anche le donne. Vince la repubblica. È la fine della monarchia, di quella monarchia un po' vigliacca che nel momento più difficile, dopo l'8 settembre 1943, se l'era data a gambe. Ciononostante, quasi metà degli italiani è restata monarchica, il 45,7%. Questa la media, ma l'esito elettorale ha spezzato l'Italia in due: nettamente repubblicano il Nord, nettamente monarchico il Sud.

Oltre che per il referendum si vota anche l'Assemblea costituente, 570 rappresentanti del popolo i cui compiti saranno scrivere la Costituzione, votare il Presidente della Repubblica transitorio e stabilire il nuovo sistema elettorale. Insomma, le basi essenziali per ripartire da zero con uno stato democratico.

I risultati di quelle elezioni ci forniscono il variopinto quadro del pensiero italiano del tempo. Nell'assemblea si siedono 209 democristiani, 115 socialisti, 104 comunisti, 71 tra liberali e qualunquisti, infine 73 appartenenti a varie sigle, divisi tra nostalgici del vecchio regime e rappresentanti di interessi corporativi. Si trattava di mettere insieme i valori cristiano-cattolici con quelli liberali, laici, socialdemocratici e socialisti. Un'impresa che oggi può apparire impossibile, ma allora esisteva (oltre all'urgenza) un collante straordinario: l'antifascismo. Definiamo quell'atmosfera con le parole di Giuseppe Dossetti, ex partigiano "disarmato" (era un sacerdote), membro del Cln, eletto nella Costituente tra le fila della Dc: «È stata la guerra il grande crogiolo che ha determinato, in quasi tutti, una disposizione degli animi più profonda ed equa che, al di là delle frange estremiste e delle singole tesi spesso divergenti od opposte dei Costituenti, ha portato alla conclusione di un Patto che non è stato un qualunque compromesso o un semplice effimero espediente, ma veramente un solido edificio, in cui hanno confluito in sinergia costruttiva (al di là dei contrasti politici anche molto aspri e talvolta persino cruenti) le tre grandi componenti ideali, cioè la tradizione liberale, quella cattolica e quella socialcomunista».

Prima la *vision*, pensano i Costituenti: chi siamo e dove vogliamo andare, cioè i *Principi fondamentali* e i *Diritti e doveri dei cittadini*. Segue la *mission*: come ci andiamo, ossia la parte intitolata *Ordinamento della repubblica*, 139 articoli in tutto, di cui l'ultimo nettissimo e lapidario: «La forma repubblicana non può essere oggetto di revisione costituzionale», cioè addio per sempre alla monarchia. Ma su quest'ultimo non c'è stato dibattito, quasi tutti d'accordo in cinque minuti. È sulla prima parte, la *vision*, che si sono accapigliati.

I contrasti partono già sulla scelta dell'incipit. Giorgio La Pira (democristiano) propone: «In nome di Dio il popolo italiano si dà la seguente Costituzione...». Piero Calamandrei (fondatore del Partito d'Azione) contrappone: «Il popolo italiano consacra alla memoria dei fratelli caduti, per restituire all'Italia libertà e onore, la presente Costituzione...». Insomma, si capisce subito che tra laici e cattolici sarà dura mettersi d'accordo. Intelligente-

mente decidono di risparmiare le forze per cose più importanti e, dopo qualche scaramuccia, viene scelta una partenza neutra e tecnica: «Il capo provvisorio dello Stato [...] promulga la Costituzione della Repubblica Italiana nel seguente testo...».
Ma la vera questione, forse la più importante (e divisiva), sta lì dietro l'angolo: l'articolo uno. In pratica si tratta di rispondere alla domanda delle domande: che roba è questa nuova Italia?
Alla fine, sarà una frase di appena 24 parole, ma per metterle insieme servono 27 sedute della sottocommissione espressamente dedicata e otto mesi di lavoro, tra il 5 settembre 1946 e il 24 maggio 1947. Ci sono tutti i big dei vari partiti in quella sottocommissione e nessuno vuole mollare. D'altra parte, in palio c'è la definizione ufficiale della nuova repubblica: una parola invece di un'altra, ancorché simile, può cambiarne il volto e la sostanza.
Me li immagino. Palmiro Togliatti, il leader dei comunisti, parte in quarta: «È una Repubblica democratica dei Lavoratori». Quella L di lavoratori, per come la pronuncia, suona chiaramente maiuscola.
«Eh no!» risponde Aldo Moro. «La parola lavoratori assunta come unica componente della Repubblica le darebbe un'identità marcatamente comunista».
Ora non sto a raccontarvi la miriade di interventi che si incaponiscono sul significato delle parole facendo fioccare le varianti, le proposte alternative: "cittadini" anziché "lavoratori", "lavoro" piuttosto che "giustizia sociale", "risiede nel" o "appartiene al". Se avete voglia andatevi a leggere i verbali, c'è da divertirsi, e da imparare. Perché a intervenire furono le più belle menti che avevamo in Italia, gente colta e onesta, persone coraggiose che venivano dalla Resistenza. Dopo mesi di discussioni, puntualizzazioni e precisazioni i Costituenti sono ormai stremati, quando Amintore Fanfani (democristiano di Arezzo) trova finalmente la formula. Togliatti, Basso e Terracini danno il loro assenso. An-

che Dossetti e Calamandrei sottoscrivono. Ventiquattro parole sublimi, un capolavoro di sintesi e conciliazione:
«L'Italia è una Repubblica democratica, fondata sul lavoro. La sovranità appartiene al popolo, che la esercita nelle forme e nei limiti della Costituzione».
Di lavoro si discute nuovamente al momento di stendere l'articolo 4. A Giorgio La Pira (Dc), che ne ha parlato come di un diritto fondamentale, replica Giovanni Lombardi (Psiup): «Il diritto al lavoro è sacro, ma una Costituzione che dovrà essere lo statuto nuovo, lo statuto della civiltà del lavoro, deve stabilire anche il dovere del lavoro. Non vi deve essere un uomo che possa vivere nell'ozio. Questo deve essere detto esplicitamente nella Costituzione, il dovere del lavoro deve essere affermato legalmente così come è affermato legalmente il diritto al lavoro».
Questo diceva un vero socialista, capito? Tutti gli altri – socialisti e non – lo ascoltano e il dovere di lavorare viene messo in Costituzione.
Forse, però, il nodo più intricato da sciogliere fu rappresentato dai rapporti con il Vaticano, così descritti nell'articolo 7: «Lo Stato e la Chiesa cattolica sono, ciascuno nel proprio ordine, indipendenti e sovrani. I loro rapporti sono regolati dai Patti Lateranensi. Le modificazioni dei Patti, accettate dalle due parti, non richiedono procedimento di revisione costituzionale».
Vuol dire che i patti restavano sostanzialmente così come li aveva firmati Mussolini nel 1929. Come avevano potuto, Togliatti e i suoi, mandar giù un rospo simile? Un Paese libero e democratico che fa suo quanto stabilito da una dittatura fascista? Sembrava francamente inaccettabile. E non solo dai comunisti, ma anche – forse ancora di più – dai laici liberali. Eppure, dopo accesissime discussioni, gira e rigira si arriva lì, alla conferma dei Patti Lateranensi.
Il fatto è che certe questioni, per esempio l'insegnamento della religione cattolica nelle scuole, semplicemente non erano affronta-

bili. Se ne rendevano conto anche laici e comunisti. Compresero che, in un Paese cattolico fino al midollo, non si potevano cancellare i privilegi della Chiesa senza avventurarsi in una galleria senza uscita. La componente democristiana non avrebbe mollato di un millimetro. Fu proprio Togliatti a dimostrarsi flessibile e accondiscendente: gli apparve chiaro che, insistendo, si metteva a rischio l'intera carta costituzionale.

Un anno e mezzo di dibattiti ad altissimo livello, talvolta di dissidi apparentemente inconciliabili. Ci furono pure liti, ma sempre e comunque improntate al rispetto reciproco.

Diecimila parole su cui si è combattuto a una a una, riga per riga, pagina per pagina, ma alla fine ha prevalso la disponibilità ad accettare compromessi.

Forse anche per questo ne è venuta fuori una Costituzione che, come sostiene Roberto Benigni (ma non soltanto lui), è la più bella del mondo. Sempre Benigni: «Quando entrerà in vigore, sarà un mondo meraviglioso».

42

Va bene così

Londra, Parigi e Königsberg, 1680-1804

E però, a ripensarci. La storia della nostra Costituzione - lo dice Calamandrei, uno dei suoi padri - inizia con la Resistenza, ed è sacrosanto, ma forse per rintracciarne le radici occorre andare ancora più indietro nel tempo, molto più indietro. Perché c'è stato un tale in Germania, circa 150 anni prima, che ha profetizzato la democrazia rappresentativa, perfino le confederazioni tra Stati. E che, prima di morire, ha sussurrato: «*Es ist gut*». Praticamente il nostro: «Va bene così».

Ma procediamo con ordine.

Un giorno - siamo verso la fine del Seicento -, come d'incanto, nel mondo si riaccende la luce. La prima scintilla si sprigiona in Inghilterra, ma è in Francia e poi in Germania che diventa un bagliore accecante; da lì dilaga nel resto d'Europa e si fa pure un giretto in America. «È l'Illuminismo, bellezza!», come direbbe Humphrey Bogart.

Insieme a tutta quella luce, circolava nell'aria anche una specie di sussurro, bastava fare un po' di silenzio e lo sentivi: «*Sapere aude, sapere aude*». E se non conoscevi il latino: «Abbi il coraggio di servirti della tua propria intelligenza».

Eh, sì. In effetti ci voleva un bel po' di coraggio per risvegliarsi dal sonno dogmatico in cui, secoli prima, era sprofondata l'Europa. Il pensiero veniva dettato dall'alto, da sovrani assoluti che si sentivano eletti da Dio e da pontefici altrettanto dispotici i quali, vivendo nel Paese più addormentato di tutti (ahimè il nostro), ne

approfittavano per scagliare dogmi, obblighi d'osservanza cieca, minacce e accuse di eresia al minimo sollevamento del capo. E non lo facevano mica soltanto per questioni religiose, mettevano il naso in tutte le faccende, dalla scienza alla politica.
Poi accadono due cose, entrambe sconvolgenti. La prima è l'avvento di un personaggio strepitoso che mette in discussione tutte le leggi scientifiche fino ad allora accettate senza discutere. Lo fa osservando una mela che cade dall'albero. Si chiede perché quella mela viene giù anziché salire in cielo oppure restare sospesa nell'aria, e incomincia a ragionare con la sua testa (e che testa). La scoperta della forza di gravità scompagina tutte le credenze scientifiche del tempo, che erano fondamentalmente determinate dalla religione.
Un giorno Teo Musso, il re italiano della birra artigianale, mi ha spiegato perché ha deciso di chiamare Isaac non soltanto una birra che, quando la versi, ti illumina il bicchiere, ma anche suo figlio (giuro, Isaac Musso). Teo ci teneva a dimostrare in tal modo che lui ragiona sempre con la propria testa, e sperava che il figlio avrebbe fatto altrettanto.
Tutto parte dunque da Newton e da una mela che cade (e d'altronde molte storie pazzesche si mettono in moto così, grazie a una mela, per esempio la cacciata dall'Eden, oppure la guerra di Troia: anche lì all'origine di tutto c'è una mela, il "pomo della discordia", ma ad ogni modo...).

Il secondo avvenimento che sconvolge l'Europa dura una decina di minuti. È il giorno di Ognissanti del 1755, sono le nove e mezza del mattino quando la terra si mette a tremare. L'epicentro è nei pressi di Lisbona, ma le scosse si avvertono anche in tutta la Spagna, in Francia, in Italia e in buona parte del Nord Africa. Muore il 30% della popolazione di Lisbona, Algeri è distrutta, 10 000 vittime solo in Marocco. Impossibile calcolarne il numero complessivo, ma si tratta di una carneficina. Come se non bastasse, il mare si ritira dalla costa occidentale dell'Europa e da quella settentrionale dell'Africa, ritornando poco dopo sotto forma di tsunami, un muro d'acqua alto 15 metri che spazza via buona parte di quanti si erano salvati dal terremoto rifugiandosi sulle spiagge: un macello. In Europa, per anni, non si parla d'altro. Ma il tema non è solo la ricostruzione, come pianificarla e come portarla a termine. Avviene anche un profondo ripensamento del rapporto tra uomo e natura, una riflessione che tocca aspetti filosofici, sociologici e politici. È l'inizio di una rivoluzione del pensiero che, in teoria, noi umani del terzo millennio dovremmo essere in grado di comprendere, avendo avuto a che fare con una pandemia globale. Mi riferisco in particolare a una frase che abbiamo sentito ripetere spesso in questi ultimi anni, soprattutto all'inizio, e poi per la verità sempre meno. Non si faceva che dire: «Ne usciremo migliori». Ecco, agli uomini del XVIII secolo è successo davvero. Per riuscirci hanno litigato di brutto anche loro, proprio come accade a noi oggi. Ma in un modo un po' più costruttivo, diciamo.

François-Marie Arouet, detto Voltaire, nel 1755 si trova nel suo castello di Ferney, che all'epoca stava sul confine franco-svizzero. Voltaire dedica al terremoto di Lisbona un intero poema. In pratica sostiene che la Natura ci è nemica, che non si può affatto parlare né di armonia né di provvidenza: «Se Dio ha creato questo mondo, come un architetto universale, non l'ha fatto certamente per amore».
A rispondergli è Jean-Jacques Rousseau, altro illuminista di punta. In quel tempo viveva all'Ermitage di Montmorency, a due passi da Parigi, un luogo che gli consentiva di riflettere in santa pace. Accusa Voltaire di essere troppo duro, gli rinfaccia una perversa ingratitudine nei confronti di Madre Natura, che invece proprio non se la merita, dice Rousseau, considerando quanti e quali doni ci elargisce ogni santo giorno. E poi dove sta scritto che il terremoto sia il peggio che ci possa capitare? E se invece fosse qualcosa che

ci risparmia dal dover vivere mali peggiori, ancora più difficili da sopportare? È forse preferibile morire in guerra? In un'apocalisse, cioè, scatenata non dalla natura ma dagli uomini? È da noi stessi, semmai, che dovremmo guardarci.
Voltaire e Rousseau si scambiano lunghe lettere, sempre in disaccordo, bisticceranno per tutta la vita. Eppure continueranno a scriversi, perennemente curiosi di scoprire l'uno le opinioni dell'altro e di confrontarsi. Il caso vorrà che muoiano nello stesso anno, il 1778, a circa un mese di distanza, e che ora riposino l'uno accanto all'altro nel Pantheon parigino dei grandi di Francia.

A occuparsi del terremoto di Lisbona, ma da tutt'altra prospettiva, è anche il quarto personaggio di questa storia. Nel 1755 Immanuel Kant se ne sta nel suo bel paesello di Königsberg, nella Prussia orientale, da dove in pratica non si è mai mosso né lo farà in futuro. E perché dovrebbe? Negli anni ha messo a punto un programma quotidiano che lui rispetta rigidamente – e che a occhio e croce funziona, visti i risultati.
Sveglia alle cinque meno cinque spaccate, è il maggiordomo a tirarlo giù dal letto: «Signor professore, è l'ora». Kant obbedisce senza mai esitare. Alle sette va all'Università, fa lezione, torna a casa e si chiude nel suo studio, dove legge e scrive fino all'ora di pranzo, unico pasto della giornata. I convitati – ha sempre ospiti con cui conversare amabilmente di filosofia, politica, arte – non devono mai essere meno delle grazie (tre) né eccedere il numero delle muse (nove). A tavola non mancano mai baccalà e formaggi olandesi, mentre il vino è di norma il Bordeaux, il suo preferito. Kant se ne fa un litro al giorno senza sgarrare, né in eccesso né in difetto. Segue una lunga passeggiata postprandiale in cui il filosofo, oltre a riflettere, approfitta della solitudine per dedicarsi a un'attività impossibile da praticare in compagnia, quando si è impegnati in una conversazione: respirare col naso, solo ed esclusivamente dalle narici. Kant è convinto che faccia bene, e infatti è

sano come un pesce. Una volta rincasato si chiude a lavorare nel suo studio per uscirne soltanto alle dieci di sera, quando si mette a letto, anche qui in un modo tutto kantiano: si avvolge completamente tra le coperte e, così imbozzolato, si addormenta come un bambino.

E il mattino dopo, alle cinque meno cinque: «Signor professore, è l'ora». Così ogni santo giorno.

Ebbene, dopo Lisbona, Kant non si trova d'accordo né con Voltaire né con Rousseau. Trova il loro pensiero troppo, come dire, antropocentrico. Natura matrigna, accusava Voltaire sulle macerie del terremoto. Ma quale matrigna, ribatteva Rousseau, siamo noi a essere figli degeneri. In entrambi i casi si tratta di ragionamenti fondati su un preconcetto, che a Kant proprio non andava giù: che al centro di qualsiasi evento ci sia sempre l'uomo, che tutto ciò che accade avvenga per favorire o per ostacolare la nostra felicità. E invece, secondo Kant, noi all'universo interessiamo il giusto, cioè poco, perché lui non fa che seguire il proprio corso, dettato dalle leggi di natura che a loro volta provengono da Dio. Ciò che noi umani possiamo fare è, beh, innanzitutto ragionare con la nostra testa, e magari saremo perfino capaci di migliorarlo. È proprio lui, Immanuel Kant, a sussurrare al nostro orecchio: *sapere aude*, abbi il coraggio di usare la tua intelligenza, *sapere aude*. Là fuori c'è un universo intero da leggere e interpretare. All'uomo spetta il compito di capire come funziona, di comprenderne le leggi e la meraviglia. E a proposito di leggi, ce n'è una che, per accorgerci che esiste, non dobbiamo guardare là fuori bensì qua dentro, dentro di noi: la legge morale, quella che ci fa funzionare come esseri umani e regola – o meglio, dovrebbe regolare – il nostro modo di stare al mondo. Mondo del quale certamente siamo una parte, ma piccola, basta dare un'occhiata lassù: «Due cose riempiono l'animo di ammirazione e venerazione sempre nuova e crescente, quanto più spesso e più a lungo la riflessione si occupa di esse: il cielo stellato sopra di me, e la legge morale dentro di me».

Le leggi di natura e la legge morale. Le stelle e l'uomo. C'è un sacco di roba da esplorare, fuori e dentro di noi. E dunque... sveglia alle cinque meno cinque, diamoci da fare perché possiamo migliorare il mondo: ottimismo allo stato puro.

«Che peccato» pare abbia detto Newton in punto di morte, «avevo ancora molte cose da studiare».

Al funerale partecipò un suo sfegatato ammiratore, Voltaire, all'epoca poco più che trentenne. Mezzo secolo dopo toccherà a lui pronunciare un'ultima frase memorabile, come ci si attende dai più grandi pensatori: «Muoio adorando Dio» dice mentre una folla lo acclama dalla strada, «amando i miei amici, non odiando i miei nemici e detestando la superstizione». C'è tuttavia chi sostiene che queste non siano state proprio le ultime parole, che ce ne siano state altre. Secondo una leggenda, al prete che gli chiedeva di rinunciare *in extremis* a Satana, Voltaire rispose: «Non mi sembra il momento di farsi nuovi nemici».

Trentadue giorni più tardi viene il turno di Rousseau. Colpito da infarto durante una passeggiata, muore nel giro di pochi istanti senza che nessuno possa raccogliere le sue parole di commiato, se mai gli riuscì di pronunciarle. C'è chi, avendolo conosciuto bene, ha azzardato a immaginarle: «Diderot è uno stronzo». Oppure «Potere al popolo». (Ok, lo ammetto, non sono un ammiratore di Rousseau).

Passano ventisei anni e la morte va a bussare alla porta di Immanuel Kant. Me la immagino, la morte, che si avvicina al suo letto e dice: «Signor professore, è l'ora». Kant non fa una piega nemmeno quella volta. Intorno a lui ci sono gli allievi più fedeli e tutti concordano che un attimo prima di spirare abbia sussurrato: «Va bene così».

Come quella canzone di Vasco Rossi, nella quale ce lo ripete allo sfinimento che va bene così.

E, se conoscete le canzoni di Vasco, concorderete che anche in altre ci ha infilato Kant. Per esempio, ce n'è una che si intitola *Un mondo migliore*. Dice: «Sai, essere libero/costa soltanto/qualche rimpianto./Sì, tutto è possibile,/perfino credere/che possa esistere/un mondo migliore./Un mondo migliore».

Ma non solo Vasco ha studiato il filosofo tedesco, lo ha fatto anche quel gran sentimentale di Renato Zero (ebbene sì, sono anche un sorcino), che ci ricorda, alla Kant, che guardando il cielo possiamo renderci conto della vanità umana: «Quante volte avrei preso il volo,/ma le ali le ha bruciate già./La mia vanità/e la presenza di chi è andato già,/rubandomi la libertà.../Il cielo».

Pure il grande Lucio (Dalla) ci ricorda Kant quando si mette a guardare il suo, di cielo: «Il cielo./La terra finisce e là comincia il cielo./Lo guardo/ed anche stasera fa pensare a te». Se prendete quel "te" finale e lo interpretate come secondo me intendeva lui, cioè l'umanità intera... ecco, c'è tutto Kant lì dentro.

Ma quanto mi piace uno che è stato capace di contagiare dai costituenti del dopoguerra ai poeti della musica contemporanea. Immanuel, sei il mio idolo!

43

Bmx

Roma, 1984

Una mamma sta passeggiando insieme alla figlia quindicenne. «Mamma, a me mi piace il cazzo».
La madre le molla una sonora sberla: «Non si dice *a me mi*!».
È così che Riccardo apre le sue lezioni sulla comicità. Intende, con questa storiella (perdonate la parolaccia ma era imprescindibile), mostrare come il moto del riso si ottenga, virando di colpo, con una trovata che nessuno si aspetta. Occorre accompagnare il pubblico verso una logica conclusione (la mamma rimprovera alla figlia appunto la parolaccia, ma forse anche la precocità sessuale), per poi inventarne un'altra totalmente inattesa, eppure a suo modo logica (lo schiaffo era per l'errore di grammatica).

Riccardo Cassini di mestiere fa il comico per conto terzi: non sta sul palco. Lui scrive per alcuni tra i più conosciuti comici e intrattenitori italiani che si esibiscono in televisione, al cinema e nei teatri. Inventa storie, escogita battute e fa ridere, molto ridere, ma preferisce rimanere dietro le quinte ed essere famoso solo fra gli addetti ai lavori. È considerato tra i più bravi in questo mestiere. Parecchi anni fa scrisse un libercolo dal titolo *Nutella Nutellae* che vendette più di un milione di copie.
«*Nutella placet omnibus pueris atque puellis sed, si troppa Nutella fagocitare, cicciones divenire, cutaneis eructionibus sottostare et brufolos peticellosque supra facie tua stratos formare atque, ipso facto, diarream cacalleramque subitaneam venire*».

Fu proprio grazie a quel libro che incominciarono a chiamarlo i produttori di spettacoli comici. Prima del successo editoriale Riccardo faceva tutt'altro mestiere: vendeva automobili. Sì, proprio uno di quelli che ti si avvicinano quando visiti una concessionaria e, con fare più o meno suadente, ti appioppano un'auto piena di accessori che manco sapevi esistessero. E, se son davvero bravi, tu te ne vai in giro a vantarti che la tua vettura ha i sedili riscaldati, anche se di quel tasto non te ne ricordi mai e lo schiacci per sbaglio solo in piena estate, imprecando contro il caldo boia che neanche il condizionatore riesce a sconfiggere.

Riccardo era bravo anche a vendere le auto. Quando rievoca quel periodo c'è da piegarsi dalle risate. C'è in particolare una storia che mi racconta spesso, forse dimenticandosi di avermela già raccontata. Ma la ascolto sempre con piacere, anzi a volte sono io stesso a chiedergliela, quando magari siamo in compagnia di qualcuno che ancora non la conosce.

A Riccardo piace la Nutella, come abbiamo visto, ma anche altri prodotti per bambini tra i quali il Nesquik, una golosa polvere di cacao che dà al latte un sapore di cioccolato. Ancora oggi, di tanto in tanto, Riccardo se ne beve un bicchiere mentre pensa alle sue leggiadrie, ma negli anni Ottanta la sua era una vera e propria dipendenza.

Siamo a Roma, Riccardo è poco più che ventenne. Un giorno si trova a fare la spesa in un supermercato con la sua compagna. Giunto alla cassa si rende conto di aver dimenticato il Nesquik, rimane in coda ma prega Antonella di correre a prenderne una scatola. Lei va e torna con un barattolo di... Ovomaltina. Riccardo la guarda stranito, ma c'è la cassiera che pressa, altri clienti alle spalle, dunque è costretto a lasciar perdere. Con la morte nel cuore aggiunge l'Ovomaltina al resto della spesa e paga.

Ora, bisogna sapere che con il Nesquik l'Ovomaltina non c'entra niente. La producono a Berna, è un estratto di malto d'orzo, latte

scremato, cacao e lievito. Uova zero, malgrado il nome. Unica cosa in comune col Nesquik: si presenta come una polvere, da sciogliere nel latte caldo.
La mattina seguente, a colazione, Riccardo ce l'ha ancora con Antonella. Va' a sapere cosa le è passato per la testa, pensa. Come si fa a confondere l'Ovomaltina con il Nesquik? Tuttavia, visto che ormai il danno è fatto, decide di provare l'intruglio elvetico. Svita il tappo e...
«Complimenti» c'è scritto su un cartoncino colorato «hai vinto una Bmx!». Sul biglietto c'è pure una foto della bici in questione: bellissima, bianca e blu, con quei ruotoni adatti a farci il cross. E c'è il numero da chiamare per riscuotere il premio.
«Figurati» dice Riccardo ad Antonella, «sarà la solita storia. Ora chiamo e mi dicono che se compro altri cento barattoli mi mandano il manubrio, altri cento e mi mandano i pedali... Alla fine, quando avrò messo insieme tutta la Bmx, non potrò nemmeno salirci perché a quel punto peserò un quintale e mezzo».
«Va beh, prova...» gli fa Antonella. «Che ti costa?».
Tanto per farla contenta, Riccardo chiama il numero riportato sul cartoncino e...
«Sissignore, è tutto vero, lei ha vinto una bellissima Bmx. Se mi dà l'indirizzo gliela mandiamo a casa. Colgo l'occasione per ringraziarla di aver scelto il nostro prodotto».
Riccardo rimane di sasso. Guarda Antonella, poi la cornetta, di nuovo Antonella. In realtà, vorrebbe dire Riccardo al tipo al telefono, è stata lei a scegliere il vostro prodotto, mica io.
«Signore, c'è ancora? Come le dicevo avremmo bisogno di un indirizzo a cui spedirle la Bmx...».
È a quel punto che gli viene in mente: questi qui sono svizzeri. Se dicono una cosa è quella. Solo allora Riccardo si convince che non è uno scherzo e detta al tipo l'indirizzo della concessionaria dove lavora, visto che a casa non c'è mai nessuno.
Tre giorni dopo va al lavoro con la sua Citroën 2 Cavalli, una meraviglia di utilitaria lanciata a fine anni Quaranta. Il suo è un

modello abbastanza recente, ma ancora presenta quegli eccentrici fari esterni al cofano che sembrano gli occhi di un coccodrillo mentre mette la testa fuori dall'acqua. Riccardo l'aveva ritirata da un cliente che non vedeva l'ora di comprarsi una Fiat Uno nuova fiammante.

Sul raccordo anulare sorpassa la bisarca di Battista, il suo amico che due volte alla settimana fa la spola trasportando auto nuove e usate fra le due sedi della concessionaria dove lavora. Strombazza con il braccio al di fuori dal finestrino per salutare, ricambiato dal clacson (tipo quelli da stadio) del camion di Battista. Ma succede che pochi chilometri dopo la 2 Cavalli incomincia a tossire come un asmatico, esce fumo dal cofano. Riccardo fa appena in tempo a svoltare in una piazzola quando sente chiaramente il motore che sta per incriccarsi e poi di colpo si pianta: segue un sibilo sinistro mentre una nebbia scura avvolge l'auto.

Vale la pena di ricordare che siamo sul Grande raccordo anulare negli anni Ottanta: un desolato anello di asfalto che circonda la capitale, lungo 68 chilometri, senza aree di servizio, senza parcheggi e senza colonnine Sos. Aggiungiamo che non esistono i cellulari e il quadro è completo. Un automobilista in panne doveva farsela a piedi fino alla prima uscita e organizzare in proprio i soccorsi oppure attendere il passaggio di uno dei tanti carri attrezzi (denominati "gli avvoltoi") che percorrevano circolarmente il raccordo per soccorrere i malcapitati in difficoltà, spillando loro cifre da infarto.

Meno male che dopo pochi minuti passa Battista, riconosce l'utilitaria di Riccardo e si ferma. Insomma, nella sventura, un colpo di fortuna, anche perché sulla bisarca c'è un posto vuoto. Caricano la 2CV ancora fumante e raggiungono, neanche in ritardo, il posto di lavoro. Riccardo chiede a Stefano, il capo officina, di dare un'occhiata all'auto; Battista l'ha appena scaricata dal camion trasportatore, insieme ad alcune auto nuove da consegnare, poi caricherà dall'officina altri veicoli da portare allo sfasciacarrozze.

Dopo una rapida occhiata alla 2CV, Stefano dà il suo referto: il motore è fuso. A rifarlo, sostituendo cilindri e pistoni, «costerebbe più la salsa del pesce» (ha detto proprio così Stefano).
Riccardo, com'è nel suo carattere, non perde tempo a lamentarsi e va nel salone per incominciare la giornata di lavoro.
Dopo qualche minuto, Stefano lo chiama con il telefono interno: «Hai presente le auto incidentate? Quelle che deve portare via Battista? C'è una Dyane mezza distrutta, ma dice che il motore è buono. Mo' vado a vedere. Oh, non ti prometto niente».
Riccardo incrocia le dita e torna dai suoi clienti.
Alla fine del suo turno scende in officina al piano inferiore e vede Stefano con la testa dentro il cofano della sua utilitaria.
«Come va?» gli domanda.
«Va che sei uno *sbucione*. Il motore della Dyane è perfetto. Ci vorrà ancora un'ora, ma te la finisco per stasera, così ci vai con lei a casa».
Riccardo è al settimo cielo: in un mondo parallelo, sarebbe potuto essere ancora lì, solitario, a fare l'autostop sul raccordo. Invece tutto si stava incastrando alla perfezione.
Intorno alle 19.30, Stefano lo convoca in officina: il lavoro è terminato, mezzo giro di chiave e il nuovo motore tintinna nel cofano, più silenzioso del precedente.
«Magari stavolta metticelo un po' di olio ma così, ogni tanto».
«Quanto ti devo?».
Il meccanico fa un gesto con la mano come a dire lascia perdere, sebbene per fare quella sostituzione si sia trattenuto ben oltre il suo orario. Riccardo insiste: «Ti voglio pagare almeno il lavoro, il tempo che hai impiegato, dai, non mettermi in imbarazzo».
«A Ricca', soldi non ne voglio. Piuttosto, domenica c'è la comunione di mio nipote, e mi ha detto che come regalo vuole... Aspe'».
Stefano infila una mano nella tasca della tuta blu e ne tira fuori un pezzo di carta tutto stropicciato e sporco di grasso. «Ecco. Vuole questa qua».

Pazzesco, pensa Riccardo. Il pezzo di carta è in realtà una foto presa da un giornale, che raffigura... No, dai, impossibile.
«Senti Ricca', che per caso sai quanto costa 'sta Bmx? No? Beh, informati e poi mi fai sapere, che se costa troppo lascio perdere».
In quel preciso momento, suona il telefono interno dell'officina. È il collega di Riccardo, dal salone sovrastante, che lo avvisa che è arrivato un corriere con un pacco per lui.
Il resto potete immaginarlo da soli. Quando Riccardo, due minuti dopo, consegna a Stefano la bicicletta per il nipote, nuova di pacca e tutta bella avvolta nel nylon su cui è appiccicata un'appariscente etichetta Bmx, non è possibile descrivere la faccia del capo officina. Avrà pensato: «E chi è questo, Aladino?». Cioè, non Aladino, il coso, lì, quello che sta nella lampada ed esaudisce i desideri, il genio. Dal canto suo, Riccardo non era meno stupito.
Antonella che prende l'Ovomaltina, il biglietto vincente, l'indirizzo della concessionaria, la 2 Cavalli, il raccordo anulare, la Dyane scassata, il nipote di Stefano, il corriere, la Bmx.
Quante probabilità c'erano?

Questa storia, assolutamente vera, Riccardo la racconta in maniera molto più divertente di quanto abbia fatto io, insieme a molte altre in cui si ha la sensazione di poter rintracciare un dato costante: che in effetti lui è uno *sbucione*, per usare la definizione di Stefano, cioè molto fortunato (deriva da *bucio*, cioè buco, e si riferisce a quello del nostro deretano).
Ora, Riccardo è napoletano. Molti suoi compaesani gli dicono che non bisogna raccontarle certe cose, che non è prudente, che sbandierare la propria fortuna è il sistema più efficace per attirarsi il suo contrario. Ma Riccardo non è superstizioso, anzi sostiene che per avere successo nella vita convenga apparire come una persona fortunata e il modo più semplice è raccontare soltanto le fortune, dimenticando le sventure... Che pure a lui, come a tutti, capitano.

Riccardo sa usare le parole, sa divertirsi con le parole. Sentite queste:
«Luna: satellite terrestre che, come dice il nome, sorge un'ora dopo la mezzanotte».
«Album: insieme al tuorl forma l'uov».
«Nono: colui che nega di essere arrivato dopo l'ottavo».
Invece tra i suoi libri, oltre a *Nutella Nutellae*, vorrei menzionare questi altri: *Il buco nello zoo, Jean-Jacques dormì e Jean-Jacques Rousseau, Era buio pesto alla genovese, Veni, vidi, wc.*
Chiudo segnalando un titolo per veri intenditori, latinisti e amanti della Nutella: il lucreziano *De Ferrerum natura.*

44

La bolla

L'Aquila, 1294

Il nome è suggestivo, ma rischia di portare fuori strada: "bolla papale" o anche "bolla pontificia". Su internet ho trovato il disegno di un bambino, si vede un papa che sorride compiaciuto nel porgere ai fedeli appunto una bolla, ossia una sfera iridescente grande più o meno come un pallone da calcio.

La parola deriva dal latino *bulla*, fa riferimento all'aspetto del sigillo che un tempo veniva usato per autenticare le comunicazioni ufficiali del papa. Ora si è passati a un più pratico timbro ma il nome è rimasto, le bolle si chiamano ancora così. In genere, il titolo con cui vengono ricordate è l'incipit del testo: *Unam sanctam*, *Rerum novarum*, *Misericordiae vultus* (che è l'ultima in ordine di tempo mentre scrivo, emanata da papa Francesco). Niente bolle, invece, da parte del suo predecessore Benedetto XVI, che cito qui perché ha una cosa in comune con il protagonista di questa storia.

Si chiamava Pietro del Morrone. Verso la metà del XIII secolo, faceva l'eremita dalle parti di Sulmona, ma non solo lì, perché era un eremita errante: andò a piedi a Roma, poi addirittura a Lione. Dovunque incontrava sia povera gente sia prelati d'alto rango, senza riservare a questi ultimi maggiori attenzioni. Chiunque lo ascoltasse ne restava folgorato, tant'è che Pietro si conquistò la fama di santo in mezza Europa.

Nel 1275 si stufò di viaggiare e si stabilì in un'abbazia, Santa Maria dell'Assunzione, su una collinetta poco fuori le mura dell'Aquila, in Abruzzo. Convinse monaci, fedeli e autorità a costruire una

nuova maestosa chiesa in quel luogo. I lavori cominciarono nel 1287, Pietro dettò ritmi forsennati (pure lui faceva il muratore) e appena un anno dopo venne consacrata la basilica di Santa Maria di Collemaggio. E lì iniziarono ad arrivare fedeli da mezzo mondo, per conoscere quell'ex eremita che parla come Gesù.
Pochi anni dopo la Chiesa si trovò alle prese con una difficile elezione papale: morì Nicolò IV mentre a Roma c'era un'epidemia di peste, e il conclave venne continuamente rimandato. Nel 1293 il Collegio dei cardinali si riunì a Perugia, ed è lo stesso Pietro del Morrone a inviare una lettera per scuoterli, sollecitandoli a far presto, a scrollarsi di dosso i loro tempi "romani". E quelli sapete che fecero? Siccome non andavano d'accordo tra di loro, anche perché c'era una quantità spropositata di candidati, pensarono bene di risolvere il problema eleggendo papa, all'unanimità e in contumacia, lo stesso Pietro del Morrone. Era il 5 luglio 1294 quando una delegazione di cardinali salì sulla collinetta dell'Aquila a portargli la notizia. Pietro trasalì, si inginocchiò, scoppiò a piangere, si mise a pregare. Comprese subito che i cardinali lo scelsero solo per via delle loro insanabili controversie. «Mannaggia a me e a quando ho scritto quella lettera» deve aver pensato. Tuttavia, decise di non sottrarsi. Il 29 agosto fu incoronato proprio a Collemaggio, nella sua basilica. Pietro scelse di chiamarsi Celestino V, benedì i cardinali e si preparò a far loro un bello scherzetto...
Com'è noto, il suo pontificato durò pochissimo, meno di quattro mesi. Celestino V si dimise – ecco l'analogia con papa Ratzinger – fece quel gran rifiuto, come dice Dante, che proprio per questo lo sbatterà all'inferno accusandolo di viltà, di non aver lottato fino in fondo contro quella Chiesa malvagia e corrotta, di avere spalancato le porte di San Pietro al suo terrificante successore, l'odiato Bonifacio VIII. Il quale, per altro, salito al soglio pontificio fece arrestare Celestino V, nel frattempo tornato a essere semplicemente Pietro, Pietro del Morrone.

Morì in carcere, vecchio e malato. E forse anche lì ripensò a quella dannata lettera da cui era cominciata la storia. Ma prima che tutto questo avvenisse, pur nella brevità del suo pontificato, almeno una cosa Celestino V riuscì a farla, una cosa straordinaria.

Il 29 settembre, a un mese esatto dalla sua incoronazione, il nuovo papa emanò una bolla, la *Inter sanctorum solemnia*, meglio nota come Bolla del perdono. Con questo documento venne infatti concessa l'indulgenza plenaria a tutta l'umanità, senza distinzione alcuna. Un evento eccezionale, inatteso, contrario al vento che tirava allora: si vivevano tempi in cui il valore del perdono, quello tanto raccomandato da Gesù (tra poco ci torniamo), se lo erano completamente dimenticato: parlo della ghenga dei porporati romani. La Chiesa non perdonava: condannava, senza pietà. Celestino invece decise di perdonare tutti e lo annunciò al mondo con parole splendide, per esempio quando definisce Gesù «lucerna del mondo offuscato» (*caliginantis mundi lucernam*).

La bolla di Celestino V ho avuto la fortuna di leggerla sul documento originale. Termina in questo modo: «... per la misericordia di Dio onnipotente e confidando nell'autorità dei suoi beati apostoli SS Pietro e Paolo, annualmente assolviamo dalla colpa e dalla pena, che meritano per tutti i loro peccati, commessi fin dal Battesimo, tutti coloro che, veramente pentiti e confessati, saranno entrati nella predetta Chiesa dai vespri della vigilia della festività di S. Giovanni fino ai vespri immediatamente seguenti la festività».

C'erano dunque due paletti, se volevi questo perdono: dovevi recarti nella basilica di Collemaggio tra il 28 e il 30 agosto (ottima idea turistica per il territorio) e dovevi confessarti (mi sembra il minimo).

Ancora oggi, in quei giorni, a L'Aquila si fa festa, ed è una festa con un bellissimo nome: la Perdonanza. A me personalmente fa pensare a un sentimento disponibile in quantità smisurata, ce n'è per tutti: è un perdono in abbondanza. O a oltranza, se preferite. La perdonanza trasforma il perdono in un iper-dono. E a chi lo facciamo questo dono?

«Beh, dipende» direte voi. Possiamo perdonare gli altri, ma è possibile fare questo dono anche a noi stessi. Tuttavia, vorrei per il momento occuparmi solo del primo caso, perdonare gli altri.
Il prefisso *per-*, in latino, indica generalmente un passaggio attraverso qualcosa. Prendete il verbo "correre", aggiungeteci il *per-* e vi verrà in mente un posto da attraversare, una strada o un sentiero. Ma *per-* si usa anche per dire "fino in fondo", "completamente". Prendete una torta con la panna, è opera vostra, l'avete *fatta*. Manca solo l'ultimo tocco, la classica ciliegina. Ce la mettete: adesso la torta è davvero finita, è *per-fatta* – anche se si dice "perfetta" per questioni fonetiche che qui non ci interessano.
Ecco, se torniamo al perdono, quello rivolto agli altri, ora che abbiamo capito a cosa serve il prefisso *per-*, ci rendiamo conto che è un sentimento potente, in grado di passare attraverso le offese e i torti che abbiamo subito. Ed è un sentimento completo, totale, perfetto, non gli manca niente. E non gli manca niente perché, nel momento in cui perdoniamo qualcuno, il dono lo facciamo anche a noi stessi. Dopo, infatti, ci sentiamo meglio. Non perdonare non ci conviene, è una forma di masochismo.

Nel concepire la sua bolla, Celestino V si era ispirato a un testo che gli alti prelati della Chiesa consideravano evidentemente pericoloso ed estremista: il Vangelo.
Vogliono lapidare una donna, un'adultera, stanno per farlo quando Gesù dice: «Chi di voi è senza peccato scagli la prima pietra contro di lei» (Giovanni 8, 3).
Un ladrone, uno dei due delinquenti appesi in croce accanto a Gesù, chiede pietà, e lui: «In verità, in verità ti dico che oggi sarai con me in paradiso» (Luca 23, 43).
Gesù sale su una montagna e ai fedeli che si sono radunati raccomanda: «Ma io vi dico: amate i vostri nemici e pregate per quelli che vi perseguitano» (Matteo 5, 44).
Mi immagino le facce. Amare i nemici? Pregare per loro? Far loro

del bene? Doveva sembrare assurdo allora e sembra assurdo anche oggi, persino ad alcuni tra quelli che si definiscono cristiani, ossia seguaci di Cristo, il pericoloso estremista che diceva queste cose. Oggi, come allora, c'è gente che pare quasi goda nel farsi dei nemici, figurarsi far loro del bene, perdonarli o addirittura amarli. Ma è gente che – ci scommetto – nel profondo del cuore è infelice. Invece Celestino V no, proprio non me lo vedo infelice, malgrado la brutta fine. Se chiudo gli occhi, mi ricompare davanti la preziosa pergamena su cui mise nero su bianco che lui voleva perdonare tutti. E rivedo il disegno che ho trovato per caso su internet, quello con il papa che, tutto sorrisi, dona la bolla all'umanità. Ecco, è così che me lo immagino Pietro del Morrone.

45

Un sogno di speranze

Novello, 22 luglio 2022

Stanotte ho fatto un sogno. Mi trovavo in un Paese che regalava due anni a tutti i giovani che ci abitavano. Ho capito che era l'Italia perché tra quei giovani c'erano anche i miei nipoti, però più grandi di come sono adesso, quindi ho capito che ero nel futuro.

Il primo regalo i giovani lo ricevevano al compimento del diciannovesimo anno di età, conseguita la maturità scolastica, in pratica prima di iniziare l'università: un anno, decentemente pagato, a lavorare in uno dei tanti posti dove ci si occupava dell'emergenza ambientale, cioè di come salvare la vita umana sul pianeta. Il secondo regalo i giovani se lo beccavano appena laureati: un anno intero, decentemente pagato, a lavorare all'estero.

Pensava a tutto lo Stato, per esempio suggerendo quale settore, tra quelli contro la crisi climatica, avrebbe potuto essere più adatto alle caratteristiche di ciascuno. Poi, però, la decisione finale spettava a loro, potevano scegliere tra centrali idroelettriche, eoliche o solari, termovalorizzatori a impatto zero, fabbriche per il recupero e il riutilizzo di plastica o legno, impianti per la produzione di veicoli elettrici o a idrogeno, corpo forestale dedito alla piantumazione di nuovi alberi, centri di ricerca per soluzioni innovative di produzione elettrica, aziende agricole biologiche e autonome energeticamente… e così via.

Anche per il secondo anno all'estero organizzava tutto lo Stato. Aiutava i giovani nella scelta del Paese dove avrebbero fatto esperienza, trovava loro un lavoro, pagava i viaggi, la casa… Erano stati creati, a livello territoriale, degli speciali istituti in cui personale altamente specializzato riceveva i giovani, discuteva con loro e insieme individuavano le migliori soluzioni. Questi istituti erano chiamati Ica, acronimo di Istituto comunale per l'avvenire, mentre le persone che ci lavoravano prendevano il nome di... No, non *navigator*. Si chiamavano Fc, *Future's Coach*, allenatori del futuro. Qualcuno protestava per via dell'inglese, ma chi aveva scelto il nome ribatteva che tanto i giovani dovevano saperlo, l'inglese, se avevano intenzione di andare all'estero. Questi due straordinari progetti erano stati messi a terra dal governo Draghi verso la fine del 2022: un bel regalo di Natale agli italiani. Il primo era stato chiamato Pnnv, che stava per Protagonisti della nazione nuova e verde. L'obiettivo era quello di spingere il maggior numero di giovani a lavorare nel campo della riconversione *green* dell'economia. A quel tempo l'Italia era già messa abbastanza bene, benché un po' in ritardo e con il cappio al collo del gas proveniente dall'estero; serviva il contributo delle giovani generazioni per accelerare.

Nel 2023, circa il 40% dell'energia prodotta dal nostro Paese veniva da fonti rinnovabili. Eravamo già tra i più virtuosi al mondo nel riutilizzo di plastiche monouso e legno morto, l'agricoltura biologica si trovava in forte crescita, la gente iniziava a comprare auto elettriche. Insomma, eravamo ben incamminati, favoriti anche dal fatto che qui da noi il sole, il vento e l'acqua non mancano. Ma c'era ancora molto da fare, per esempio alcune centrali funzionavano ancora a carbone, così come la principale acciaieria d'Europa, soffrivamo di una forte dipendenza dal gas russo sul quale pesava l'incognita delle conseguenze per l'assurda aggressione all'Ucraina, non ci potevamo considerare dei campioni della raccolta differenziata, l'autonomia dei veicoli verdi era limitata così come il numero delle stazioni di ricarica.
Finalmente si era capito che occorreva ripartire dai giovani: sarebbero stati loro a salvarci. Da qui la decisione di istituire il Pnnv. Fu un grande successo, adesioni oltre l'80%.

La stessa filosofia stava alla base del Pptr, così Draghi aveva deciso di chiamare il progetto che offriva un anno all'estero a tutti i neolaureati. L'acronimo stava per Partenza, presa di coscienza, tornanza e restanza. Anche qui c'erano state delle proteste, stavolta perché le ultime due parole non esistevano. A Draghi erano venute in mente nell'agosto del 2021 durante un viaggio a L'Aquila, dove aveva presenziato alla festa della Perdonanza. Se esisteva la perdonanza, aveva poi dichiarato in una delle sue rare interviste, potevano esistere... come dire... anche la tornanza e la restanza. Ma, al di là delle questioni linguistiche, il Pptr aveva finalità ben precise.

Partenza: far sì che i giovani, vivendo per un anno all'estero, toccassero con mano che esisteva, l'estero, e che questo estero era fatto di tanti Paesi, ognuno con la sua storia, la sua cultura, le sue tradizioni, e che con questi Paesi avremmo dovuto sempre confrontarci e relazionarci.

Presa di coscienza: far sì che i giovani, allontanandosi per un anno dall'Italia, imparassero a non dare per scontata la sua bellezza, ad apprezzarla in tutte le sue manifestazioni – arte, paesaggi, enogastronomia, sport, capacità manifatturiera –, e a considerare quanto quella dell'Italia possa essere necessaria al mondo così come il resto del mondo è necessario all'Italia. In pratica, aveva spiegato Draghi nel corso di una conferenza stampa, funziona un po' come quando attacchi un quadro a una parete e poi ti allontani di qualche passo per capire se sta bene nella stanza. «L'Italia... come dire... è una nazione che può stare veramente bene nella stanza del mondo», proprio così aveva detto.

Tornanza: far sì che i giovani, appurato che nella stanza il quadro ci sta da dio, sentissero il bisogno, il desiderio, l'urgenza di rientrare in Italia, nonché – e siamo all'ultimo punto, la restanza – di rimanerci con l'intento di prendersene cura, farla progredire, incrementarne la bellezza, raccontarla al resto del mondo e in tal modo sdebitarsi per l'immensa botta di culo di esserci nati (su questo concetto, in conferenza, Draghi aveva adoperato altre parole: «Come dire... una gran fortuna!»).

I paletti per accedere al Pnnv e al Pptr non erano per nulla insuperabili. Bastava trovarsi in linea con i piani di studio (promossi alla maturità e conseguita la laurea). Ma il governo aveva dimostrato buon cuore, prevedendo un anno di franchigia per chi dovesse rimettersi al passo. Inoltre, se dopo l'anno all'estero decidevi di rimanerci, non è che mandassero i servizi segreti a riprenderti: semplicemente dovevi rifondere allo Stato tutte le spese sostenute.
I risultati, nel sogno, erano strabilianti. A circa dieci anni dall'introduzione di Pnnv e Pptr, grazie a quei giovani che ne avevano beneficiato, il nostro Paese aveva ormai raggiunto la piena autonomia energetica, con una produzione derivante al 100% da fonti rinnovabili. Gli italiani utilizzavano con piacere i mezzi pubblici elettrici e a idrogeno. Le auto in *sharing* (tutte *green*) si trovavano ovunque, e naturalmente anche le colonnine. Le aziende agricole (tutte bio) si autoproducevano il biometano per alimentare i trattori. Con parte dei rifiuti si otteneva energia, mentre con l'altra si realizzavano abiti e mobili. Poi il dato più incredibile: nella classifica del numero di libri letti pro capite ogni anno, da ventitreesimi che eravamo in Europa, avevamo ormai conquistato il quarto posto, ai piedi del podio, ma col tempo ci saremmo saliti.
Nel sogno, come dicevo all'inizio, c'erano anche i miei due nipotini, Paolo e Celeste. Oddio, nipotini. Lui era ormai un giovanotto di diciannove anni e aveva entusiasticamente aderito al Pnnv. Sfoggiava una divisa del corpo forestale, dunque sarebbe andato a piantare alberi. Celeste era una splendida ventiduenne che non vedeva l'ora di finire l'università per farsi un anno all'estero. Io le chiedevo dove, in quale Paese, Celeste stava per rispondermi ma a quel punto, porca miseria, mi sono svegliato.

La radio stava dicendo che Draghi si era dimesso. Mannaggia, avrei dovuto saperlo benissimo, perché era successo ieri. Ora ricordavo perfettamente il discorso del premier al Senato, parole piene di buon senso e logica a cui erano seguiti interventi di vari politici dal sapore illogico. In pratica avevamo assistito allo scontro tra chi intende la politica come una attività rivolta al bene comune e chi invece fa politica per il bene del proprio partito. Tra l'arte del governo e la propaganda.

E allora perché non me lo sono ricordato durante il sogno? Avrei evitato di sbattermi con tutti quegli acronimi, i miei fantasiosi progetti per i giovani. Ma poi mi sono dato una risposta. La mia mente – forse è meglio dire il mio cuore – voleva continuare a sognare e, siccome non poteva più farlo di giorno, alla luce degli accadimenti, ha deciso autonomamente di sognare di notte, quando la memoria del reale si spegne e rimane la pura immaginazione. Vabbè, mi son detto, mentre in bagno mi guardavo allo specchio, non è stato tempo perso; almeno ho passato una notte piena di speranze. Quelle, le speranze, non riuscirà mai nessuno a togliermele, nemmeno certi politici che se ne fregano del bene comune.

46

L'unico comunista in tutta Cuba

L'Avana, febbraio 1961

«Tra voi c'è un economista?». Fidel Castro aveva convocato i suoi fedelissimi nell'attico dell'hotel Tryp Habana Libre, suo quartier generale.

Un gran pranzo a base di maialino da latte marinato e arrostito, servito con banane cotte e platano: il suo piatto preferito. Da circa due anni Fidel e i suoi avevano preso Cuba, scacciando sia Fulgencio Batista, lo storico dittatore filoamericano, sia il perfido generale Eulogio Cantillo che aveva favorito la fuga di Batista, insediandosi al suo posto.

Ma ora occorreva amministrarla, Cuba. I primi tempi, con l'entusiasmo per la vittoria, sulle ali di una libertà conquistata dopo tanti anni di dittatura opprimente, tutto sembrava facile. I cubani hanno un carattere dolcissimo, incline all'ottimismo, alla gioia, al sorriso, alla musica. Ora, finalmente, avevano la possibilità di vedere la loro isola, già meravigliosa di suo, trasformata in un Paese dove poter vivere liberi e felici, dove non ci fossero più disuguaglianze, dove tutti avrebbero avuto un lavoro e un reddito dignitoso.

Sotto la dittatura, a dettare le regole in economia era stato fondamentalmente il turismo americano. Ma ora il passaggio all'autogestione del popolo, ancorché guidato da un leader carismatico e amatissimo, si stava rivelando problematico. Dal mondo ricco non entravano più quattrini freschi, le risorse interne erano limitate, il reddito delle famiglie scendeva invece di crescere. Il popolo cubano per il momento non si perdeva d'animo, ma Fidel iniziava a rendersi conto dei propri limiti. D'altronde, una decina di anni prima, quando esercitava l'attività forense all'Avana, aveva fatto fallire il suo studio legale. Ora il rischio era che a fallire fosse un Paese intero, un Paese che nei sogni del *Líder Máximo* avrebbe dovuto essere un modello di socialismo integrale. Insomma, serviva qualcuno che capisse di economia e finanza, ma che al tempo stesso custodisse dentro di sé il seme della rivoluzione. Ecco il motivo per il quale Fidel aveva riunito la sua cerchia e aveva chiesto: «Tra voi c'è un un'economista?».

«Io» rispose convinto Ernesto Che Guevara. E poi si guardò intorno. Possibile che soltanto lui avesse alzato la mano? Che fine avevano fatto gli ideali rivoluzionari? Si erano forse già dissolti di fronte alle prime difficoltà?

Il fatto è che il Che, anziché "economista", aveva capito "comunista". Per questo gli pareva strano di essere l'unico con la mano alzata. Oltretutto era stato anche l'unico a non toccare il maialino: non che fosse vegetariano, semplicemente considerava un infanticidio sopprimere un cucciolo, nato da poche settimane, che ancora poppava il latte dalla mamma.

Più stranito ancora era Fidel. Conosceva bene la fedeltà assoluta di quel giovane argentino che si era unito a lui per fare la rivoluzione. Apprezzava il coraggio che aveva dimostrato in ogni azione, e sapeva che era laureato, ma in Medicina. La sua bontà d'animo e la fedeltà al giuramento di Ippocrate lo avevano spinto a compiere gesti per i quali si era beccato rimproveri dai suoi compagni, Castro compreso: spesso il Che si era pericolosamente attardato per curare i feriti, inclusi i nemici. Aveva salvato molte vite, anche di gente che fino a un minuto prima voleva ucciderlo.

Magari, pensò Fidel, in Argentina il Che aveva compiuto anche studi di economia. Poteva essere, quel ragazzo era pieno di sorprese. E poi, se aveva alzato la mano, un motivo doveva esserci, no? Perciò Fidel non perse altro tempo, e con un caloroso brindisi

– rum stravecchio, ovviamente – lo nominò seduta stante ministro dell'Economia e dell'industria. Fu così che, secondo la leggenda, Ernesto Che Guevara si ritrovò a dover decidere le sorti economiche di Cuba. Per prima cosa stampò denaro, tantissimo denaro. Gli avevano detto che le famiglie povere non avevano più soldi, quindi... stampiamo soldi e distribuiamoli ai poveri: che problema c'era? Il problema – e se ne accorse quasi subito – era l'inflazione, che schizzava sempre più in alto perché mancava un elemento non proprio trascurabile: il prodotto. Allora il Che si attorniò di consulenti che venivano dai Paesi comunisti, in particolare dall'Urss. Assunse professori di matematica e di economia, si mise sotto con lo studio. «Lo vedevo distrutto dalla fatica a fine giornata» disse Salvator Vilaseca, il suo insegnante di matematica «ma ancora capace di passare alcune ore della notte a studiare seduto con le gambe incrociate sul pavimento, nel tentativo di non addormentarsi».

A forza di stare lì con le gambe incrociate, il Che comprese che un'economia imperniata su di un solo prodotto (lo zucchero di canna) non poteva reggere, dunque occorreva differenziare. Individuò nella chimica e nell'elettronica i nuovi settori su cui costruire un'economia diversificata. Cercò finanziamenti in mezzo mondo e qualcosa ottenne, ma prese anche tante nasate, specie da certi Stati che avevano applaudito con tanta foga la rivoluzione cubana. Incominciava a rendersi conto che l'applicazione rigorosa in economia dei suoi principi marxisti non sempre portava a felici risultati. Inoltre, stava maturando sospetti sempre più gravi nei confronti di Mosca e del suo imperialismo. Insomma, Cuba rischiava di passare dall'oppressione americana a quella russa senza alcun apprezzabile miglioramento, anzi.

Ma Fidel non era dello stesso avviso. Ratificò con i sovietici l'accordo sui missili, che presto sarebbero stati installati sull'isola e, in seguito, avrebbero quasi scatenato una guerra nucleare, e costrinse il Che a rivedere le sue posizioni, inducendolo a tornare alla mono-economia della canna da zucchero. Fu allora che il ministro prese la decisione di ritirarsi e scomparve dalla scena cubana, convinto che fosse giunto il momento di riprendere il suo cammino per la liberazione dei popoli oppressi.

In Bolivia cercò di fare la rivoluzione sul modello cubano, e stavolta il capo era lui. Sappiamo come andò a finire. Lo uccisero e Che Guevara entrò nel mito.
Ci entrò con la purezza dei suoi ideali intatti. Non c'era calcolo nelle sue pirotecniche avventure, ma neppure confusione. C'era piuttosto un'aura (quasi magica) di eroismo che germogliava dal suo calore umano, dal desiderio di cambiare il mondo e di intervenire in soccorso degli oppressi, dalla necessità di provarci fino alla fine. C'era della tenerezza, anche.
Si capisce perfino dalla sua immagine più celebre, la foto in cui il Che ha lo sguardo pieno di ardore rivolto al futuro. La tenerezza non è sfuggita all'obiettivo di Alberto Korda, il 5 marzo 1960, a L'Avana. C'è tenerezza nei capelli che sembrano appena mossi dal vento, c'è in quella ruga di concentrazione sulla fronte, e c'è negli occhi, nella luce che riflettono, nel loro taglio lievemente all'ingiù.
Alberto Korda scattò questa foto, la sviluppò e la appiccicò con lo scotch a una parete del suo studio, dove rimase per anni finché, nel giugno del 1967 – il Che nel frattempo combatteva in Bolivia – non venne notata da Giangiacomo Feltrinelli. Fu lui a intuire che Korda aveva creato un'icona senza accorgersene. L'editore ne ricevette in dono una copia, se la portò a Milano e da lì iniziò a diffonderla nel resto del mondo. Alla notizia della morte del Che, nell'ottobre di quello stesso anno, Feltrinelli tappezzò Milano di manifesti con la foto del comandante. Sotto c'era scritto: «Il Che vive!».
Di quei manifesti conservo una copia. Ogni tanto, specie nei momenti difficili, quando mi serve un po' di coraggio (ma senza perdere la tenerezza) me la riguardo.

47

Una lombata sul fuoco

Pesaro, Busseto e Lucca, 1792-1924

Rossini, Verdi o Puccini? E perché non tutti e tre? E se ci mettessimo pure Donizetti e Bellini?

La musica lirica, nell'Ottocento e nei primi anni del Novecento, in Italia, ha avuto protagonisti d'eccellenza planetaria, per questo siamo i numeri uno al mondo. Continuiamo a replicare con successo le loro opere e chissà per quanto tempo lo faremo ancora. Dunque non sarebbe il caso di scegliere. Ma noi italiani nasciamo con il gene del tifo e non solo in questo campo. Esistono verdiani, rossiniani e pucciniani; mi piace un sacco sentirli disputare. Anche i più moderati, che magari partono riconoscendo per un verso o per l'altro la grandezza di ognuno dei tre compositori, poi a metà del discorso incominciano a denunciare una certa simpatia e magari concludono il discorso affermando una preferenza netta. Tendenzialmente, visto l'amore per il cibo che condivido con il genio di Pesaro, dovrei essere un rossiniano. E tale infatti mi sento quando ascolto l'ouverture del *Guglielmo Tell*. Se però metto su nello stereo il coro del *Nabucco*, divento di colpo verdiano. Poi Rodolfo prende la mano di Mimì, canta «Che gelida manina, me la lasci riscaldare», e a quel punto mi convinco di essere un pucciniano di ferro. Insomma, non so scegliere. E ancora meno so farlo quando penso alla vita di quei tre.

Giuseppe Verdi è quello che è campato di più, inizio da lui perché ho pensato di raccontarli in ordine non di nascita ma di longevità.

Verdi è morto a quasi ottantasette anni, un'età ragguardevole per l'epoca. In proporzione è come se Mick Jagger arrivasse a centoventi anni senza mai smettere suonare (e chi lo può dire, magari quello ci arriva). A proposito, in carriera – e sempre in relazione ai tempi – Verdi ha guadagnato più soldi dei Rolling Stones e dei Beatles messi insieme.

Il suo successo è stato piuttosto continuo, dalla prima del *Nabucco*, il 9 marzo 1842, a quella del *Falstaff* del 9 febbraio 1893. Cinquantuno anni di trionfi; d'altra parte suo padre, che di mestiere faceva l'oste a Busseto, vicino a Parma, lo aveva battezzato anche Fortunino. Un bel tipo papà Verdi, con i magri guadagni dell'osteria comprò al figlio una spinetta quando il bimbo aveva sei anni. E di fortuna Giuseppe Fortunino ne ebbe, per esempio quando incontrò Antonio Barezzi, un ricco droghiere del suo paesello che lo finanziò con tanti quattrini (c'è dunque il cibo all'origine delle fortune di Verdi) e gli diede pure la figlia in sposa, o quando Bartolomeo Merelli, l'impresario della Scala, lo fece esordire a ventisei anni con l'*Oberto* e successivamente, mentre il giovane compositore si trovava in piena crisi, gli diede una spintarella che si sarebbe rivelata decisiva.

Già, perché ci fu un periodo, tra l'agosto del 1838 e il giugno del 1840, in cui la fortuna sembrò voltare decisamente le spalle al compositore, che ormai viveva a Milano. In meno di due anni, Verdi perse per malattia i suoi bambini (Virginia e Icilio) e la moglie Margherita. Aveva ventisette anni quando si ritrovò solo, con la famiglia annientata. Dopo il discreto successo con l'*Oberto*, la sua seconda opera (*Un giorno di regno*) si era rivelata un flop. Verdi aveva smesso di scrivere. Stava seriamente meditando di rientrare a Busseto, dove sarebbe tornato a suonare l'organo in chiesa, e intanto si trascinava da solo per le vie di Milano in preda allo sconforto.

Fu in quei giorni che Bartolomeo Merelli gli portò a casa un libretto, una storia ambientata a Gerusalemme dove il re di Babilonia

perseguitava gli ebrei. Verdi non lo aprì neppure, lo buttò sopra un tavolino in mezzo a vari libri e spartiti, dimenticandoselo. Qualche settimana dopo stava facendo le valigie per tornare al paese natìo quando, nel prendere i volumi, il libretto cadde a terra aprendosi su di una pagina che iniziava così: «Va' pensiero, sull'ali dorate...». Più avanti c'era scritto: «O mia patria, sì bella e perduta. Oh, membranza sì cara e fatal». Mentre leggeva e rileggeva, il giovane Verdi sentiva di tornare alla vita, e intanto dolcissime note gli risuonavano dentro, come se sgorgassero direttamente dalle parole che aveva letto. Verdi mollò le valigie e corse al pianoforte. Appoggiò il libretto sul leggio, e incominciò con un insolito Fa diesis maggiore. Cosa c'era in quelle parole? Che gliene importava, a Verdi, di Gerusalemme e del re di Babilonia? Cosa avevano da spartire con lui quegli ebrei vissuti duemila e passa anni prima?
Una patria perduta, ecco cosa. Anche lui, come gli ebrei di quel tempo lontanissimo, si sentiva oppresso da un tiranno straniero. Gli austriaci non avrebbero potuto censurare quel testo, pensava Verdi al pianoforte. Loro non avrebbero capito – o almeno così sperava –, ma gli italiani invece sì, gli italiani avrebbero colto la forza rivoluzionaria nascosta in quelle parole: «O mia patria, sì bella e perduta...».
E gli italiani, in effetti, colsero, fin da subito. Durante le prove, mentre l'orchestra e il coro intonavano il *Va' pensiero*, si mise a cantare tutto il personale della Scala, dai costumisti ai macchinisti, perfino gli addetti alle pulizie: un fatto mai accaduto prima di allora. Nei giorni successivi al debutto – un trionfo, in sala c'era anche Donizetti che letteralmente impazzì («Oh, quel Nabucodonosor! Bello, bello, bello») –, a Milano il *Va' pensiero* era già sulla bocca di tutti, come se l'intera città fosse diventata un colossale coro. E negli anni seguenti, dopo centinaia di repliche in tutto il mondo, il *Va' pensiero* si sentiva cantare nelle strade di Parigi, Barcellona, New York e addirittura Vienna. Cioè, piaceva perfino agli austriaci, il *Va' pensiero*. Come se a Mosca, in piena Guerra fred-

da... e calda, la canzone più in voga fosse stata *The Star Spangled Banner*. Pazzesco.

Il 27 febbraio 1901 fu intonato nel Cimitero monumentale di Milano da un coro altrettanto monumentale: 900 elementi, diretti da Arturo Toscanini. Verdi era morto esattamente un mese prima, il 27 gennaio, nella stanza 105 del Grand Hotel et de Milan, dove ormai risiedeva abitualmente. Aveva scelto quell'albergo perché stava in via Manzoni, a due passi dalla Scala. Era già allora una strada trafficata, eppure, nei sei giorni di agonia successivi all'ictus che lo aveva colpito, dal suo letto Giuseppe Verdi non sentì volare una mosca. I milanesi avevano cosparso la strada di paglia, in modo che le carrozze e gli zoccoli dei cavalli non disturbassero il maestro.

Gioachino Rossini incominciò presto a rivelarsi un genio. La prima opera la compose che non aveva ancora quattordici anni, l'ultima (il *Guglielmo Tell*) quando non ne aveva ancora compiuti trentasette. In tutto ne scrisse una quarantina. Era velocissimo, a volte gli ci voleva meno di un mese per terminarne una. Tanto era infaticabile nel comporre musica quanto era pigro nella vita quotidiana. Si racconta che, quando un foglio già scritto per due terzi cadeva dal pianoforte, Rossini piuttosto che chinarsi per raccoglierlo lo riscriveva da capo. Poi nel 1829, a meno di quarant'anni (come detto), si alza dal pianoforte e non ci si siede più, non per comporre opere, in ogni caso. Smette di scrivere, così, di colpo. In compenso continua a frequentare la cucina di alta qualità. Per lui il cibo era una cosa seria, un fatto quasi religioso: mangiava solo prelibatezze e pure in grande quantità, adorava cucinare, sperimentare, indagare sulla provenienza delle materie prime.

Un giorno il grande Wagner andò a trovarlo nella sua casa di Parigi, il tedesco era un fan del pesarese. Si misero a conversare, ma a un certo punto Rossini si alzò dal sofà e sparì per qualche minuto. Ripresero a conversare, ma ben presto Rossini disse:

«Con permesso», e si assentò di nuovo. Alla terza volta Wagner gli lanciò uno sguardo interrogativo, forse anche un tantino spazientito.
E Rossini: «Mi perdoni ma ho messo una lombata di capriolo sul fuoco».
Wagner non sembrò capire.
«La lombata» spiegò Rossini, «richiede ripetuti annaffi di buon vino».
«*Jawohl!*», disse Wagner.
D'altronde Rossini apprezzava Wagner, però a piccole dosi. La sua musica, disse una volta, regala bellissimi momenti, ma anche terribili quarti d'ora.
Perché la più grande star della musica europea, all'apice del successo e ad appena trentasette anni, smise improvvisamente di scrivere e si ritirò dalla scena pubblica? Rossini una risposta l'ha data: «O non lo sapete che io sono un grande infingardo? Scrivevo opere quando le melodie venivano a sedurmi, ma quando capii che toccava a me andarle a cercare, nella mia qualità di "scansafatiche" rinunciai al viaggio e non volli più scrivere».
Ci scherzava su, Rossini. Ma scherzando diceva la verità. Aveva composto e portato in scena 39 opere in poco più di vent'anni. Per dare un'idea, Verdi ne aveva fatte 28 in una cinquantina d'anni, Puccini 12 in quarant'anni. Rossini si rendeva conto di aver esagerato, aveva spremuto la sua creatività fino all'ultima goccia. Un abuso tale che ora si sentiva stanco, svuotato, avvilito. Una condizione che lo avrebbe accompagnato, tra alti e bassi, per il resto della vita. Vent'anni di attività forsennata e quaranta di depressione.
In ognuno di noi esiste un limite fisico alla creatività, perfino in un mostro come Rossini. Un attimo prima di mettersi a scrivere il *Guglielmo Tell*, ancora non sospettava niente, non aveva idea che sarebbe stata la sua ultima opera. Lo immaginava, invece, come una specie di secondo esordio, il vero inizio della sua carriera parigina. Aveva firmato un contratto che prevedeva una serie di

quattro opere, di cui il *Tell* doveva essere la prima, e aveva pure convinto re Carlo X ad assegnargli un sostanzioso vitalizio. Si apprestava a inaugurare un nuovo stile, in linea con un pubblico ormai sensibile ai moti delle società, e aveva in mente una trama strumentale elegante e sfarzosa, di taglio romantico, un inedito per lui. Ma, già sul Mi minore del violoncello che attacca, Rossini si rese conto che qualcosa non andava. Fece una fatica bestiale, lui che di solito volava sui pentagrammi. Tuttavia resistette, strinse i denti, rimase inchiodato allo sgabello. Tirando fuori nota dopo nota, scrisse quello che si rivelerà il suo testamento poetico: dodici minuti da levare il fiato.

L'*ouverture* parte con un movimento lento di cinque violoncelli che annunciano una tempesta imminente, arriva poi l'orchestra piena intorno a un fraseggio di violini e di viole, il temporale prorompe attraverso corni, tromboni e grancassa, segue la quiete introdotta dal flauto, infine il risveglio, una tromba che suona la carica e scatena un finale clamoroso, l'ultimo memorabile "crescendo" rossiniano. Lo ascolti e ti sembra di correre anche tu con l'orchestra. Invece era lui che stava scappando, Rossini, ci salutava per sempre e se ne andò così, a rotta di collo, su quei ritmi da tachicardia.

Giacomo Puccini è stato altrettanto fortunato e geniale quanto i due fenomeni che lo hanno preceduto. Da Lucca, dove nacque, conquistò i teatri di tutto il mondo, anche se il luogo che più amava e dove si ritirava per lunghi periodi a scrivere, era la piccola ma magnifica villa che si fece costruire a Torre del Lago. Anche lui alternava momenti di serenità a crisi profonde, trattasi evidentemente di una caratteristica precipua dei geni. Giunto ai sessant'anni decise di lasciare Torre del Lago, per cambiare diverse residenze, e fu allora che cominciarono i suoi guai di salute. Nel 1920, due anni più tardi, Puccini aprì per la prima volta il libretto della fiaba teatrale *Turandot*, scritta più di un secolo e mezzo prima da Carlo Gozzi, ambientata in Cina. Se ne innamorò all'istante: «Immagina un sentiero sontuoso tra le montagne, un fiume che scorre impetuoso. Immagina mura possenti, mura che racchiudono una città, una grande città d'Oriente...».

Puccini era un grande appassionato dell'Oriente. Sedici anni prima si era beccato un solenne fiasco alla Scala per la prima di *Madama Butterfly*, opera ambientata in Giappone. E dire che il maestro, per comporla, aveva lavorato sodo, si era studiato per un anno intero usi, costumi e sonorità orientali, soprattutto queste ultime. Ne era venuta fuori un'opera talmente innovativa che sulle prime il pubblico non la capì, ma poi sì, eccome, e replica dopo replica la *Butterfly* fu un successo sempre più travolgente che entusiasmava i teatri di tutto il mondo.

Un sentiero tra le montagne, dicevamo, un fiume impetuoso, mura possenti che cingono una grande città d'Oriente. Puccini proseguì la lettura e si immerse nel «tempo delle favole», come lui stesso scriverà nella partitura. Seguirono quattro anni di lavoro assiduo ma travagliato, Puccini non stava bene, si sentiva affaticato. Gli scoprirono un tumore in gola, lo operarono pure, ma non ce la fece: morì a sessantasei anni. Alla *Turandot* mancavano soltanto le ultime due scene, ne venne trovato un abbozzo, che tuttavia non svelò il finale. Meno male che il maestro aveva fatto in tempo a scrivere il *Nessun dorma*, all'inizio del terzo atto. Il principe Calaf intona un canto dolcissimo e inesorabile insieme, immerso nella notte di Pechino, e chiude, come tutti sappiamo, con quel grido pieno di speranza e determinazione: «All'alba vincerò!».

Me lo immagino Giacomo Puccini mentre scrive quel capolavoro, seduto al pianoforte tra dolori immani. Anche lui è determinato a vincere. Il male che gli avevano diagnosticato forse era guaribile, per questo accettò ogni tipo di cura e si sottopose a un'operazione molto complessa. Forse in lui c'era più speranza che convinzione, ma riuscì a dominare la paura. Me lo immagino in barella verso la sala chirurgica, mentre nel cervello gli risuonavano quelle note:

«Dilegua o notte! Tramontate stelle! Tramontate stelle! All'alba vincerò! Vincerò! Vincerò!».

Per la cronaca l'opera venne terminata da Franco Alfano e Arturo Toscanini. Quest'ultimo diresse personalmente la prima, il 25 aprile 1926 al teatro della Scala di Milano ma, a metà del terzo atto, pochi minuti dopo aver diretto magistralmente il *Nessun dorma*, Toscanini interruppe l'esecuzione sull'ultima nota scritta da Puccini, si voltò e disse: «Qui termina la rappresentazione perché a questo punto il Maestro è morto».

Intorno al finale di *Turandot* resiste un mistero che per forza di cose rimarrà insoluto. I due giovani colleghi di Puccini chiusero la storia in bellezza: l'amore tra Calaf e la principessa Turandot trionfa. Ma cosa aveva in testa il maestro?

Non lo sapremo mai. Dalle bozze, come ho detto, non si capisce bene. Il punto più controverso è il bacio, quello con cui Calaf trasformerà Turandot da principessa di ghiaccio a donna innamorata. Il maestro voleva che si baciassero o no? Va detto che Calaf se lo sarebbe meritato un bacio, dal momento che per ottenerlo ha rischiato la testa, letteralmente. Turandot gli lancia una sfida: «Risolvi tre enigmi, gli dice. Se ci riesci sarò tua. Ma se non ci riesci...».

Calaf accetta, sebbene lei cerchi di dissuaderlo con parole non proprio rassicuranti: «Straniero, non tentare la fortuna. Gli enigmi sono tre, la morte è una».

Ma Calaf è innamorato, non ha paura di niente. Scioglie i tre enigmi uno dopo l'altro con una certa disinvoltura, e alla fine fa pure il brillante, rilanciando come a poker. Dice a Turandot: «Se entro domani mattina scopri come mi chiamo, tagliami pure la testa».

A Pechino scende la notte, Calaf è comprensibilmente agitato e intona il suo celebre canto. «Nessun dorma» dice, «di sicuro non dormo io, e neppure la mia principessa dal cuore di ghiaccio, che sta cercando di scoprire come mi chiamo. Ma il mio mistero è chiuso in me, nessuno saprà mai il mio nome. E quando sorgerà il sole, cioè all'alba, vincerò, vincerò, vincerò».

È la notte di insonnia più bella di tutti i tempi, perché in effetti Turandot non riesce a scoprire il suo nome, nonostante i tentativi di estorcerlo all'unica che lo sa, Liù. Ma Liù è a sua volta innamorata di Calaf e pur di non svelarne il nome si uccide. Un sacrificio tale che per un attimo perfino la glaciale Turandot vacilla, mentre la folla commossa canta in coro: «Liù, bontà, Liù, dolcezza, dormi! Oblia! Liù! Poesia!».

Ed è qui che Puccini muore, è qui che Toscanini interrompe la prima della *Turandot*.

Tre enigmi, dunque.

Quattro se ci aggiungiamo il rilancio di Calaf, il segreto del suo nome. E cinque, se consideriamo l'ultimo, il mistero sul finale che Puccini si porta nella tomba.

Non è meraviglioso, tutto questo?

48

Un pazzo in meno sulla Terra

Jasnaja Poljana, 1897

Di base era un medico, ma faceva anche l'antropologo, il sociologo e, per non farsi mancare nulla, il giurista. Tuttavia la sua attività prevalente, intesa (da lui) come *summa* delle sue variegate sapienze, era quella del criminologo. Allo scopo di divulgare le sue stravaganti tesi diventò pure scrittore e conferenziere.

Si era messo in testa che l'attitudine a delinquere dipendesse dalle caratteristiche fisiche, in particolare dalla conformazione del cranio e del volto. Quanto più una persona tendeva ad assomigliare ai nostri primati tanto più c'erano probabilità che fosse un criminale. Per lui il naso schiacciato, gli zigomi sporgenti, fosse profonde in corrispondenza degli occhi, mandibole pronunciate costituivano segni inequivocabili di propensione alla malvagità. Insomma, si convinse di aver scoperto la relazione tra anomalia fisica e delinquenza endemica. Allo scopo di dimostrare la sua folgorante intuizione, frequentava gli obitori delle galere vivisezionando cadaveri di stupratori, assassini seriali, qualsiasi criminale che avesse mostrato spiccate doti di crudeltà.

I titoli delle sue opere sono tutto un programma: *Ricerche sul cretinismo in Lombardia, L'uomo delinquente, Perché i preti si vestono da donna, La donna criminale, la prostituta e la donna normale*...

Quanto a lui, il suo nome era Marco Ezechia Lombroso, ma tutti lo chiamavano Cesare. Il bello è che gli credevano, tanto che divenne molto noto e influente. Diresse manicomi, entrò a far parte della élite medica europea e veniva spesso invitato nei congressi per tenere le sue pittoresche (e macabre) conferenze. Verso la fine del XIX secolo fu appunto invitato per un importante congresso medico a Mosca. Lui stava a Torino in quel periodo poiché si occupava anche di spiritismo e, com'è noto, la città sabauda era ritenuta il principale centro di magia nera in Italia.

Il viaggio si presentava piuttosto lungo ma il Lombroso lasciò volentieri la sua residenza torinese colma di teschi, scheletri e cervelli umani sotto formalina per raggiungere quella che, da lì a pochi anni, sarebbe tornata a essere la capitale di tutte le Russie. E non era soltanto il congresso medico a spingerlo ad affrontare il faticoso viaggio, vi era una ragione ancora più attraente per lui: non lontano da Mosca, infatti, viveva lo scrittore più conosciuto al mondo. Cesare aveva letto tutto di Tolstoj. Una ventina di anni prima si era bevuto *Guerra e Pace* in meno di un mese, mentre esattamente dieci anni prima di quell'incontro, che tanto desiderava, si era perso tra le pagine di *Anna Karenina*, il più bel romanzo che avesse mai letto.

Naturalmente non condivideva la visione di Tolstoj sui temi etici, ben lontana dalla sua. Inoltre, proprio in quei giorni stava leggendo *La confessione*, da poco pubblicato in Italia, dove il romanziere russo liberava, sotto forma di diario, tutta la potenza del suo cristianesimo anarchico volto al pacifismo, al perdono, alla comprensione e alla pietà. Praticamente tutto il contrario di ciò che predicava il Lombroso, fanatico della pena di morte, assolutista con zero cuore nei confronti dei poveri. Eppure, si sentiva molto attratto da quello scrittore ormai entrato nel mito, e ovviamente ne aveva osservato con attenzione i ritratti fotografici: quel naso poderoso, quel profondo incavo occipitale, la folta barba incolta. Ora Lombroso aveva una voglia matta di studiarlo da vicino, il tipo. Lo tempestò con talmente tante lettere che alla fine ottenne udienza e così, appena terminata la conferenza a Mosca, salì su un treno e si recò a Jasnaja Poljana, la residenza di Lev Tolstoj, che lui chiamava Leone, all'italiana.

Fu un incontro tra due personaggi che più diversi non potevano essere. Tuttavia, mentre il medico italiano ben conosceva l'impostazione spirituale dell'artista russo, a Lev ci volle un po' di tempo prima di rendersi conto di che pasta fosse fatto il suo ospite, vuoi perché gli era stato semplicemente presentato come un luminare della medicina di fama europea senz'altre specifiche, vuoi perché l'italiano sulle prime si contenne, evidentemente per la naturale soggezione che ispirava la personalità smisurata del romanziere.
Ma prima o poi, come si dice, i nodi vengono al pettine, e Tolstoj, la cui iniziale impressione era stata: «È giunto qui, dalla lontana Italia, un vecchietto piccolino che parla, parla sempre», il secondo giorno, dopo aver ascoltato il delirio del criminologo che metteva in correlazione l'aspetto fisico con la propensione alla malvagità, assumendo come rimedio la pena di morte, financo preventiva, beh, alla fine sbottò: «Tutto ciò è delirio! Ogni punizione è criminale!».

Faceva un caldo bestiale, in quell'agosto di fine secolo, sicché i due decisero di immergersi nelle acque del laghetto per una nuotata rinfrescante, nonché per porre fine all'antipatica chiacchierata. L'idea fu di Tolstoj naturalmente. Il Lombroso si guardò bene dall'ammettere che non sapeva nuotare, confidando nel fatto che il fondale, a una rapida occhiata, gli appariva basso. Ma si sbagliava, l'abbondanza di vegetazione acquatica aveva indotto il medico in errore. Sprofondò nell'acqua e incominciò ad annaspare, in pratica stava affogando. Urlò: «Leone!». E Leone lo guardò, quel ridicolo vecchietto sessantaduenne (più giovane di lui di sette anni, ma non sembrava proprio), che si agitava in preda al panico, affondando e riemergendo. Ancora pochi secondi e l'avrebbe visto azzittirsi e sparire nella profondità del lago, un pazzo in meno sulla terra. Ma l'anziano scrittore non esitò: si tuffò e lo salvò.
Mi viene quasi da pensare che, a parti invertite, il fanatico medico del male non si sarebbe comportato nello stesso modo.

Non sono mai andato a visitare il museo di antropologia criminale di Cesare Lombroso, sebbene si trovi a pochi chilometri da casa mia, a Torino. Ho fatto invece tanta strada per recarmi a Jasnaja Poljana, la casa museo dove Levocka (così veniva chiamato affettuosamente Tolstoj dai suoi cari) è nato e ha scritto milioni di parole sublimi. Ho respirato la sua aria, ho visto la sua scrivania, la sua sala da pranzo, ho camminato nel suo giardino. Perfino quel lago ho visto. Sono andato nel bosco di betulle dove c'è la sua tomba: un tumulo d'erba senza croce. E mi sono venuti i brividi.
Poi, a due chilometri dalla casa, ho trovato un ristorante che porta lo stesso nome, Jasnaja Poljana. Mi sono seduto a un tavolo e mi è venuta voglia di ordinare il pranzo di Oblònskij, il dissoluto fratello di Anna Karenina: ostriche, minestra di radici, rombo con una salsa spessa, roastbeef e cappone arrosto. Sapevo che non era possibile, dunque mi sono limitato alla minestra, ma non era di radici, era di verdure. Me l'hanno venduta come quella che mangiava di solito Tolstoj, vegetariano convinto. Era una specie di borsch ma senza carne: solo barbabietole, cipolla, carote e patate. Non so se fosse veramente quella che mangiava il maestro, ma la trovai deliziosa.

49

Fatti mandare dalla nonna

Alba, 1960-1964

Nei primi anni Sessanta mia nonna mi mandava a prendere il latte nella latteria che stava proprio di fronte a casa.
Avevo tra i sei e i dieci anni, nonna Teresa non aveva bisogno di comunicarmi la quantità, bastava guardare la bottiglia che mi dava – tra le solite mille raccomandazioni di non correre – e che era quasi sempre da un litro, mentre a volte, quando i miei genitori erano fuori per lavoro, da mezzo litro. Rigorosamente di vetro: la lattaia vendeva il latte sfuso (pensate quanto eravamo ecologici). E poi si trattava di latte fresco, quello che oggi chiamiamo "crudo", cioè non pastorizzato. Quello che, dopo la bollitura, crea una sottile pellicola a ricoprirlo, che sa di burro. La lattaia lo teneva dentro due grandi contenitori in acciaio, da cui lo spillava versandolo dentro bicchieroni in alluminio a volume "bollato" da mezzo litro che utilizzava per travasarlo nella bottiglia attraverso un imbuto, anch'esso in alluminio.
Era un rito sapiente che ogni volta guardavo ammirato: la lattaia era una donna di una certa età, con i capelli bianchi, piuttosto in forma. Apriva il rubinetto del recipiente da 100 litri continuando a chiacchierare amabilmente con i clienti e lo richiudeva d'un colpo sempre al momento giusto, come se avesse un contatore interno che calcolava il rapporto tempo-volume al secondo, e senza disperdere neanche una goccia di quello che ai miei occhi appariva come oro bianco. Ricordo il profumo intenso del latte crudo.

Ti riempiva le narici appena entravi: un odore di buono, già di per sé nutriente.
Completata l'operazione di riempimento, la lattaia mi porgeva la bottiglia, e non mi chiedeva soldi. Apriva un librettino nero che teneva sul bancone e scriveva data, nome, cifra, mi sembra di ricordare 100 lire per un litro. Sapeva che mia nonna sarebbe passata a saldare una volta alla settimana (oppure al mese, questo non lo ricordo). Perché allora ci si fidava a fare credito, e ci si vergognava a non pagare i debiti.

Eccoli i valori fondanti di quegli anni, quelli che oggi chiamiamo del Miracolo economico: la fiducia e la vergogna. Correvano in parallelo e segnavano gli atteggiamenti delle persone, erano la base su cui poggiavano l'impegno, il senso del dovere, il rispetto reciproco. Sono i sentimenti, ben più delle regole, a determinare il successo o l'insuccesso dei popoli nei diversi periodi storici.
La fiducia è un valore che tende a sorgere quasi spontaneamente all'indomani dei disastri collettivi, quando finalmente il peggio è passato. Lo sentivo perfino io quel peggio ancora nell'aria, anche se erano già trascorsi una quindicina d'anni: una guerra, quella sì vergognosa (ma noi italiani, quando l'abbiamo dichiarata, eravamo immuni dal senso della vergogna), che aveva fatto più di 60 milioni di morti. La fiducia parte come solidarietà e, se questa è sincera, tende a trasformarsi appunto in quel senso di aspettativa favorevole, nei confronti sia degli altri, sia di se stessi.
Anche il senso della vergogna si sviluppa in due direzioni. La vergogna per ciò che di brutto hai combinato e quella preventiva verso gesti che potresti compiere e che, appunto attraverso quel senso salutare di vergogna preventiva, non commetti. C'erano entrambe nell'aria, ci vergognavamo di aver accettato vent'anni di dittatura, di aver promulgato leggi razziali, di aver dichiarato guerra a mezzo mondo, di aver mandato a morire quei giovani per stupidità, per un malinteso amore patriottico, un sovrani-

smo che era sfociato in odio verso altri popoli. Ma ci vergognavamo anche di non saperci comportare bene in futuro, dunque ci comportavamo bene.

La fiducia e la vergogna, sentimenti straordinari che non dovremmo mai abbandonare, dei quali ci siamo forse un po' dimenticati. Già, speriamo soltanto dimenticati. Quando ci penso rivedo la mia lattaia, anziana e grassoccia, sorridente. E rivedo mia nonna. E risento quel profumo di latte fresco.

50

L'unico con gli stivali

Roma, 1508-1512

Papa Giulio II non era tipo da star zitto, ma quando il Bramante lo accompagnò a dare un'occhiata all'affresco che Raffaello aveva quasi terminato, rimase più di un quarto d'ora senza fiatare. Ricordava perfettamente il *brief* con l'artista, avvenuto tre anni prima.

«Noi» aveva detto, ma intendeva "io", i papi parlano di sé al plurale com'è noto, «noi non abiteremo mai nelle stanze di Alessandro VI, quella carogna del Borgia. Ci spostiamo al primo piano e le affidiamo questa stanza».

Giulio II e Raffaello si trovavano nella grande Camera della Segnatura, una delle più belle e vaste di tutto il Vaticano. Era già splendida, perché lo stesso papa aveva chiamato un gruppo di artisti molto importanti, da Firenze, per decorare a nuovo il soffitto. Ma ora aveva deciso di far ridipingere anche le pareti e, dopo aver visto all'opera il giovane Raffaello, voleva che fosse lui, lui soltanto, a occuparsi di tutto il perimetro.

«Mi permetta, Sua Santità. Questi sono affreschi di Piero della Francesca, maestro assoluto, l'inventore della prospettiva. Trovo che sia un delitto ricoprirli per fare del nuovo».

«Furono i Borgia a commissionare questi dipinti, e noi non vogliamo avere a che fare con nulla che piacesse a loro. Piuttosto, ragazzo, pensiamo al soggetto. Qui dentro ci metteremo la nostra biblioteca personale, sarà il nostro studio. Noi vogliamo qualcosa che rappresenti il sapere degli uomini. Vogliamo un'imma-

gine che rimanga nella storia. Confidiamo che ne sarà capace».
Quel papa, discendente storico di guerrieri liguri, era anche lui un guerriero, oltre che un fine politico. E amava l'arte, in particolare quella contemporanea. Il giovane Raffaello si stava dimostrando un talento straordinario, forse avrebbe raggiunto il livello di eccellenza delle due grandi star dell'epoca. Il più anziano, Leonardo, ormai era irraggiungibile perché i francesi se lo erano accalappiato, convincendolo a lavorare a Milano, e per quanto il papato fosse ricco non poteva certo competere con la corte di Luigi XII. L'altro invece, quel brontolone di Michelangelo Buonarroti, Giulio II era riuscito a riportarlo a Roma e, a suon di denari, l'aveva persuaso a realizzare un'opera immane nella Cappella Sistina: nientemeno che la Genesi, dal *fiat lux* alla creazione di Adamo.
Già pregustava, il papa di Albissola, di vedere al lavoro in simultanea, sebbene in sale diverse del Vaticano, quei due fenomeni. Michelangelo alle prese con Dio che crea l'uomo e Raffaello con l'uomo che crea la sapienza.

Ora l'opera di quest'ultimo era praticamente finita, mancava giusto qualche colpo di pennello. Il Bramante era accanto al papa – che ancora non aveva aperto bocca –, mentre Raffaello, in cima all'impalcatura, concentratissimo, stava ritoccando un volto. A Giulio II sembrava familiare, quel volto. Dov'è che l'aveva già visto? Osservava Raffaello e di nuovo il volto. Si somigliavano. No, non è che si somigliassero, erano proprio il medesimo volto, quello lì era un autoritratto, per la miseria. Poi gli occhi del papa furono attratti dalle due grandi figure centrali.
«Platone e Aristotele» gli sussurrò il Bramante. «Santissimo Padre, osservi Platone che indica il cielo mentre Aristotele pone la mano in avanti come a indicare i valori terreni: le idee immutabili e perfette del maestro contro la fede nella razionalità umana dell'allievo...».

«Sì, ma Platone ha il volto di Leonardo da Vinci e Aristotele è...».
«Bastiano da Sangallo» suggerì Bramante, «il più grande scenografo vivente. Come certamente sa, tutti lo chiamano Aristotele».
«E quello è...».
«Giovanni Antonio Bazzi, sua Santità, meglio noto come il Sodoma, con rispetto parlando. Raffaello lo ha ritratto nei panni di Protogene, il pittore di Rodi. Al suo fianco c'è Apelle, cui Raffaello ha dato le proprie sembianze, come può vedere».
«Vediamo, vediamo».
«Del resto Protogene e Apelle erano molto amici, così come lo sono Raffaello e, sempre con rispetto parlando, il Sodoma».
«Sa, Bramante, abbiamo sempre preferito non indagare sulle origini di questo curioso soprannome».
«Il fatto è che il Bazzi è nato in quel di Vercelli».
«E a Vercelli sono tutti...».
«Oh no, sua Santità. Il Bazzi ha un intercalare che gli deriva dal suo dialetto. Dice sempre *su 'nduma*, ossia *forza, andiamo.* Di qui lo scherzoso nomignolo».
«E gli altri personaggi? Tutti amici e parenti dell'artista?».
«D'altronde, Santo Padre, è stato proprio lei a chiedere a Raffaello di realizzare un'opera "contemporanea" dedicata alla sapienza».
Il Bramante era uno dei pochi, forse l'unico, cui il papa consentisse di esprimersi con tale franchezza. Lo aveva nominato architetto capo del Vaticano e lo ascoltava con attenzione. Era stato proprio Bramante a raccomandargli Raffaello, suo concittadino, mentre era noto che tra l'architetto e Michelangelo non corresse buon sangue.
«In questo affresco» proseguì Bramante «si possono ammirare 57 tra i maggiori filosofi, matematici, poeti, artisti e giuristi della storia, coloro che più di tutti hanno concorso allo sviluppo della conoscenza. Come può notare sono intenti a dialogare tra loro, ognuno è portatore di un punto di vista diverso, di uno specifico ambito del sapere. Si percepisce il fervore dei ragionamenti, il

brivido della scoperta e il desiderio di diffonderla, l'ansiosa ricerca di alcuni e il ripiegamento assorto di altri. Mi creda, Sommo Pontefice, siamo di fronte a un capolavoro, lei resterà nella storia per averne propiziato la creazione. E naturalmente non solo per questo, Sua Santità».

Il papa non si scompose neppure di fronte a questa entusiastica previsione. Continuava a scrutare ogni angolo dell'affresco, non riusciva a tener fermi gli occhi su un punto che subito scopriva qualcosa di nuovo e di sorprendente da un'altra parte.

«C'è pure lei, a quanto vediamo».

«Ebbene sì, Santità. Raffaello ha avuto la bontà di rappresentarmi nelle vesti di Euclide, grande matematico e filosofo, il padre della geometria, colui che...».

«Sì, ne abbiamo sentito parlare».

«Naturalmente, Santo Padre, chiedo scusa. Ma di fronte a questo dipinto la mia emozione è tale che...».

«Ci rendiamo conto, Bramante, ci rendiamo conto».

«E poi trovo straordinaria l'intuizione di Raffaello, i grandi del passato con le fattezze degli uomini del nostro tempo. Un tempo che, grazie a figure eminenti come la sua, Santo Padre, ha saputo riportare l'uomo al centro dell'universo».

Di fronte all'ennesima lusinga Giulio II finalmente capitolò, ma alla sua maniera: «Dobbiamo ammettere» disse, «che questo affresco non è davvero niente male».

A quel punto chiamò a gran voce Raffaello che, concentrato com'era sul suo stesso volto, di questo dialogo non aveva ascoltato nemmeno una parola.

Il giovane artista scese dall'impalcatura in pochi balzi. Era in forma il ragazzo, al culmine delle proprie capacità fisiche e creative. Si beccava i complimenti del papa, lo ringraziava, ed era felice, certo, ma in cuor suo lo sapeva già di aver creato qualcosa di grande. Era consapevole delle proprie capacità, ma senza esagerare nell'autostima. Aveva un buon carattere, era bello, educato, sempre gioviale, e infatti tutti lo adoravano, specialmente le nobildonne romane, che lui non lasciava quasi mai a bocca asciutta. Appariva disinvolto perfino al cospetto di cotanto papa, con il quale si mostrava tuttavia gentile e ossequioso. Ma intimorito proprio no, tranne quando Giulio II sollevò una questione che aveva tutta l'aria di essere una specie di critica.

«Ci stavamo domandando» esordì il papa, «come mai, tra tanti e tali uomini illustri del nostro tempo, nel suo dipinto manchi proprio il Buonarroti».

E arrivò anche per Raffaello il momento di impappinarsi. Non osava confessare al papa che naturalmente ci aveva pensato, in un consesso simile Michelangelo non poteva non esserci. Poi, però, al momento di accostare il pennello al muro, si era fermato. «No» si era detto, «uno come lui non ce lo voglio nel mio affresco». Burbero, spilorcio, diffidente, egomaniaco. Uno che faceva di tutto, quando ci parlavi, perché ti sentissi piccolo e insignificante. Anche invidioso per giunta, come aveva avuto modo di sperimentare lo stesso Raffaello. Ebbene sì, il grande Michelangelo era invidioso di lui, e a volte mascherava questo sentimento col disprezzo. Per questo, alla fine, Raffaello lo aveva escluso dal dipinto. Ne *La Scuola di Atene* uno come Michelangelo, per quanto geniale, avrebbe fatto solo casino.

«Abbiamo capito» disse Giulio II non ricevendo risposta, «il Buonarroti le sta antipatico».

Il Bramante fece una faccia come per dire: «Ma va'?».

«E lo comprendiamo, mi creda» aggiunse infatti Giulio II, «tuttavia, anche se ammetterlo ci costa parecchio, e non è solo un modo di dire purtroppo, rimane il fatto che il Buonarroti è un genio. Insopportabile, ne conveniamo, ma un genio, e come tale capace di esprimere una bellezza che non è solo affar nostro, caro Raffaello. Quello che tutti voi create, lei, il Bramante, il Buonarroti, rimarrà nei secoli. Fra 500 anni ci saranno uomini che resteranno ammirati dalle vostre opere, proprio come lo siamo noi adesso, e a quel punto a chi vuole che importi se il Buonarroti era burbero o presuntuoso, non le pare?».

«Certamente, sua santità» disse Raffaello, che a quel punto aveva già capito dove il papa stava andando a parare. E infatti.

«Tutto ciò che le chiediamo... O meglio, per il momento glielo chiediamo, ma poi non vorremmo essere costretti a... beh, ci siamo capiti, lei è un ragazzo sveglio. Lassù ci sono 57 facce, il Bramante le ha contate. Ora noi non diciamo Socrate o Aristotele, e neppure i pittori che lei ha raffigurato con i volti dei suoi amici più cari, e ovviamente nemmeno Euclide...».

«Grazie infinite, Santità».

«Di nulla, Bramante. Insomma, Raffaello, veda di trovare un posto per il Buonarroti. E si faccia un giro nella Cappella Sistina, è quasi finita. Osservi con i suoi stessi occhi e valuti se il Buonarroti merita o no di entrare nella sua *Scuola di Atene*. La accompagna Bramante. Arrivederci».

Ciò detto, Giulio II girò i tacchi, con quelle preziose scarpette rosse, e se ne andò.

E che doveva fare il povero Raffaello? Ai papi si obbedisce, e a Giulio II ancora di più.

Oltre tutto aveva ragione, il papa. Quando lui e Bramante entrarono nella Cappella Sistina, piano, senza far rumore, come due ladri – non volevano assolutamente che Michelangelo li notasse –, a Raffaello fu sufficiente vedere quelle due dita, l'indice di Dio e quello di Adamo, che quasi si toccano. Comprese all'instante che in quel "quasi" c'era un intero universo, e si sentì mancare le forze, a momenti svenne. Il Bramante dovette afferrarlo al volo, dopodiché Raffaello fece ritorno nella Camera della Segnatura.

Un posto in effetti c'era, anche abbastanza centrale: ai piedi della scalinata, quella in cima alla quale Platone e Aristotele sono intenti a discutere se fosse meglio guardare al cielo oppure alla terra. Di rifare uno dei volti già dipinti non se ne parlava. Molto meglio introdurre un nuovo personaggio, sarebbe stato il cinquantottesimo. A Raffaello non ci volle molto per individuare il soggetto giusto: Eraclito di Efeso, forse il più grande tra i filosofi presocratici, di certo il più oscuro. Aristotele lo chiamava proprio così, l'Oscuro, mentre Socrate sosteneva che le sue argomentazioni fossero talmente profonde che lui stesso, immergendovisi, trovava difficoltà a ritornare in superficie. Il fatto era che Eraclito stimava che quasi nessuno fosse alla sua altezza, dunque non nutriva neppure particolari speranze che i suoi ragionamenti venissero compresi. Tuttavia, dagli abissi impenetrabili dei suoi pensieri, qualcosa riusciva a emergere: il senso del divenire, per esempio, l'impossibilità di bagnarsi due volte nello stesso fiume, dal momento che tutto scorre. Ma ciò che davvero indirizzò la scelta di Raffaello furono due frasi del pensatore di Efeso. La prima: «I molti non valgono nulla e solo i pochi sono buoni» (ovviamente tra i pochi Eraclito annoverava se stesso). La seconda: «Uno è per me diecimila, se è il migliore». Ecco, Michelangelo ti guardava esattamente così, come se tu fossi uno dei diecimila che bisognava mettere insieme per raggiungere la sua stratosferica altezza. «Sì, Eraclito è perfetto» pensò Raffaello.

Ritrasse Michelangelo con il broncio di ordinanza, ripiegato su se stesso, seduto su uno scalino intento a scrivere oscuri aforismi. Gli fece indossare una veste color malva che lasciava scoperte due possenti ginocchia. E – unico tra 58 figure – lo dipinse con gli stivali, gli stessi di pelle di cane che Michelangelo non toglieva mai, neppure di notte. Pare che l'artista fiorentino non fosse troppo dedito all'igiene, e che in Vaticano ci fosse chi lo chiamava "puzzone". Se la previsione del papa era corretta, se cioè *La scuola di Atene* era destinata a vivere per sempre, quegli stivali Michelangelo non se li sarebbe tolti mai più. «Sai che profumino» pensò Raffaello, e si fece una risata. Il Buonarroti era sistemato, e pure Sua Santità.

L'affresco di Raffaello venne rivelato al pubblico nel 1511, un annetto prima della *Genesi* nella Cappella Sistina. Furono in tanti a restare a bocca aperta quel giorno e tra loro anche il Buonarroti. Non ci è dato sapere come la prese a vedersi raffigurato in tal guisa, ma probabilmente bene. Nel dipinto aveva una posizione di rilievo, in primo piano, come si conveniva a un uomo della sua statura, avrà pensato ammirandosi da vicino. Avrà riconosciuto i suoi amati stivali di pelle di cane – li portava anche quel giorno, ovvio –, notando che tutti gli altri personaggi erano invece a piedi nudi. Un segno di distinzione, indubbiamente. Un tributo del giovane Raffaello al suo inconfondibile genio. D'altronde Eraclito non diceva che uno solo può valere come diecimila? Ecco, lui da solo valeva quanto gli altri 57 tutti insieme. Bravo Raffaello, avrà pensato. E andò a finire la Cappella Sistina.

51

Acciughe

Novello, marzo 2022

Ho fatto un sogno nel quale mi trovavo in un posto bellissimo, una penisola posta nel bel mezzo di un magnifico mare. Clima dolce, coste meravigliose, e non scherzavano neanche le colline e le montagne; perfino le pianure erano suggestive, senza dimenticare le isole. Per una serie di fortunate combinazioni dovute a fattori storici, umani (generazioni precedenti) e di posizione geografica, questo Paese possedeva il 70% di tutta l'arte antica del pianeta, il maggior numero di Patrimoni dell'umanità Unesco e le più radicate varietà agroalimentari.

Ci abitava una sessantina di milioni di persone, poca roba rispetto al mondo intero che ne ospitava più o meno otto miliardi. Dunque, meno dell'1% degli umani godeva dell'immensa fortuna di vivere nel posto più bello del mondo… Tuttavia, nel sogno, nessuno pareva rendersene conto. Gli abitanti della penisola sembravano tristi, rassegnati, passavano più tempo a lamentarsi che a godere di tanta bellezza. Dopo il meraviglioso esempio di alcune generazioni che lo avevano preceduto, il popolo di questo angolo di paradiso si era improvvisamente intristito. L'economia non cresceva, vi erano molti disoccupati, in particolare i giovani non riuscivano a trovare lavoro e molti se ne andavano all'estero a cercare fortuna. Gli anziani brontolavano, i giovani protestavano, almeno tre generazioni di politici, incapaci di trovare soluzioni amministrative valide, avevano prodotto una massa di burocrazia tale che risultava davvero difficile intraprendere attività volte a ripartire.

Il fatto più allarmante, nel sogno, era rappresentato dalla conflittualità tra le corporazioni, frammentate in centinaia di potenti e costose organizzazioni che pensavano solo agli interessi dei propri rappresentati, incolpando le altre categorie di tutti i mali del Paese. I sindacati dei lavoratori (a loro volta divisi in numerose sigle) davano la colpa alle diverse federazioni di imprenditori, e viceversa. Chi lavorava imputava al foltissimo numero dei pensionati di costare troppo alla comunità, i vecchi sostenevano che i giovani non avessero voglia di lavorare, mentre le nuove generazioni tacciavano di neofobia i loro padri. La magistratura metteva sotto accusa la politica, la quale a sua volta rimproverava ai giudici di essere politicizzati e ai media di cercare soltanto scandali; i giornalisti ormai si erano convinti che le uniche notizie che destassero attenzione fossero le brutte, dunque praticamente davano solo quelle. La destra accusava la sinistra e viceversa, i poveri ce l'avevano con i benestanti mentre questi ultimi trovavano che fossero i meno abbienti a non dimostrare impegno. Insomma, la gente passava il suo tempo a cercare le colpe negli altri, nessuno parlava più di doveri ma solo di diritti. Incombeva una nuvola, un grande nuvolone grigio che oscurava il cielo di quel pezzettino della terra, dove il sole per millenni aveva illuminato cotante meraviglie.
Tutto ciò sembrava paradossale agli altri abitanti del pianeta, il 99 e passa percento degli umani. Avevano sempre invidiato quell'un per cento di fortunati e oggi trovavano assurdo che a lamentarsi fossero proprio loro. Le potenzialità di quel Paese erano immense, avrebbe tranquillamente potuto raddoppiare le esportazioni delle proprie eccellenze e il numero dei turisti stranieri; ma chi passa il proprio tempo a cercare le colpe negli altri, e a lamentarsi, non vede le potenzialità. Ecco come apparivano gli abitanti di quel pezzo di terra dalla bellezza sconfinata al resto del mondo, come se avessero una benda sugli occhi: il Paese dei bendati.
Ma la storia, come sapete, ha i suoi flussi e riflussi, e anche i sogni sono fatti così, perlomeno quelli che capitano a me. Dalle glorie

romane caschi nel Medioevo, poi ti rialzi e ti inventi il Rinascimento, ripiombi nel buio mentre gli altri scorrazzano nel mondo sconosciuto a suon di scoperte, poi risorgi unificando la Penisola, sprofondi nella vergogna delle guerre mondiali, dopo riparti con il Miracolo economico, infine ripiombi nell'oscurità del tempo dei bendati. E ora?

Beh, visto che sia i tempi luminosi sia quelli bui, a rileggere la Storia, sono sempre più brevi con un avvicendarsi sempre più rapido – come una sinusoide che diventa via via più nervosa – ora, dopo una trentina d'anni di buio, forse era il caso di tornare alla luce... Ed era proprio questo che succedeva nel sogno.

Tutto partì da una città del Nord, capoluogo di Regione, non certo una metropoli ma storicamente importante perché vi era nata la prima Università del mondo. Erano in vista le elezioni regionali e, per la prima volta, il centrodestra minacciava di battere il centrosinistra che da più di settant'anni governava, e neanche male, considerando che economia, esportazioni, turismo e servizi pubblici risultavano tra i migliori del Paese. Il fatto è che il centrodestra predicava il sovranismo, un modo di comportarsi che per alcuni profumava di buono, ma che in realtà sarebbe stato una vera e propria iattura per un Paese con la vocazione di rivolgersi al mondo. Almeno questo credevano in molti, tra i giovani di quella città, i quali decisero di organizzarsi e fondare un movimento: le Acciughe.

Il nome derivava dal fatto che intendevano riunirsi nelle piazze per esprimere la loro contrarietà ai valori predicati dal leader politico del centrodestra, il quale imperversava su tutti i canali della comunicazione, e speravano di essere talmente tanti da stare stretti come lo sono le acciughe nel branco.

Scelsero le acciughe e non le sardine perché queste ultime sono più pigre, più tozze, più massicce, dunque occupano più spazio, mentre quei ragazzi volevano che nelle piazze ci fosse posto per tutti, perciò decisamente meglio le acciughe, affusolate come sono.

E poi son più veloci: son gagliarde le acciughe, pensarono. E fecero bene i calcoli perché, a partire dalla prima convocazione, che riempì ogni centimetro quadrato della principale piazza della città, le manifestazioni delle Acciughe si moltiplicarono con livelli di partecipazione sempre crescenti, diventando così un fatto nazionale da prima pagina. La novità, più che nei contenuti, stava nella forma. Quei giovani predicavano che si dovesse opporre ai sovranisti una reazione ferma ma gentile – d'altronde si chiamavano Acciughe, mica Squali –, usavano parole dolci che paradossalmente, in un clima avvelenato dagli insulti, apparivano rivoluzionarie. Alla fine, contribuirono in modo decisivo alla vittoria del centrosinistra in quelle elezioni regionali, anche se va detto che la candidata alla presidenza del centrodestra non era la Thatcher, ecco, mentre quello del centrosinistra si rivelò decisamente all'altezza. In ogni caso le Acciughe avevano dimostrato che l'onda sovranista poteva essere arrestata.
Tutto ciò si sarebbe anche potuto fermare a una dimensione regionale se non fosse che, passata la sbornia del successo, i quattro leader delle Acciughe riunirono una trentina di amici, quelli che si erano dimostrati più determinati nel portare avanti gli ideali del movimento. La scusa era una cena sociale a base di pesce, acciughe naturalmente (e gli avversari ne approfittarono per accusarli di cannibalismo). Uno di quei giovani di mestiere faceva il cuoco e si era offerto di cucinare.
C'erano acciughe sott'olio sia bianche sia brune, acciughe in salsa verde e rossa, acciughe fritte, ripiene, ai ferri, c'erano svariati tipi di pasta condita con l'acciuga, perfino frittate e torte ripiene di acciughe. Non esisteva forse un'altra specialità, in quel Paese contornato da mari pescosi, che si prestasse a così tante interpretazioni e abbinamenti. Il tutto a simboleggiare la disponibilità delle Acciughe a connettersi armonicamente con chiunque, ma non solo (e veniamo al punto): le Acciughe, in quella penisola, volevano essere un fatto nazionale, non soltanto locale.

Il primo a prendere la parola fu Mat, che tra i leader si era distinto per le sue capacità comunicative: «E ora, che facciamo?» disse. In sala scese il silenzio. C'era voglia di fare in quel gruppo di giovani, c'erano nuove speranze ma al contempo vecchie paure, c'era la seccatura per non essere stati considerati i principali artefici del successo in Regione, ma c'erano anche idee confuse sul futuro del movimento. Mat ruotò lo sguardo con calma, allo scopo di intercettare gli occhi dei suoi compagni. Ne vide di coraggiosi, ma anche qualcuno basso e impaurito. Individuò quelli appagati, quelli confusi, ma calcolò che i più erano ancora affamati.
«Se ve la sentite facciamo il salto, ma dobbiamo essere tutti ben convinti e uniti. Nella nostra Regione abbiamo dimostrato che si può reagire al clima conflittuale che avvelena il territorio. Ora dobbiamo provarci a livello nazionale, ma occorre farlo alla nostra maniera, con gentilezza, originalità e determinazione insieme. Ormai abbiamo capito che in questo Paese l'originalità sta nel fatto di proporre cose normali e logiche. Suggerisco di intitolare il nostro progetto per l'intera nazione *Riforma dei sentimenti.* Qui ormai è chiaro che non è una questione di regole, sono trent'anni che i nostri politici si scannano sulle regole. Intanto sono andati in malora i sentimenti e, senza nuovi sentimenti, non nasceranno le giuste regole. L'albero sano cresce da radici sane, immerse in una terra sana, non dai rami».
Un coro di «Giusto!», «Sì!», «Dai!»: pareva una messa cantata in gospel. Ma qualcuno stava zitto. Normale, pensò Mat, l'importante sarà uscirne con una stragrande maggioranza. Proseguì: «Proporremo per il nostro Paese un piano di azioni concrete, ma l'aspetto più importante sarà quello di riuscire a toccare i cuori delle persone. Mostreremo quanto sia necessario concepire nuovi sentimenti, passare dalla sfiducia alla fiducia, dalla paura al coraggio, dall'esclusione all'inclusione, dall'egoismo all'altruismo, dalla critica all'aiuto, dal nazionalismo alla multiculturalità. Vedrete che ce la faremo a traghettare le persone dal pensare in piccolo al

pensare in grande, dalle lamentele alle soluzioni, dalla certezza al dubbio. Sosterremo il merito anziché l'essere "figli di...", la pro-azione al posto dell'assistenza. Insomma, faremo tornare in campo il senso del dovere in contrapposizione alla mera pretesa di diritti. Mostreremo come questo senso del dovere c'entri molto più con il piacere che con il sacrificio. Il piacere di dare il proprio contributo, il piacere di vivere in armonia con gli altri. Daremo il via alla rivoluzione dei sentimenti e la annunceremo alla nostra maniera, con gentilezza. Vedrete, sarà meraviglioso. Evviva le Acciughe».

Ora, nel sogno mi rendevo conto che simili argomentazioni in altri tempi sarebbero suonate ovvie, scontate, perfino banali. Sempre nel sogno mi sono venuti in mente Calamandrei, Moro, Togliatti, i padri costituenti insomma. Se avessero sentito le parole di Mat, ho pensato, avrebbero fatto spallucce dicendo: «E dov'è la rivoluzione, giovanotto?». Il punto, però, stava proprio lì, lo aveva chiarito lo stesso Mat: quelli di Calamandrei, Moro e Togliatti erano altri tempi. In questi, per strano che potesse apparire, la vera rivoluzione consisteva nel tornare alla normalità, a sentimenti semplici ma potenti, quelli che appunto avevano ispirato i padri della Costituzione italiana.
Anche per questo motivo il discorso di Mat veniva salutato da una fragorosa ovazione, nel sogno. Poi prendeva la parola Giuly, l'unica donna tra i leader delle Acciughe, una tipa tosta, di quelle che vanno dirette al punto: «Vorrei che proponessimo l'obbligo per tutti i cittadini di leggere almeno quattro libri ogni anno, e troveremo il modo di farlo accettare non come una costrizione ma come una straordinaria opportunità. Chissà se dovremo prevedere multe, per esempio a chi si lascia andare a manifestazioni di sfiducia. Forse è troppo, oppure stabiliamo che l'ammenda potrà poi essere annullata con la buona condotta. Che dite di introdurre sistemi di controllo digitale che

segnalino le lamentele? Anche questo forse è troppo, lo so. Di sicuro vedo interventi specifici contro la pigrizia, vedo la scuola dell'obbligo che si estende fino all'Università, lo studio delle religioni e dei costumi degli altri popoli. Dovremo trovare il modo di favorire le famiglie e le imprese che cambiano marcia nel modo di affrontare il più grande problema che affligge il mondo: il cambiamento climatico. Dovremo gestire il fenomeno delle migrazioni dei popoli, per quanto ci compete, con nuovi e migliori sentimenti che ci aiuteranno a introdurre nuove e giuste regole».
Ormai in sala regnava l'eccitazione, anche i più timorosi parevano convinti e incominciavano a sorridere. Allora interveniva Andre, il più realista tra i leader: «Da domani ci mettiamo a lavorare sodo, punto dopo punto. Abbiamo tre anni davanti, quando si andrà a votare, occorre che ci facciamo trovare pronti. Perché ne avremo di ostacoli, ne avremo eccome».
«Questo è sicuro» gli fece eco Robi, l'ultimo del quartetto a dire la sua, «prepariamoci ad affrontare i "benaltristi" che ci bolleranno come gente impreparata, accusandoci di proporre rimedi generici; "i concretisti" che liquideranno la nostra come una pura utopia; i "gattopardisti" che fingeranno di appoggiarci ma con il segreto desiderio che non riusciamo a farcela e che tutto resti come prima; i "predestinatisti", quelli convinti di aver deciso loro di nascere qui e senza accorgersene fanno ragionamenti razzisti. Per questo dobbiamo cercare alleanze, coinvolgere il meglio della politica attuale, dobbiamo dare noi per primi il buon esempio offrendo fiducia. Perché di gente per bene in giro ce n'è ancora, credetemi».

A quel punto era già quasi mattina e stavo passando dal sonno profondo al dormiveglia. Che mi ricordo dolcissimo perché ho avuto ancora il tempo, come se il film onirico avesse preso a correre a tripla velocità, di vedere che 'sti ragazzi ce l'avevano fatta, che avevano vinto le elezioni, che nel giro di pochi anni erano profondamente cambiati i sentimenti degli italiani. Un attimo prima di aprire gli occhi mi trovavo tipo nel 2040 e l'Italia era tornata a eccellere come nel Rinascimento, come ai tempi di Cavour e Garibaldi, come nel Secondo dopoguerra.

Poi mi sono svegliato definitivamente, peccato. Ma non importa, è stata comunque una notte straordinaria, una di quelle che vale la pena di essere dormite. E poi il sonno è parte essenziale della vita, mediamente un terzo, mica poco: quindi non è tempo sprecato fare un bel sogno.

Comunque, ragazzi, la prima parte del mio sogno l'avete realizzata sul serio, bravi e grazie. A parte il fatto che avete cannato il tipo di pesce azzurro: meglio le acciughe delle sardine, e sapete perché? Le acciughe sorridono, fateci caso: le altre (cicciottelle) appaiono più tristi. Ma questo è secondario. Invece la cosa importante è che, secondo me, avete ancora il tempo di organizzarvi per la seconda parte del sogno. Poi ne verrà una terza. Dai, ragazzi, provate a farci sognare anche di giorno. Ci sono ancora in giro molti anzianotti come me pronti a seguirvi, forse potranno addirittura aiutarvi.

52

La gallina Bianca (quella nata prima dell'uovo)

Gaiole in Chianti, 1991-2001

Nel suo villaggio tra le colline lo conoscevano tutti, e tutti lo chiamavano Anita. Un soprannome ereditato dal padre, insieme a una piccola e sgangherata vigna di sangiovese, un prato di erba medica, una vecchia casa, sgangherata pure quella, con un cortile pieno di conigli e galline, una ministalla con due maiali, l'orto, qualche pianta da frutta.

Nella Toscana rurale è uso comune tramandare i soprannomi da padre in figlio. Anita era il nome di un'attrice svedese, che di cognome faceva Ekberg, molto bella, molto prosperosa e altrettanto famosa negli anni Sessanta, per via di un fortunato esordio in un film di Fellini. Pare che il padre del nostro ne fosse infatuato, al punto tale che non parlava d'altro al bar, e fu così che lo soprannominarono Anita. Quando morì, ancora abbastanza giovane, divenne automatico affibbiare al figlio trentenne il soprannome del padre, anche perché il nostro non presentava all'epoca caratteristiche abbastanza peculiari da meritarsene uno proprio. Almeno fino ad allora, perché in seguito di particolarità ne avrebbe tirate fuori, eccome.

All'inizio degli anni Novanta, il nostro Anita era un contadino quarantenne tanto simpatico e tenero, non proprio stacanovista. Partiva ogni mattina, non presto, con il suo Pasqualino, un piccolo trattore con un minuscolo carro agganciato. La meta era quella vigna sgangherata, ma il più delle volte non ci arrivava perché, attraversando il paese, si fermava a parlare con tutti quelli che incontrava. "Due parole": così si dice in campagna per definire una conversazione che può durare anche mezz'ora. Due parole con il barista, due con il parroco, due con la giornalaia (che lui chiamava "giornalista") e magari due con il benzinaio, senza contare i passanti occasionali. E così, di due parole in due parole, succedeva spesso che all'ora di pranzo Anita non fosse neanche arrivato alla fine del paese; dunque tornava indietro per pranzare con sua moglie, una calabrese. Per sposarla Anita aveva litigato col padre, l'Anita originale, che gli aveva tolto per sempre il saluto. Dopo il pasto, abbondante, c'era l'immancabile riposino sul divano della cucina: due orette. E poi l'ingresso trionfale nel cortile, tra i suoi amati animali.

Tra questi ce n'era uno speciale, una gallina che Anita aveva chiamato Bianca. Nei primi due anni di vita Bianca si era dimostrata piuttosto brillante nel produrre uova: uno al giorno come minimo. Ora di anni ne aveva quasi cinque, appariva ancora in salute ma la fertilità era decisamente rallentata. Tuttavia, non era più questa la performance che Anita si aspettava da lei. Fin dalle prime uova si era creata una certa simpatia tra i due, che negli anni era diventata vera e propria amicizia, se non qualcosa di più. Anita le parlava per ore, ogni santo giorno. Bianca restava ferma davanti a lui, muovendo solo la testolina come fanno le galline in direzione dei rumori. Pareva veramente capisse i discorsi di Anita. Almeno lui ne era convinto, ma c'era di più: Bianca rispondeva. Emetteva dei suoni differenti dai versi che fanno di solito le galline, e che Anita era in grado di interpretare, ben consapevole di possedere l'esclusiva di questa capacità: comprendere una gallina ed esserne a sua volta compreso.

Gli unici veri momenti di consolazione per Anita, nel quadro di un'esistenza grigia e confinata nei pochi chilometri quadrati del suo paesino, erano costituiti proprio dai dialoghi quotidiani con la sua adorata gallina. E sua moglie non gli avrebbe certo dato del

matto, come faceva ogni santo giorno, se anche lei avesse potuto capire Bianca e seguire i suoi sensati ragionamenti.
Ecco, a titolo di esempio, una conversazione tra Anita e Bianca, avvenuta in un pomeriggio di luglio del 1993.
Inizia Anita: «Hai visto che vigliacchi? Tre bombe, dieci morti: gente che non c'entrava nulla con mafia, Stato e appalti. Le mettessero a Palazzo Chigi le loro bombe, se proprio vogliono far vedere che attaccano lo Stato».
Risponde Bianca: «Ma veramente tu pensi che sia soltanto Cosa Nostra? Ti ricordi, vent'anni fa, la strategia della tensione?».
«E tu che ne sai? Non eri neppure nata».
«Lascia stare come lo so, lo so e basta. Comunque, secondo me siamo tornati a quei tempi lì. Più che lo Stato, qui si vuole spaventare la gente, creare un clima di paura. E poi hai visto dove le fanno scoppiare le bombe? Agli Uffizi, al Padiglione di arte contemporanea di Milano... Quelli odiano la bellezza. Mi gioco le penne che c'è di mezzo qualche apparato dello Stato».

Anita ogni giorno comprava almeno due quotidiani e non si perdeva un telegiornale, quello di Rai3 naturalmente. Tutti in paese sapevano come la pensava. Anche perché, se uno dei quotidiani poteva essere *La Nazione* o *La Repubblica*, l'altro era fisso: *l'Unità*.
I giornali Anita li leggeva di pomeriggio, nel suo cortile, davanti a Bianca. Ecco un dialogo del 26 gennaio 1994.
«Bianca, senti questo: "L'Italia è il Paese che amo. Qui ho le mie radici, le mie speranze, i miei orizzonti..."».
«Beh, anch'io».
«Qui ho imparato, da mio padre e dalla vita, il mio mestiere di imprenditore...».
«Per caso dice anche da dove ha preso i soldi per cominciare?».
«No, mi sa di no. "Qui ho appreso la passione per la libertà. Ho scelto di scendere in campo e di occuparmi della cosa pubblica

perché non voglio vivere in un Paese illiberale, governato da forze immature e da uomini legati a doppio filo a un passato politicamente ed economicamente fallimentare"».

«Ce l'ha con te, Anita. Anche tu sei un uomo legato a doppio filo a un passato fallimentare».

«Fallimentare un corno! Qui abbiamo governato sempre noi comunisti, e pure in Emilia. Ti sembrano fallimentari l'Emilia e la Toscana?».

«Occhio alla pressione. Ti verrà un colpo...».

«Piuttosto è lui a essere legato a doppio filo, e sai a che cosa? Alle sue aziende. È per questo che scende in politica, mica perché ama il suo Paese. Comunque che scenda pure dove vuole: gli daremo una bella lezione».

«Quello vi fa un mazzo così».

«Cosa?».

«Ma non hai capito che la gente è stufa dei soliti politici? Dei soliti discorsi? Lui ha le televisioni, parlerà al cuore delle persone. Mentre voi andrete in piazza a fare i vostri comizi, quello racconterà la sua storia ai milioni di persone che ogni sera stanno davanti alla tv. Prometterà la luna e loro gli crederanno. La Democrazia Cristiana si è dissolta, un bel 30% di voti in libertà. E penserete mica di prenderli voi?».

«E perché no, scusa?».

«Perché voi mangiate i bambini, lui lo ripeterà in tv ogni giorno fino allo sfinimento. Vi dipingerà come quelli che hanno mandato i carri armati a Praga. E poi, Anita, scusa se te lo dico ma... quanto siete tristi! Guarda coso, lì, come si chiama il vostro capo?».

«Ma chi, Occhetto?».

«Lui, sì. A parte il nome, che per ovvie ragioni a noi galline non garba, non vedi com'è sempre corrucciato? La gente ha voglia di liberarsi dalle tristezze, ormai sono tre anni che sente parlare solo di scandali, di politici disonesti, di magistrati assassinati, di bombe che scoppiano in giro. Gli italiani non vedono l'ora di uscire da questi incubi. E Berlusconi sta promettendo loro un bel risveglio. Siete fottuti, amico mio».

«Ma quale risveglio e risveglio? Un incubo sarebbe. Chiaro, ai ricchi converrebbe: meno tasse e più libertà di sfruttare la povera gente. Ma gli italiani non sono ricchi, perciò non lo voteranno Berlusconi».

«Invece saranno proprio i poveri a votarlo in massa. E a quel punto tu cadrai dal pero. Incomincia a scendere di qualche ramo, ascolta un'amica».

«Bianca, ma tu da che parte stai?».

«Che discorsi! Dalla tua, sempre. Ma questo non mi impedisce di capire come andranno le cose. Vedi Anita, voi umani avete la testa piena di illusioni. Pensa a tuo padre, che è ammattito dietro a una tipa che ha visto solo al cinema... A proposito, Berlusconi fa anche il cinema oltre che la tv. Quello lì le illusioni le vende, e in questo campo è il numero uno. Un sacco di gente, anche povera, si comprerà le sue illusioni, ossia gli darà il suo voto. Te lo ripeto, siete fottuti. Anzi, *siamo* fottuti».

Quella sera Anita andò al bar e per poco non fece a botte. Il suo amico Palmiro, figlio e nipote di comunisti, a un certo punto disse: «Forse è arrivato il momento di cambiare davvero». Cosa voleva dire? Cambiare in che senso? Ma a far imbestialire Anita furono altri frequentatori del bar, gente di destra. Perché in Toscana quei pochi che sono di destra lo sono davvero tanto. Presero a prenderlo in giro: «Vedi? Anche il compagno Palmiro ti molla». Anita arrivò perfino a spintonarsi con quel disgraziato di Giorgio, il fabbro, che non perdeva occasione per rinfacciargli che lui, per sposarsi, era dovuto andare in corriera in Calabria. Il barista intervenne per separarli, Anita si calmò. Poi, tanto per stemperare la tensione, fece un'osservazione sul tempo, che secondo lui il giorno dopo sarebbe stato buono. «Chi te l'ha detto» lo sfotté qualcuno «la gallina?».

Già, perché sua moglie in un momento di sconforto si era confidata con un'amica. «Ma ti prego» si era raccomandata alla fine, «non dirlo a nessuno». Tempo due giorni e in paese lo sapevano tutti.
Anita si ripromise di non mettere più piede nel bar. Non per la vergogna: semplicemente ormai era inutile parlare con certe persone, erano cause perse. Molto meglio stare con Bianca. Almeno con lei si potevano fare discorsi intelligenti. Anche se spesso la pensava diversamente da lui, Bianca sapeva motivare. Poi si vedeva che gli voleva bene. E di questo aveva bisogno Anita, di amore.
Non era mai riuscito a trovarlo in Carluccia, sua moglie. E dire che lei, sulle prime, sembrava felice di aver trovato un marito al Nord; anche nel letto pareva trovarci gusto. Almeno fino a quando si era resa conto che di figli non ne sarebbero arrivati. Carluccia parlava poco e difficilmente lo guardava negli occhi. Anche adesso, che non faceva altro che rimproverarlo, guardava sempre in terra. I rimbrotti erano iniziati dopo pochi mesi dal suo arrivo. Ma allora c'era Mario, il papà di Anita, che stava in casa con loro. Con lui presente, anche se aveva smesso di parlare dopo quel matrimonio, Carluccia non osava. Poi, con la morte del suocero, non si era trattenuta più.
La mamma, il nostro Anita l'aveva persa insieme a una sorellina mai nata, quando lui aveva meno di cinque anni. Era cresciuto insieme al papà, che non si era dimostrato un granché né come padre né come contadino. Di conseguenza Anita non aveva mai imparato bene il mestiere.
Eccolo il punto: il lavoro, le entrate. Ad Anita non interessava il denaro, l'incasso delle uve vendute ogni anno gli bastava. Non che le pagassero molto, ma neanche rompevano le scatole sulla qualità. E poi c'era l'orto, c'erano gli animali nel cortile, i maiali. Nessun affitto da pagare, la legna per la stufa non mancava e c'era pure un piccolo gruzzolo sul conto alle Poste, lasciatogli da suo padre, su cui si poteva contare in caso di emergenza. Carluccia si era immaginata una vita migliore, le sarebbe piaciuto comprarsi qualche

vestito nuovo al mercato, una borsetta, un bel paio di orecchini. Mai che Anita le avesse fatto un regalo.
Nonostante Bianca glielo facesse notare spesso. Sapeva di essere odiata da Carluccia, tuttavia la difendeva. Ci provava di continuo a spronare Anita e lui pure si rendeva conto di vivere da ignavo. Ma non riusciva a cambiare, era più forte di lui. L'unica cosa che gli interessava era la politica, discutere delle cose che succedevano nel mondo. E per farlo non gli era rimasta che la sua amata gallina. Pareva che Bianca sapesse tutto di lui e dei suoi rapporti con la moglie. Non era stato necessario raccontarle che l'aveva conosciuta durante una gita al Sud, in corriera. L'aveva organizzata Molinari, il sensale. Nel paese di Anita, ma anche in altri borghi del circondario, mancavano le donne, perché quelle andavano in città a cercarsi il marito. Molinari aveva individuato una zona della Calabria dove c'era il problema opposto. I giovani maschi emigravano e restavano le ragazze, con scarse probabilità di trovare marito. Per cui non appariva malvagia l'idea di unire le forze. Aveva organizzato una settimana di vacanza per giovani contadini in età da matrimonio, raccattati in vari paesi del Chianti, e li aveva portati in quei villaggi della campagna del Sud. Naturalmente aveva i ganci giusti laggiù. Ogni sera c'era una festa, un ballo. La scusa era uno scambio culturale sull'attività agricola, Molinari si era pure inventato un bel titolo per la gita: Alla scoperta dell'Enotria. Ma lo scopo era un altro. Anita ne aveva incontrate diverse, di ragazze, ma alla fine aveva scelto Carluccia. O forse era stata lei a scegliere lui. Insomma, dopo sei mesi e altri due viaggi – stavolta solitari – in Magna Grecia per conoscere la famiglia, i due si sposarono.

A fare un figlio ci provarono fin da subito, ma niente da fare, non veniva. Incominciarono a chiedersi il perché ma senza mai approfondire troppo, almeno non insieme. Da ambo le parti c'era un po' di vergogna. Anita si era fatto l'idea che lei non potesse aver-

ne, mentre Carluccia pensava il contrario, cioè che fosse lui quello sterile. Non se lo dissero mai in faccia, tuttavia non perdevano occasione per alludere, cosa che riscaldava gli animi. Né mai pensarono di chiedere lumi a un medico, non erano cose che si facevano in campagna. E così passarono gli anni. Anita si rifugiò nel cortile con Bianca, mentre Carluccia passava molto tempo al telefono con la sorella, che si era sposata con un farmacista di Firenze e aveva pure avuto tre bambini. Almeno una volta alla settimana andava in treno a trovarla, per stare un po' con lei e i nipoti, per sfogarsi, per raccontarle quanto era stata sfortunata.
Per la verità un'amica ce l'aveva in paese (quella che aveva spifferato), anche lei meridionale, delle parti di Foggia. Ma viveva in una famiglia dove c'erano altri due fratelli di suo marito, altrettante mogli e in più i suoceri. Aveva tanto da fare in casa e non poteva dedicarle molto tempo. Per il resto, Carluccia faceva i lavori domestici con la televisione sempre accesa, c'era *Beautiful*, ma anche le altre soap di Rete 4 non erano male. Peccato che a pranzo e a cena Anita insistesse per cambiare canale, alla ricerca dei suoi maledetti telegiornali.
Ecco una conversazione tra Bianca e Anita del 2 agosto 1998.
«Dovresti essere più gentile con lei. Portarla qualche volta a mangiare una pizza. Almeno parlale».
«E di cosa? Di *Beautiful*? Se Ridge e Brook si rimettono insieme? Ma ti rendi conto che io non so chi siano Brook e Ridge? A lei non gliene frega niente di quello che succede nel mondo, le interessano solo le soap. E non è neanche stata capace di fare un figlio».
«Beh, questo non puoi dirlo con certezza. Magari sei tu che non puoi averne».
«Impossibile, è lei di sicuro».
«E poi per forza guarda la televisione, poverina: tu non le rivolgi la parola, in casa ci stai solo per mangiare e dormire. Forse lei vorrebbe che tu ti impegnassi di più nel lavoro, che portassi più soldi a casa. Magari sarebbe anche capace di aiutarti».

«A me basti tu, Bianca. Non vedi come stiamo bene insieme? Un giorno mi hai spiegato che viviamo di illusioni, che le illusioni sono la nostra realtà. Mio padre aveva la Ekberg. Io ho te, Bianca».
«E io ho te, Anita. Però lo sai anche tu che non potrà durare…».
«Se ti riferisci alle chiacchiere che fanno in paese, sappi che non me ne importa nulla».
«Ma no, non pensavo a questo. Anita, ascoltami bene: a me non resta chissà che da vivere…».
«Non dire sciocchezze, tu stai benissimo».
«Per il momento sì, ma insomma, guardiamo in faccia la realtà: ho dieci anni. Quanto tempo credi che passeremo ancora insieme? Due anni? Tre? Cinque, se siamo fortunati? Tu in ogni caso ne hai molti di più davanti a te, e cosa farai quando non ci sarò più io? Con chi parlerai? Con i maiali? Con i conigli? Quelli pensano solo a…».
«Ho capito, Bianca. Ho capito».
«Ma non diventare triste ora. Semplicemente dobbiamo essere realisti, lo sai che c'è sempre speranza, sempre. Prendi Pantani».
«Già, che storia. Giro e Tour nello stesso anno».
«Fino a poco tempo fa non si sapeva nemmeno se sarebbe tornato a camminare, ti rendi conto?».
«E tu che mi prendevi in giro, quando dicevo che poteva vincerlo il Tour».
«Be', che vuoi? Dimenticavo che sullo sport vai forte. È a fare previsioni in politica che sei una schiappa».
«D'accordo, su Berlusconi avevi ragione. Però ora l'han fatto fuori. Mi piace quel Prodi lì, sai?».
«Un democristiano».
«Un progressista, un uomo onesto e in gamba. Uno che è riuscito a mettere insieme una squadra vincente».
«Sì, per ora…».
«Come sarebbe "per ora"?».
«Non vedi che casino fanno a sinistra? Non perdono occasione per bisticciare. Durerà poco il tuo Prodi, e a farlo fuori saranno pro-

prio i comunisti. Scommettiamo che non mangia il panettone?».
«Sei sicura di essere una gallina? Perché, quando ti metti a gufare così, qualche dubbio mi viene».
«Non sto gufando, mio caro. Dico solo la verità, come al solito. Che ti piaccia o no».
«Va bene, va bene, non ti scaldare. Altrimenti...».
«Altrimenti cosa?»
«Altrimenti va a finire che le uova le tiri fuori direttamente *à la coque*».
«Scemo. Tu comunque non illuderti troppo. Anzi, perché non fai un salto nell'orto? Hai ancora un sacco di pomodori che son maturati. Portali a tua moglie che vuol fare la salsa».

Seguirono, per Anita, altri tre anni belli tosti. Intanto Prodi non solo non mangiò il panettone, ma nemmeno il pan co' Santi: il suo governo cadde infatti il 21 ottobre, dieci giorni prima di Ognissanti, e furono i comunisti a farlo cadere, proprio come aveva predetto Bianca. Anita era sempre più sconfortato. Lavorava in vigna ancor più malvolentieri, poi tornava a casa e si beccava i rimproveri di Carluccia.
Fortunatamente c'era Bianca, che invecchiava in salute. Con lei Anita passava più tempo che poteva, al pomeriggio e anche alla sera prima di cena. Dopo no, perché insomma, Bianca era pur sempre una gallina e le galline vanno a dormire presto.
Ormai al bar non ci andava più. Restava il parroco, le volte che lo incontrava, per farci due parole. Quel prete di campagna, sebbene Anita non avesse mai messo i piedi in chiesa, non gli faceva mancare il sorriso: «Allora, Anita, cosa dice il tuo giornale oggi? Annuncia la rivoluzione?». Anche il benzinaio non rifiutava la chiacchiera mentre, due volte al mese, Anita faceva il pieno a Pasqualino, ma solo per il tempo di riempire il serbatoio. Tutti gli altri pareva che avessero ancora più fretta. Perfino la giornalaia-tabaccaia gli faceva trovare il malloppo con quotidiani e sigarette già bello e

pronto sul banco, in modo da accorciare il più possibile il tempo insieme, e rispondeva con mugugni ai suoi tentativi di attaccare bottone. Una volta non era così. Una volta ai suoi compaesani piaceva fare due parole con lui, ma ora che sapevano che se la intendeva con una gallina lo evitavano. In campagna esiste un limite oltre al quale è prassi rifiutare la confidenza. Anita lo aveva capito benissimo. E ne soffriva. D'altra parte, non se la sentiva di affrontare l'argomento. Come avrebbe potuto spiegare che Bianca era ben più saggia, informata e – diciamolo chiaramente – buona di tutti loro messi insieme? Quindi accettava come un dato di fatto, ma non certo senza dispiacere, quell'ulteriore muro di silenzio sorto tra sé e il piccolo mondo di umani che lo circondava.

Quella del suo cinquantesimo compleanno – era settembre – sembrava una giornata come tante. Del resto, non è che ai compleanni Anita facesse qualcosa di diverso rispetto al solito. Era l'11, un martedì, Anita si stava risvegliando dalla sua lunga pennichella pomeridiana, che per altro era stata discontinua. Da qualche tempo non stava bene, era sempre stanco, aveva la nausea, le braccia pesanti e il fiato corto. Sentiva il cuore battere forte e una pesantezza sul petto che, all'inizio fastidiosa, di giorno in giorno era diventata quasi insopportabile. Stava per infilarsi le scarpe quando lo sceneggiato che Carluccia guardava su Rete4 si interruppe bruscamente e apparve Emilio Fede.
Per la prima volta nella vita i due si ritrovarono a guardare con attenzione lo stesso programma. C'era un grattacielo in fiamme: un aereo di linea si era schiantato più o meno a tre quarti della sua altezza. Accanto, un altro grattacielo – il gemello – pareva integro. Anita quasi si dimenticò della propria indisposizione. Era mattino a New York, circa le nove. Le notizie restavano confuse, ma tutto portava a pensare che si trattasse di un attentato. Marito e moglie non parlavano, non commentavano, ma provavano sconcerti di radice diversa. L'uno sapeva dell'odio profondo covato dai fonda-

mentalisti islamici nei confronti degli Stati Uniti, dunque non si perdeva una parola degli esperti che avanzavano le prime ipotesi. L'altra non aveva la minima idea di chi fosse Bin Laden, guardava quelle immagini non credendo ai propri occhi, ma di tanto in tanto osservava di nascosto il marito. Anita aveva mangiato poco a pranzo, non era da lui, e Carluccia sembrava preoccupata.

Passarono ore, videro in diretta il secondo aereo che si abbatteva sul palazzo gemello, la gente disperata che si buttava dai piani alti, i crolli, il fumo che invadeva New York. Seppero del terzo aereo che si era schiantato sul Pentagono e del quarto, destinato alla Casa Bianca, ma precipitato prima di raggiungere il bersaglio. Sgomenti, come tutti quel giorno, ma con precipue reazioni. Anita, sempre in silenzio, non si mosse mai dal divano, con una scarpa calzata e l'altra ancora in terra. Non trovava le forze per alzarsi, e non per via del dolore al petto, cui non badava. Le immagini lo tenevano incollato lì, ma a un certo punto iniziò a preoccuparsi per Bianca, che per la prima volta non aveva raggiunto in cortile, dopo il pisolino. Cosa avrebbe pensato? Occorreva informarla. Anita fingeva di non sapere che la sua amata gallina era sempre a conoscenza di tutto ciò che gli accadeva, come se le loro menti fossero connesse. Carluccia rispettava il silenzio del marito, non fece neppure una domanda. Guardava lo schermo e alternativamente Anita, in modo quasi compulsivo.

Erano le otto di sera passate quando lui trovò finalmente l'energia per alzarsi, neanche infilò la scarpa che gli mancava e uscì nell'aia. Il sole era già tramontato, veniva buio. Bianca stava lì, al solito posto, ad aspettarlo. Anita barcollava, neppure si era reso conto che Carluccia lo seguiva a distanza. Intendeva raggiungere la sua gallina, raccontarle la tragedia che per ore aveva seguito in diretta, l'immane catastrofe che mai avrebbe immaginato potesse accadere. Forse poteva direttamente saltare ai commenti, visto che Bianca sapeva sempre tutto (spesso anche in anticipo). Ma non riusciva a parlare, neanche più poteva muovere le gambe. Il dolore al petto era esploso come se, pure a lui, un aereo gli fosse piombato nel cuore. Il suo pesante corpo crollò per terra, la faccia dentro una grossa pozzanghera. Cadendo Anita allungò le braccia, come per raggiungere Bianca. Riuscì appena a sfiorarla, la guardava ancora mentre la testa gli si faceva sempre più pesante e lentamente sprofondava nell'acqua lercia di quel fosso che ancora tratteneva la pioggia della mattina.

Il suo ultimo gesto fu una carezza alle immacolate penne della sua amica, il suo ultimo pensiero fu di gratitudine. Emise un incomprensibile sussurro, forse voleva appunto dire: «Grazie Bianca».

Pochi minuti dopo, Carluccia stava scavando una buca tra l'ultimo filare dei pomodori e il muro di confine della casa. Vi introdusse il barattolo di antimonio e ricoprì di terra rassodando meglio che poteva. Bassissimi dosaggi, le aveva raccomandato sua sorella: «Ha un sapore metallico, se ne metti troppo ti scopre. Perciò usane poco, ogni giorno, a ogni pasto, in ogni piatto. Gli verranno nausea, aritmia e tachicardia, fino a che non gli si fermerà il cuore. Devi avere pazienza, Carluccia». E lei ne aveva avuta.

Tornò in casa e impugnò la cornetta del telefono. Il primo numero che fece fu quello della farmacia di Firenze: «A posto. S'è n'è andato».

«Ora fai sparire il barattolo».

«Già fatto».

Il secondo fu il 112.

Ma Bianca sapeva. Lei sapeva sempre tutto. Per questo, terminata la chiamata d'emergenza, Carluccia prese un coltello e tornò nell'aia.

Chiusura svelta svelta

Forse vi domanderete perché ho messo proprio in coda una storia così triste, dal finale così drammatico, tutt'altro che ottimista. Il fatto è che avevo aperto con Giacu e Catlina, dunque trovavo giusto chiudere con Anita e Bianca. Tra l'operosità di Giacu e l'ignavia di Anita, tra la dolcezza di Catlina e l'infelicità disperata di Carluccia, tra la potenza illusoria di Bianca e la vita semplice e concreta dei due pensionati di La Morra... Ebbene, tra questi estremi c'è l'umanità, tutta.

La biodiversità umana in fatto di sentimenti è ampia, forse infinita. Anche l'ottimismo che, come avete avuto modo di constatare, trovo sia uno tra i sentimenti più alti, presenta una varietà di manifestazioni molto larga. Nel libro che avete letto ne ho raccontate più che potevo.

Nel corso della nostra vita possiamo incontrare Giacu e Catlina, ma anche Anita e Carluccia, perfino Bianca. L'ottimismo ci porta a cercare bellezza in tutti quanti, perché c'è. C'è dovunque, in chiunque, anche in Carluccia e in Anita.

Ci sono ragioni che vanno indagate, radici che vanno scoperte. Chi veramente si sente ottimista ha il dovere di coltivare dubbi, di pensarci bene prima di giudicare. Forse addirittura di smetterla di giudicare. Gli ottimisti preferiscono aiutare anziché emettere sentenze ma, soprattutto, decidono, scelgono. Anche di fronte alle questioni più complicate: come, per esempio, optare per l'uovo oppure per la gallina.

Credo di aver sempre preferito la gallina (movimento, azione, pensiero) all'uovo (attesa, fato, immobilità). Di fronte a una crisi di vendite scelgo di migliorare la griglia dei prodotti e il modo di raccontarli (gallina), anziché di abbassare semplicemente i prezzi (uovo). Tra lo sbattermi per offrire ai miei clienti esperienze *on land* (gallina) oppure esporre banalmente prodotti *on line* (uovo) decido per la prima. Tra l'inventare personalmente una promozione (gallina) o affidarla a consulenti (uovo) preferisco spremere le meningi. Ma non crediate che abbia sempre imbroccato la strada migliore, a volte ho sbagliato. Per questa ragione lascio sempre un certo spazio al dubbio, aiuta a riconoscere l'errore.

La prima storia parlava d'amore e, in fondo, anche l'ultima. Anita muore avvelenato dalla moglie, è vero, ma prima compie un gesto d'amore per Bianca. Forse è proprio l'amore il comune denominatore delle svariate forme di ottimismo. Forse è l'amore il grande obiettivo. Forse è impossibile da raggiungere in modo pieno e perpetuo. Forse saper riconoscere e, soprattutto, saper donare amore è difficile quanto decidere se è nato prima l'uovo o la gallina.

Tuttavia, proprio attraverso l'ottimismo, ci sono maggiori possibilità di arrivarci vicino. Forse.

E, forse, è proprio la parola *forse* che segna il mio personale modo di intendere l'ottimismo... E di scegliere, tra gli innumerevoli dilemmi che la vita ci impone.

Oscar Farinetti

Vi sono piaciute le mie storie?
Ne volete ancora una, solo per voi?
Allora scrivete una mail a:

forse@slowfood.it

Ditemi i tre racconti che avete amato di più e riceverete una mail con il racconto numero 53 (che non verrà mai pubblicato).

Le persone e i libri che mi hanno aiutato

Incomincio con il ringraziare Don Umberto Ciullo, il parroco di Roveleto di Cadeo, nel Piacentino, che mi ha aiutato, non poco, a scrivere il racconto su Luca l'evangelista (*Un bel bicchiere di vino resinato*); così come Riccardo Cassini per la storia dedicata alla sua buona stella (*Bmx*). Riguardo a tutto il bene che penso di loro credo di aver già detto all'interno dei racconti.

Debbo moltissimo a Emiliano Poddi, mio maestro di scrittura.

Il primo racconto, quello dei *tajarìn* ricucinati mi è stato ispirato da un bellissimo libro di Luciano Bertello, evangelista laico di Langa e Roero, appunto dedicato a questo sublime piatto dalle storiche origini: *Piccola storia dei Tajarin* (Slow Food Editore, 2022).

Il mio vicino di casa, l'ex postino Piero Valletti, non ha scritto libri. Tuttavia, mi dona spesso perle di saggezza che ho provato a infilare in tante delle mie storie. Grazie Piero.

Per comprendere bene il rapporto tra Leonardo da Vinci e il cibo suggerisco di leggere *Leonardo non era vegetariano* (Maschietto Editore, 2015) di Alessandro Vezzosi e Agnese Sabato, con le ricette di Enrico Panero. Di Alessandro Vezzosi, uno dei massimi studiosi del genio di Vinci, raccomando anche *Leonardo. La pittura: un nuovo sguardo* (Giunti, 2018). Costa un botto, ma si tratta di un testo definitivo per chi intenda districarsi tra miti e verità: vengono presi in considerazione tutti i capolavori del Maestro.

Per quanto riguarda Garibaldi io resto fedele alla biografia di Indro Montanelli e Marco Nozza, uscita quasi settant'anni fa. A me piace parecchio come lo disegnano, anche in modo irrituale: infatti il loro *Garibaldi* (Rizzoli, 1963) suscitò molte polemiche. D'altra parte, non lo sapremo mai con precisione che tipo era l'eroe dei due mondi. Le letture sul suo modo di intendere la vita, la politica e la maniera di combattere sono le più disparate. Invece, per quanto riguarda Vittorio Emanuele II suggerisco un testo uscito da poco: *L'Italia in eredità, il Re galantuomo* (Historica Edizioni, 2020), di Alessandro Sacchi e Salvatore Sfregola. Ne scaturisce la sua personalità straordinaria. Un uomo pieno di buonsenso, coraggio e dotato di grande umorismo. Ma non vi nascondo che l'idea che mi son fatto del sovrano che ha unito l'Italia nasce soprattutto dall'archivio storico delle tenute di Fontanafredda a Serralunga d'Alba, una vera e propria storia d'amore con la Bela Rosin.

Per capire la figura di Giulio Cesare alle prese con la Francia occorre leggere il suo *De bello gallico.* Ve ne sono svariate edizioni, anche molto economiche. Resterete stupiti dalla prosa elegante e, al tempo stesso, asciutta.

Se volete conoscere Socrate dovete leggere Platone. Nell'*Apologia di Socrate* troverete il famoso discorso in propria difesa al processo che lo condannò a morte. I dialoghi, che ho sommariamente descritto, svoltisi nella casa di Agatone, si trovano nel *Simposio* di Platone. Ed è all'inizio del libro settimo di *La Repubblica* che troverete l'allegoria della grotta. Il discorso di Pericle agli ateniesi si trova nel secondo libro di Tucidide sulla *Storia della guerra del Peloponneso.* Qualora vi interessi approfondire i ragionamenti di Aristotele, vi suggerisco un libro di Robert Blanché, a cui devo molto: si intitola *La logica e la sua storia. Da Aristotele a Russell* (Astrolabio Ubaldini, 1967). Blanché, pur dottissimo, sa spiegare la logica anche a gente come me.

Su Napoleone c'è di ogni. A me ha particolarmente divertito *Napoleone. Un rivoluzionario alla conquista di un impero* (Mondadori, 1996) di Guido Gerosa. Ne ho tratto spunti suggestivi.

Che volete che vi dica del *Pinocchio* di Collodi o di *Moby Dick* di Melville? Quasi obbligatorio leggerli.

Non mi stancherò mai di segnalare *Il più grande uomo scimmia del Pleistocene* (Adelphi, 2001) di Roy Lewis.

Beh, di quel fenomeno che fu il Manzoni, oltre a *I promessi sposi*, trovo sia utile leggere *Storia di una colonna infame*, che in fondo è un'appendice al suo romanzo più celebre. In particolare, sulla monaca di Monza, mi sono dolcemente scandalizzato nel leggere *Senza veli. La vera storia della monaca di Monza* (Mondo Nuovo, 2018) di Linda Ciano. Vi trovate pure gli atti del processo con le deposizioni.

Per comprendere quale persona acuta e visionaria sia Edoardo Bennato, invito a leggere *Girogirotondo. Codex latitudinis* (Baldini & Castoldi, 2020). C'è tutta la sua visione sulle diversità del mondo.

Sui tre grandi navigatori mi è stato utile un vecchio libro che avevo in casa: *I conquistatori degli oceani* (De Agostini, 1984) di Angelo Solmi. Colombo, Vespucci e Magellano sono ben raccontati.

I vagabondi (Bompiani, 2019) di Olga Tokarczuk è un libro da non perdere. Della Szymborska suggerisco, come sempre, di tenere sul comodino *La gioia di scrivere* (Adelphi, 2009): ci sono praticamente tutte le sue poesie fino al 2009. Se ancora non l'avete, prendetevi *La prima frase è sempre la più difficile* (Terre di Mezzo, 2019). Si tratta di una breve raccolta dei suoi ragionamenti sulla poesia, la vita, l'amore… strepitosi! Di Joseph Conrad ho citato *Cuore di tenebra*, l'avrete letto. Se vi piace il suo modo di scrivere leggetevi anche *Un gruppo di sei* (Bompiani, 1964), sono racconti tra i quali *Il duello*: si tratta di una storia pazzesca raccontata da dio. Per quanto riguarda la storia del cuore di Chopin vi basta leggere la Tokarczuk ma, se vi viene voglia di saperne di più del magico compositore, cercate ciò che scrive di lui Franz Liszt, suo collega e amico: il libro si chiama *La vita di Chopin* (Passigli, 2010).

Di libri con le favole di Esopo ce ne sono a bizzeffe. Conviene possederne uno in cui ci siano tutte o almeno le più famose. Così, oltre che *La cicala e la formica*, vi leggerete pure *La volpe e l'uva* oppure *Al lupo, al lupo*. Fanno tutte bene alla nostra salute morale. Il libro di La Fontaine si intitola proprio così: *Favole* (Mondadori, 2017). Ve ne sono diverse. Oltre a quella di Esopo, riscritta, vi segnalo *L'ostrica e i due litiganti*, insegna che non conviene mai litigare: la trovo molto attuale. Carlo Alberto Salustri, in arte Trilussa, ha scritto nel 1901 *Favole romanesche* (Argo, 1999). La prima parte è dedicata alle favole antiche da lui rimodernate. Vale la pena leggerne alcune.

Per chi si occupa di cibo, ma direi anche per coloro i quali amano mangiare cose buone, ritengo sia un dovere leggere *La fisiologia del gusto* (Slow Food Editore, 2021) di Jean-Anthelme Brillat-Savarin e *La scienza in cucina e l'arte di mangiar bene* (Giunti, 2018) di Pellegrino Artusi. Il primo da mettere in soggiorno e consultare frequentemente, il secondo direi di tenerlo in cucina in modo da aprirlo ogni volta che si accendono i fornelli.

A dispetto della fama di scrittore contorto e difficile che si porta dietro Franz Kafka, per me è stato un piacere leggere *Il processo* (Feltrinelli, 2014). L'ho perfino trovato scorrevole. Sulla storia di

Enzo Tortora di libri ne sono stati scritti diversi. Secondo me il modo migliore per capire la bella persona che è stata è quello di leggere le sue lettere dal carcere: *Cara Silvia* (Marsilio, 2003) mi ha commosso.

Trovo che sia quasi d'obbligo per un italiano possedere una versione integrale della *Divina Commedia*, tenerla in bella vista in libreria e ogni tanto aprirla per leggere qualche terzina, magari un cantico. Per quanto riguarda il purgatorio mi sono davvero goduto *Il posto degli uomini* di Aldo Cazzullo (Mondadori, 2021).

Di Arthur Schopenhauer, secondo me, meno leggiamo meglio è. Mi riferisco in particolare al libro, di cui non ripeto il titolo, oggetto del racconto. Tuttavia, se proprio volete rendervi conto di quanto fosse malvagio, date una sbirciatina a *L'arte di trattare le donne* (Adelphi, 2017). Se fossi una donna chiederei la radiazione di Schopenhauer dall'albo dei filosofi. Hegel invece è stato un gran bel tipo. Diciamo subito che *Fenomenologia dello spirito* (Ermanno Arrigoni, 2000), il suo best seller, non è semplicissimo da leggere. Ma nel 2020 è uscito un libro di Vladimiro Giacché, *Hegel. La dialettica* (Diarkos, 2020), che ci svela il suo pensiero in modo semplice e riesce a farci comprendere e amare il grande filosofo dell'idealismo.

Di Tonino Guerra credo e spero di averli tutti i libri. Dunque vi segnalo l'ultimo pubblicato, si intitola *Progetti sospesi* (Pazzini, 2021): «Sarò utile dopo, quando l'umanità avrà voglia delle favole e l'infanzia riacquisterà la fantasia tolta da internet». Tra i diversi libri di Federico Fellini sono rimasto incantato da *Il libro dei sogni* (Rizzoli, 2014). Nella mia libreria c'è un simpaticissimo volume scritto da Roberto Carvelli: *Fellini e Guerra. Un viaggio amarcord* (Ponte Sisto, 2020). Vi trovate tracce delle vicende che ho raccontato.

A chi ama il vino, e soprattutto studiarne le origini, segnalo due libri preziosi. Uno lo ha scritto Giacomo Tachis, mito dell'enologia italiana, e si intitola *Sapere di vino* (Mondadori, 2010). L'altro è frutto della più bella mente italiana in fatto di viticoltura, Attilio Scienza, che lo ha pensato insieme a Serena Imazio: *La stirpe del vino* (Sperling & Kupfer, 2018).

Giulio Levi ha scritto *La straordinaria storia della penna a sfera* (Diarkos, 2021), e ci racconta proprio tutto sui due inventori.

Magari qualcuno non conosceva bene Francesco Hayez e la sua pittura, magari ne è rimasto incuriosito. Allora suggerisco di partire da *Hayez* (Giunti, 1998) di Fernando Mazzocca, un libro ricco di immagini dei suoi dipinti. Successivamente, qualora vogliate saperne di più del personaggio, ricordo che il pittore ha scritto (forse meglio dire dettato) un libro sulla sua vita: *Le mie memorie* (Reale Accademia di Belle Arti, 1890). Tra il detto e il non detto ripercorrerete le vicende che vi ho raccontato.

Per scrivere il racconto (di fantasia) sulle origini della mia famiglia ho consultato molti testi: su Traiano, Epaminonda, Elvio Pertinace... Non sto qui a ricordarli ma leggetela la storia di certi personaggi; c'è tanto da imparare.

Di Hemingway segnalo *Per chi suona la campana* (Mondadori, 2016): è la storia di un uomo che combatte insieme ai partigiani spagnoli... e alla fine muore. Ah, naturalmente, se già non lo avete fatto, vi invito a leggere *I quarantanove racconti*; vabbè, farò brutta figura con i miei 52, ma in coscienza non mi sento di non consigliarveli. Di Tolstoj *La morte di Ivan Il'ič* (Feltrinelli, 2014): «Se dovessi morire anch'io, lo saprei, una voce interna me lo direbbe...». Di Dostoevskij *L'idiota* (Feltrinelli, 2014): «Questa certezza è spaventosa... ».

Gabriele Dadati ha scritto *L'ultima notte del Canova* (Baldini & Castoldi, 2018). Potrebbe essere, naturalmente, dotato di maggior approfondimento, il seguito al mio racconto sul più grande artista allora vivente al mondo.

Se qualcuno tra voi si è sentito attratto dalla figura di sir Arthur Wellesley, duca di Wellington, legga la sua biografia più diffusa: *Il duca di Wellington* (Castelvecchi, 2015) di Richard Aldington. Vi aiuterà a cogliere il contrasto apparente tra la sua capacità di controllare le emozioni e la voce della sua coscienza.

Giancarlo Catarsi ha scritto un bellissimo libro sull'autovettura che, quando fu presentata, nel 1955, fece di colpo invecchiare tutte le altre. Si intitola proprio come lei: *Citroen DS* (Giorgio Nada Editore, 2015). Se anche voi, come il sottoscritto, siete affascinati dalla figura di De Gaulle vi invito a leggere *Charles de Gaulle* (Il Mulino, 2008) di Dino e Riccardo Brizzi e Michele Marchi. Sono ben raccontate la quattro fasi della sua straordinaria esistenza. Io stranamente amo l'ultima.

Che dire di Leopardi? Non saprei da dove incominciare... anzi lo so. Incomincio (e finisco) con *La ginestra*. Semplicemente vi consiglio di concentravi sulla terza strofa: la solidarietà sociale. Sulla quarta: non siamo il centro dell'universo. Infine, sulla settima e ultima strofa: l'eroismo. Non so voi, ma visto da me Giacomo Leopardi è un inguaribile ottimista.

Qualora desideriate migliorare la vostra competenza sulle tesi del sovranismo e del populismo vi invito a leggere *Questioni costituzionali al tempo del populismo e del sovranismo* (Editoriale Scientifica, 2019). Lo hanno curato tre giovani: Giuseppe Allegri, Alessandro Sterpa e Nicola Viceconte. Ma vi trovate anche interventi di altri studiosi della stessa generazione. Vengono discusse le origini della crisi costituzionale del nostro tempo. Personalmente concordo con le pesanti critiche contro gli orientamenti populisti e sovranisti, e mi piacciono le precise scelte di pensiero e di azione proposte per arginare queste derive. A scrivere sono persone giovani, non anziani come me. Anche per questo centrano il punto. Sui *Vangeli* e la *Costituzione della Repubblica Italiana* non dico altro: vanno letti, punto. Per quanto riguarda la seconda, Eataly ne ha fatte stampare molte copie in tutte le lingue degli immigrati che vivono in Italia. Trovo sia un bel gesto e un ottimo servizio. Se ve ne serve una copia scrivete all'indirizzo che trovate su eataly.net.

Riguardo all'Illuminismo mi è piaciuto tanto *Lo spirito dell'Illuminismo* (Garzanti, 2015) di Tzvetan Todorov. Eccolo uno storico che si fa leggere! Todorov ci spiega i grandi valori che hanno portato a quella magnifica rivoluzione del pensiero: la laicità, l'umanità, l'autonomia, l'universalità e la verità. Ma almeno un libro del mio "illuminista" preferito ve lo voglio segnalare, e allora vi scongiuro di leggere Immanuel Kant: *Per la pace perpetua* (Rizzoli, 2013). È qui che lui propone la sua formula di federazione tra Stati in nome della pace. Scommetto che c'è gente, tra i grandi capi politici del mondo, che non l'ha letto.

Sul Che non sarò originale perché vi indico la solita biografia, quella più diffusa al mondo: *Senza perdere la tenerezza, vita e morte di Ernesto Che Guevara* (Il Saggiatore, 2016) di Paco Ignacio Taibo II. Molti tra voi l'avranno già letta, ma se c'è qualcuno che ancora non l'ha fatto, lo invito caldamente a immergersi nella vita di questo personaggio. Taibo ne racconta i sentimenti, mica soltanto le azioni eroiche.

I tre più importanti compositori d'opera italiani vengono descritti in una valanga di libri. Scegliete voi quale più vi aggrada. Ma ce n'è uno che li mette insieme, e li mette ben accomodati a tavola, con una fantasia che va oltre i confini del tempo e dello spazio. E non solo loro tre, si avvicendano anche i personaggi delle loro opere. Con le strepitose ricette di Rossini e grandi vini. *Una golosa serata di gala con Rossini, Verdi e Puccini* (Mds, 2014) di Gian Luigi Corinto e Paul Rooms.

Su Lombroso direi di non perdere del tempo. Di Tolstoj mi sono imposto, prima di morire, di leggere tutto, ma non credo ne sarò capace. Il problema è che ha scritto come un ossesso: sette romanzi lunghi, sette romanzi brevi e centinaia tra racconti, saggi, diari e opere teatrali. Dunque, decidete voi. Io trovo imperdibili *Guerra e Pace, Anna Karenina* e *La morte di Ivan Il'ič*: ve li ho scritti in ordine di pubblicazione. Poi esistono volumi che raccolgono i migliori racconti, non c'è che l'imbarazzo della scelta.

Raffaello Sanzio è stato raccontato in centinaia di volumi. Ma, se desiderate scoprire meglio quella meraviglia assoluta che è *La scuola di Atene*, dovreste leggere *La Scuola di Atene di Raffaello* (Area 51 Publishing, 2015), un gran bel lavoro di Giovanni Reale. Ci aiuta a capire il progetto del fuoriclasse di Urbino e quanto ha dovuto leggere e studiare sulla filosofia greca per diventare capace di immortalare in un'unica immagine secoli di pensieri alti.

I quattro fondatori del movimento delle Sardine (Gareffa, Morotti, Santori e Trappolotti) hanno scritto un bel libro: *Le Sardine non esistono* (Einaudi, 2020). Vale leggerlo per intercettare i loro ragionamenti sul linguaggio della politica, che trovo pieni di logica.

Per comprendere i ritmi della vita e le relazioni umane di un paesino della campagna italiana occorre andarci a vivere per qualche anno. Difficile trovare libri che ce lo possano insegnare... Forse quei due fenomeni dei miei conterranei: Fenoglio e Pavese.